高职院校师资队伍建设研究

熊 英　刘云华◎著

时代文艺出版社
SHIDAI WENYI CHUBANSHE

图书在版编目（CIP）数据

高职院校师资队伍建设研究 / 熊英, 刘云华著.

长春：时代文艺出版社, 2024.9. -- ISBN 978-7-5387-7575-4

Ⅰ.G715

中国国家版本馆CIP数据核字第2024BG8899号

高职院校师资队伍建设研究
GAOZHI YUANXIAO SHIZI DUIWU JIANSHE YANJIU

熊　英　刘云华　著

出 品 人：	吴　刚
责任编辑：	张洪双
装帧设计：	文　树
排版制作：	隋淑凤
出版发行：	时代文艺出版社
地　　址：	长春市福祉大路5788号　龙腾国际大厦A座15层（130118）
电　　话：	0431-81629751（总编办）　0431-81629758（发行部）
官方微博：	weibo.com/tlapress
开　　本：	710mm×1000mm　1/16
印　　张：	16
字　　数：	230千字
印　　刷：	廊坊市广阳区九洲印刷厂
版　　次：	2024年9月第1版
印　　次：	2024年9月第1次印刷
书　　号：	ISBN 978-7-5387-7575-4
定　　价：	86.00元

图书如有印装错误　请与印厂联系调换　（电话：0316-2910469）

前　　言

　　高职院校师资队伍建设是提高教育质量和培养高素质技能型人才的重要保障。高职院校需要建设一支高水平的师资队伍，提升教师的专业素养和教学能力。为了实现这一目标，应注重教师的学历和学术背景，鼓励现有教师参加在职培训和进修，不断提升自身的学术水平和教学能力。同时，应引进高学历、高职称的优秀人才，通过公开招聘、柔性引进等多种方式，吸纳具有丰富实践经验和较高科研能力的教师，优化师资队伍的结构和层次。高职教育注重实践教学，因此教师不仅需要具备扎实的理论基础，还需要有丰富的实践经验。为了提高教师的实践能力，应鼓励教师深入企业进行挂职锻炼和技术交流，与行业专家和技术人员合作，掌握最新的行业动态和技术应用。与此同时，学校应加大对"双师型"教师的培养力度，通过举办专题培训班、派遣教师到企业培训和实习，提升教师的实践教学能力和专业技能，使他们能够更好地指导学生的实践操作和项目实施。

　　高职院校在现代职业教育中扮演着重要的角色，其师资队伍的质量和能力直接关系到教育质量和学生的职业发展。高职院校师资队伍建设研究旨在探讨如何更好地培养、引进、管理和激励高素质的教育人才，以适应快速变化的社会和经济需求。本书深入探讨了高职院校师资队伍建设的各个方面，旨在为高职院校的教育改革和提高教育质量提供有益的建议和思考。本书从政策法规、基础条件、人才培养模式、职业发展路径、学科建设、教学改革、质量保障机制、国际合作、未来发展等多个角度全面展开。高职院校师资队伍建设不仅涉及教育理念和方法的创新，还需要不断完善教育管理体系，提升教师的综合素质和职业发展机会。希望通过本研究，能够为高职院校的师资队伍建设提供有益的理论指导和实践经验，促进高职教育的进步和发展。

  作者在写作本书的过程中，借鉴了许多前辈的研究成果，在此表示衷心的感谢。由于本书需要探究的层面比较深，作者对一些相关问题的研究不透彻，加之写作时间仓促，书中难免存在一些不尽完善之处，恳请前辈、同行以及广大读者斧正。

目 录

第一章　高职院校师资队伍建设概述

　　第一节　高职院校师资队伍建设的背景和现状 …………… 001

　　第二节　高职院校师资队伍建设的目标和意义 …………… 012

第二章　高职院校师资队伍建设的政策与法规

　　第一节　高职院校师资队伍建设的政策体系 ……………… 027

　　第二节　高职院校师资队伍建设的政策实施 ……………… 038

第三章　高职院校师资队伍建设的基础条件

　　第一节　高职院校师资队伍建设的物质基础 ……………… 045

　　第二节　高职院校师资队伍建设的信息化支持 …………… 059

第四章　高职院校师资队伍建设的人才培养模式

　　第一节　高职院校师资队伍建设的人才培养理念 ………… 080

　　第二节　高职院校师资队伍建设的教学方法 ……………… 088

　　第三节　高职院校师资队伍建设的实践教育 ……………… 093

第五章　高职院校师资队伍建设的职业发展路径

　　第一节　高职院校师资队伍建设的教育培训 ……………… 101

第二节　高职院校师资队伍建设的职称评定 …………………… 108
第三节　高职院校师资队伍建设的职业成长支持 ………………… 116

第六章　高职院校师资队伍建设的学科建设

第一节　高职院校师资队伍建设的学科结构 ……………………… 121
第二节　高职院校师资队伍建设的学科评估 ……………………… 128
第三节　高职院校师资队伍建设的学科发展策略 ………………… 135

第七章　高职院校师资队伍建设的教学改革

第一节　高职院校师资队伍建设的教学改革方向 ………………… 141
第二节　高职院校师资队伍建设的创新教育方法 ………………… 149
第三节　高职院校师资队伍建设的教育资源整合 ………………… 154

第八章　高职院校师资队伍建设的质量保障机制

第一节　高职院校师资队伍建设的质量评估 ……………………… 162
第二节　高职院校师资队伍建设的教育质量提升 ………………… 170
第三节　高职院校师资队伍建设的质量保障实践 ………………… 178

第九章　高职院校师资队伍建设的国际合作

第一节　高职院校师资队伍建设的国际合作模式 ………………… 188
第二节　高职院校师资队伍建设的国际化趋势 …………………… 198
第三节　高职院校师资队伍建设的国际化发展展望 ……………… 216

第十章　高职院校师资队伍建设的未来发展

第一节　高职院校师资队伍建设的未来趋势 ……………………… 224
第二节　高职院校师资队伍建设的挑战与机遇 …………………… 241

参考文献 …………………………………………………………………… 249

第一章　高职院校师资队伍建设概述

第一节　高职院校师资队伍建设的背景和现状

一、高职院校师资队伍建设的背景

（一）国家政策的支持

国家对高职院校师资队伍建设给予了高度重视，推出了一系列政策措施来提升教师素质和教育质量。为了应对新时期职业教育的需求，教育部等九部门印发了《职业教育提质培优行动计划（2020—2023年）》，旨在通过加强教师队伍建设，推动职业教育的整体提升。

在政策推动下，高职院校纷纷加大教师培训力度，采取多种措施提升教师专业水平。各地教育部门通过设立专项基金，支持高职院校开展教师培训和交流活动。例如，北京市教育委员会每年拨出专项资金，用于支持高职院校教师的国内进修和海外研修，提高他们的教学能力和科研水平。

国家还注重引导高职院校与企业合作，共同培养"双师型"教师。所谓"双师型"教师，既具有扎实的理论基础，又具备丰富的实践经验。为此，教育部联合人力资源和社会保障部出台了相关政策，鼓励企业参与高职院校的教学工作，推动校企合作办学模式的发展。

过去，高职院校教师在职称评定中无法充分体现其实际教学能力和专业素养。如今，新的职称评定标准更加注重教师的实践教学能力和教学成果，推动教师不断提升自身的职业素养。

为适应信息化时代的发展，国家还大力推动高职院校教师的信息化教学能力建设。通过引入现代化教学设备和信息技术手段，提升教师的数字化教学水平。例如，教育部与科技部合作，推出了"智能教育创新发展行动计划"，鼓励高职院校运用大数据、人工智能等技术，提升教育质量和教学效果。

除了政策支持，国家还通过设立各种奖项和荣誉称号，激励高职院校教师不断追求卓越。例如，每年评选的"全国优秀教师"奖项，就是对在教学和科研方面做出突出贡献的教师的肯定。这些奖项不仅提升了教师的荣誉感和自豪感，也激发了他们的工作热情和创新动力。

国家还通过加大财政投入，改善高职院校教师的工作和生活条件。许多地方政府出台了相关政策，提高高职院校教师的工资待遇，改善他们的住房条件。这些举措不仅吸引了更多优秀人才投身职业教育，也提高了现有教师的工作积极性和稳定性。

在政策引导下，高职院校也积极探索教师队伍建设的新路径。例如，许多高职院校成立了专门的教师发展中心，负责组织教师培训、教学研究和职业发展指导。这些教师发展中心不仅为教师提供了丰富的培训资源，也为他们搭建了一个交流和合作的平台。

国家还注重通过立法手段保障高职院校教师的权益。例如，《中华人民共和国教师法》的修订，为教师的职业发展提供了法律保障，明确了教师的权利和义务。通过法律手段，国家为高职院校教师的职业发展提供了坚实的保障。

国家还大力推动高职院校教师的国际化进程。通过与国外知名职业教育机构和高校的合作，高职院校教师有机会参与国际学术交流和合作研究。

这不仅开阔了教师的国际视野，也提升了他们的学术水平和教学能力。

（二）经济发展的需求

经济发展对高职院校师资队伍建设的需求日益显著。随着社会经济的不断进步，各行各业对高素质技能型人才的需求不断增加。为了适应这一趋势，高职院校的师资队伍建设成为关键。高职院校不仅要培养学生的专业技能，更要培养学生的创新能力和综合素质。师资队伍作为学校教育质量的重要保障，其水平和素质直接影响着人才培养的质量。因此，建设一支高素质的师资队伍，是高职院校发展的重要任务。

另外，随着我国经济结构的不断调整，高职教育的重要性愈加突出。为了应对新形势下经济发展的需求，高职院校需要不断提高教学质量，培养出符合市场需求的应用型人才。高水平的师资队伍是实现这一目标的关键。只有具备高水平的教师队伍，才能在教学过程中注重实践与理论相结合，培养出具有实际操作能力和创新能力的高素质人才。

在经济全球化的背景下，国际竞争日益激烈。我国要在全球竞争中占据有利位置，就必须大力发展职业教育，培养出更多具有国际视野和竞争力的高技能人才。这对高职院校的师资队伍建设提出了更高的要求。教师不仅要具备扎实的专业知识和技能，还要具备国际视野和跨文化交流能力。这样，才能培养出具有全球竞争力的学生，助力我国经济发展。

除此之外，科技的迅猛发展也对高职院校师资队伍建设提出了新的挑战。新技术的应用不断改变着各行各业的发展模式和需求，高职院校必须紧跟科技发展的步伐，不断更新教学内容和方法，以培养适应新技术发展的高技能人才。而这需要教师不断学习和掌握新技术，更新自身的知识和技能，以满足教学和人才培养的需求。

我国高职教育正处于改革发展的关键时期，国家对高职教育提出了新的发展目标和任务。为了实现这些目标，高职院校需要大力加强师资队伍建设，提高教师的教育教学水平和专业素质。还要建立健全教师培训和激励机制，激发教师的工作积极性和创造性，提升教师的整体素质和教学能力。

高职院校的办学水平和社会声誉也对师资队伍建设提出了更高的要求。高职院校要想在激烈的教育竞争中脱颖而出，必须提高办学水平和教学质量，而这一切的基础在于高水平的师资队伍建设。只有拥有一支高素质、高水平的师资队伍，才能提高教学质量，提升学校的社会声誉，吸引更多优秀的生源。

学生的全面发展和职业素养的提升同样离不开高水平的师资队伍。高职院校不仅要教授学生专业知识和技能，还要注重学生的综合素质培养，包括职业道德、团队合作精神、创新能力等方面的培养，而这些都离不开高水平的师资队伍建设。教师不仅是知识的传授者，更是学生成长的引路人和职业发展的导师。

为了应对上述种种需求，高职院校必须采取切实有效的措施，加强师资队伍建设。要加大教师的引进力度，吸引更多高水平的专业人才加入高职院校的教学队伍；要加强教师的在职培训，不断提升教师的专业素质和教学水平；还要完善教师的激励机制，激发教师的工作积极性和创新精神。通过这些措施，建设一支高水平的师资队伍，为经济发展培养更多高素质的技能型人才。

二、高职院校师资队伍建设的现状

（一）师资数量不足

高职院校师资队伍建设面临的一个突出问题是师资数量不足。这种现象在各地高职院校中普遍存在，成为制约职业教育发展的重要因素之一。由于高职教育的快速扩展，对教师的需求也随之增加，但现有的教师数量远远无法满足日益增长的教育需求。

在部分高职院校中，教师人数与学生人数的比例失衡，导致教师负担过重，无法充分照顾到每一位学生的学习需求。这种情况不仅影响了教学质量，也对教师的身心健康产生了不良影响。高强度的工作压力使得一些教师难以集中精力进行教学研究和自我提升，长期来看不利于教师队伍的稳定和发展。

高职院校教师的学科专业结构也存在一定的问题。某些专业的教师数量相对充足，而另一些专业则存在严重的师资短缺现象。这种不平衡不仅影响了各专业课程的正常开设和教学质量，也制约了高职院校整体教育水平的提升。尤其是在一些新兴专业和技术领域，教师短缺的问题尤为突出，严重影响了这些专业的健康发展。

高职院校教师流动性大，也是导致师资数量不足的一个重要原因。部分高职院校的教师，特别是优秀教师，常常因为职业发展、待遇和工作环境等问题选择离职，转而到其他教育机构或企业工作。这种高流动率不仅影响了教学的连续性，也给学校的教学管理和课程安排带来了很大的挑战。

在教师招聘方面，高职院校也面临着诸多困难。由于高职教育的特殊性，对教师的要求不仅仅是理论知识，还需要具备丰富的实践经验和较强的动手能力。具备这些综合素质的教师在市场上本就稀缺，加上高职院校的薪资待遇和职业发展前景与其他高等教育机构相比不具吸引力，导致教师招聘工作难以顺利进行。

政府和教育部门虽然在政策层面给予了支持，但在实际操作中，许多高职院校的师资引进政策和措施仍需进一步完善。例如，一些地方政府虽然设立了专项资金支持高职院校教师的培训和进修，但这些资金的使用效率和覆盖面有限，难以从根本上解决师资数量不足的问题。要真正改善高职院校的师资状况，需要从政策、资金、管理等多方面进行综合治理。

为了应对师资数量不足的问题，一些高职院校积极探索多元化的教师引进和培养模式。例如，通过校企合作，引进企业技术专家担任兼职教师，弥补专业教师不足的短板。一些高职院校还与其他高校合作，共享师资资源，提高教学质量。虽然这些措施在一定程度上缓解了师资不足的问题，但要从根本上解决这一问题，还需要更多的政策支持和长远规划。

师资数量不足不仅影响了高职院校的教学质量，也在一定程度上制约了学生的学习和发展。由于教师数量不足，学生难以获得个性化的指导和帮助，导致学习效果不佳。教师的过重负担也影响了他们对教学的投入和热情，进一步降低了教育质量。因此，解决师资数量不足的问题，对于提高高职教育质量，促进学生全面发展具有重要意义。

职业教育作为教育体系的重要组成部分，承担着为社会培养技术技能人才的重任。长期以来，职业教育在社会上的地位和影响力相对较低，导致师资队伍建设一直未能得到足够的重视和支持。要改变这一现状，需要全社会提高对职业教育的认识，增强对高职院校教师的尊重和支持。

在未来的发展中，高职院校需要加大对师资队伍建设的投入，采取更加积极有效的措施来吸引和留住优秀教师。例如，改善教师的工作和生活条件，提高他们的薪资待遇和职业发展空间。只有让教师感受到工作的价值和尊严，才能激发他们的工作热情和创新动力，从而为高职教育的高质量发展奠定坚实的基础。

（二）师资结构不合理

当前，高职院校师资队伍建设面临诸多挑战，其中师资结构不合理是一个亟待解决的重要问题。在师资队伍建设过程中，部分高职院校存在教师年龄、学历、职称等结构不合理的问题，这直接影响了教育教学质量和人才培养效果。解决这些问题，对于提升高职院校的办学水平和竞争力具有重要意义。

高职院校教师队伍的年龄结构不合理，导致教育教学活力不足。部分高职院校的教师队伍中，年轻教师比例较低，而中老年教师比例较高。尽管中老年教师经验丰富，但随着年龄增长，其精力和创新能力有所下降，难以适应快速变化的教育需求。年轻教师虽然充满活力和创新意识，但由于经验不足，无法在教育教学中发挥应有的作用。合理的年龄结构有助于保持教师队伍的活力和创新能力。

教师的学历结构不合理问题突出，影响了教学和科研水平。在高职院校教师中，高学历教师比例相对较低，许多教师仅拥有本科或专科学历。这种学历结构不仅影响了教师的科研能力，也限制了他们在教学过程中对新知识和新技术的应用能力。提高教师的学历水平，通过引进高学历人才和鼓励现有教师继续深造，可以提升教师队伍的整体素质和能力。

教师的职称结构不合理，影响了教师的职业发展和学校的整体教学质量。在一些高职院校中，高级职称教师比例较低，而初级职称教师比例较高。这种职称结构导致高级职称教师的工作负担过重，难以兼顾教学、科研和管理工作。而初级职称教师由于经验不足，难以独立承担高水平的教学和科研任务。优化职称结构，通过职称晋升机制激励教师不断提升自我，有助于改善这一问题。

教师的专业结构不合理也是高职院校师资队伍建设面临的重要问题。许多高职院校教师的专业背景与所教授的课程不完全匹配，导致教学效果不佳。一些教师由于专业对口难度大，只能教授与自己专业相关性不高的课程；另外，随着新兴学科和交叉学科的兴起，许多高职院校缺乏相应专业背景的教师，无法满足新课程的教学需求。加强教师的专业培训和引进相应专业背景的教师，有助于改善这一问题。

教师的实践经验不足，影响了高职教育的实效性。高职教育注重实践和技能培养，而许多高职院校教师的实践经验相对不足，难以满足教学需求。这不仅影响了学生的实践能力培养，也削弱了高职教育的核心竞争力。通过校企合作、教师到企业挂职锻炼等方式，可以提升教师的实践经验，提高教学效果。

师资队伍的地域分布不均衡，也是高职院校面临的一大难题。在经济发达地区，高职院校教师队伍相对稳定且素质较高，而在经济欠发达地区，高职院校教师的数量和质量均存在明显不足。这种地域分布的不均衡，导致教育资源的配置不公平，影响了整体教育水平的提升。通过政策引导和资源倾斜，促进教育资源的均衡分布，可以改善这一问题。

高职院校的教师培养机制不完善，导致师资队伍的专业发展受限。一些高职院校在教师培养方面缺乏系统的规划和有效的激励机制，导致教师的职业发展停滞不前。完善教师培养机制，提供系统的培训和职业发展路径，有助于激发教师的积极性和创造性，提升师资队伍的整体水平。

教师的教学能力和科研能力不均衡，也是高职院校师资结构不合理的表现之一。一些教师在教学方面表现突出，但科研能力相对薄弱；而另一些教师则在科研方面有较强的能力，但教学经验不足。这种不均衡影响了教师的综合素质，也限制了高职院校的整体发展。通过多途径提升教师的教学和科研能力，实现教学与科研的均衡发展，是解决这一问题的重要途径。

高职院校的教师待遇和工作环境也影响了师资队伍的建设。一些高职院校的教师待遇相对较低，工作环境和职业发展前景不尽如人意，导致优秀教师难以留住，人才流失严重。提高教师待遇，改善工作环境，提供良好的职业发展前景，可以吸引和留住优秀人才，提升师资队伍的整体素质。

社会对高职教育的认同度和支持力度不足，也对师资队伍建设产生了一定影响。社会对高职教育存在一定偏见，认为其不如普通高等教育重要，这种观念影响了教师的职业认同感和自豪感。通过加强宣传，提高社会对高职教育的认同和支持，可以提升教师的职业荣誉感，激发他们的工作热情。

师资队伍建设的政策支持力度不够，是制约高职院校发展的一个重要因素。尽管国家对高职教育的重视程度不断提高，但在实际操作中，一些政策落实不到位，资源配置不合理，导致师资队伍建设面临诸多困难。加强政策支持、优化资源配置、落实具体措施，是促进高职院校师资队伍建设的重要保障。

（三）师资素质有待提高

目前，高职院校师资队伍建设面临诸多挑战，师资素质的提升尤为迫切。教师队伍的学历层次偏低，影响了整体教学水平。尽管近年来各高职院校在积极引进高学历人才，但由于师资数量庞大，整体提升效果不甚显著。部分教师仅有本科及以下学历，缺乏深入的学术研究和实践能力。

教师的专业素养有待加强。高职教育强调实践技能和应用能力，但部分教师缺乏实际工作经验，教学内容脱离实际需求。这不仅影响了学生的学习效果，也限制了高职院校的发展空间。因此，提高教师的专业素养，尤其是实际操作能力，是当务之急。

传统的教学方式过于单一，难以激发学生的学习兴趣和创造力。现代教育技术的发展为教学提供了更多可能性，但一些教师尚未能熟练运用这些新技术，导致教学效果不理想。引导教师更新教学理念，掌握现代教学手段，是提升教学质量的重要途径。

高职院校不仅是教学机构，也是科研创新的重要阵地。一些教师科研意识淡薄，科研能力不足，缺乏参与高水平科研项目的机会。这限制了高职院校的科研成果产出，也不利于教师自身的发展和职业素养的提升。

职业道德是教师素质的重要组成部分，直接关系到教育的质量和学生的发展。部分教师存在责任心不强、教学态度不严谨等问题，影响了师生关系和教学效果。因此，加强职业道德教育，培养教师的敬业精神和责任感，是提升师资素质的重要方面。

高职院校还需关注教师的职业发展和培训机制。当前，一些高职院校缺乏系统的教师培训和职业发展规划，导致教师难以获得持续的专业提升和发展机会。建立完善的培训体系，提供多样化的培训内容，是提升教师素质的有效途径。

在教师队伍建设中，合理的薪酬待遇和激励机制也是不可忽视的因素。高职院校教师的薪酬水平普遍偏低，工作压力大，职业吸引力不足。改善薪酬待遇，建立科学合理的激励机制，可以有效提升教师的工作积极性和教学热情。

师资队伍的结构优化也是提升师资素质的关键。高职院校的教师队伍应当注重多元化，合理配置不同年龄段、不同专业背景的教师，形成相互促进、共同发展的良好氛围。通过优化师资结构，可以提升教学的多样性和包容性。

师资队伍的管理机制也亟待改进。当前，部分高职院校的师资管理机制不够完善，管理模式陈旧，缺乏科学性和有效性。建立科学合理的管理机制，加强对教师的管理和考核，可以提升教师的工作效率和教学质量。

高职院校应当加强与企业的合作，提升教师的实践能力和教学水平。通过校企合作，可以为教师提供更多实践机会，提升其专业素养和实践技能。企业的实际需求也可以为教学提供有价值的参考，促进教学内容的更新和优化。

（四）师资培训机制不健全

在当前高职院校的师资队伍建设中，师资培训机制的不健全问题尤为突出。部分高职院校对于教师培训的重视程度不够，导致培训项目的实施缺乏系统性和连续性。培训机制的不完善直接影响了教师的专业素养和教学能力的提升。

从整体情况来看，高职院校的师资培训普遍存在资源分配不足的问题。许多学校在经费和设施的投入上无法满足教师培训的实际需求，致使培训内容过于单一，无法满足不同教师的个性化发展需求。教师在专业知识和教学技能上的提升空间受到严重制约。

进一步分析，当前高职院校的师资培训缺乏科学的规划和系统的设计。培训计划通常缺乏针对性和实效性，没有充分考虑到教师不同的发展阶段和需求，导致培训效果不尽如人意。许多培训项目只是流于形式，未能真正帮助教师提高教学水平。

教师培训的管理体制也亟待改进。许多高职院校在培训管理上缺乏有效的监督和评价机制，培训效果得不到及时反馈和改进。这种管理上的漏洞，使得培训工作的效率大打折扣，无法实现预期的培训目标。

在师资培训的内容设置上，现有的培训项目往往过于理论化，缺乏实践性和操作性。许多培训内容过于注重理论知识的传授，而忽视了实践技能的培养，使得教师在实际教学中难以将所学知识应用于教学实践，影响了教学效果。

培训师资的素质也对高职院校的师资培训效果产生了重要影响。当前部分高职院校在培训师资的选聘上存在一定问题，缺乏高水平的培训专家和优秀的培训教师，致使培训质量难以保证。培训师资水平的参差不齐，也使得培训效果不尽如人意。

考虑到这些问题，高职院校应加大对师资培训的投入力度，确保培训经费的充足和合理使用。通过引入先进的培训理念和方法，提升培训项目的质量和效果。应加强培训管理，建立科学的评价和反馈机制，确保培训效果的持续改进。

在制度建设方面，高职院校应制订科学合理的培训计划，针对不同教师的实际需求，开展有针对性的培训项目。通过分类分层的培训模式，满足不同层次教师的专业发展需求，提升整体师资队伍的水平。

高职院校还应加强校企合作，通过与企业合作开展实践性培训，提高教师的实践技能和应用能力。企业的实际需求和前沿技术，能够为教师提供丰富的实践经验和最新的行业动态，有助于提升教师的实践教学能力。

应建立长效的培训机制，确保师资培训的系统性和持续性。通过定期开展培训，建立教师培训档案，跟踪教师的培训情况和效果，确保培训工作的有效性和持续改进。

第二节　高职院校师资队伍建设的目标和意义

一、高职院校师资队伍建设的目标

（一）提高师资数量和质量

高职院校师资队伍建设的目标是提高师资数量和质量，以适应新时代职业教育发展的需要。为此，高职院校需要采取一系列措施，全面提升教师队伍的整体水平。增加教师数量是实现这一目标的首要任务。高职院校应当通过多种途径吸引优秀人才加入教师队伍，缓解当前师资不足的问题。

为了吸引更多优秀人才，高职院校需要优化招聘制度，提高教师招聘的透明度和公平性。通过公开招聘和科学选拔，确保引进的教师具备扎实的专业知识和丰富的实践经验。设立专门的招聘激励政策，如提供优厚的薪资待遇和职业发展机会，吸引更多高素质的专业人才投身职业教育事业。

与此同时，高职院校还需要注重在职教师的培养和发展，提高现有教师的专业水平和教学能力。通过定期组织各类培训和进修活动，帮助教师不断更新知识，提高教育教学水平。例如，开设针对新教师的岗前培训和针对中青年教师的进修课程，提升他们的教学实践能力和科研水平。

为了提升教师队伍的整体素质，高职院校应当大力推进"双师型"教师的培养。"双师型"教师不仅要有深厚的理论基础，还需要具备丰富的实践经验。为此，高职院校可以通过校企合作，邀请企业技术专家到校任教，或安排教师到企业挂职锻炼，提升他们的实际操作能力和行业前沿知识。

高职院校还应当加强对教师的考核和评价机制，建立科学合理的绩效评估体系。通过定期的教学质量评估和学生反馈，了解教师的教学效果和学生的学习需求，及时发现和改进教学中的问题。对表现优秀的教师给予表彰和奖励，激发他们的工作热情和创新动力。

为适应信息化时代的要求，高职院校需要加强教师的信息化教学能力建设。通过引入现代化教学设备和信息技术手段，提升教师的数字化教学水平。例如，组织教师参加信息化教学培训，掌握多媒体教学、在线教育等新型教学模式，提高课堂教学的互动性和趣味性。

高职院校还应当注重教师的职业发展规划，提供多样化的职业发展路径。例如，通过设立教师发展基金，支持教师参加国内外学术交流和进修活动，开阔他们的国际视野和学术视野。建立教师职业晋升通道，为教师提供更多的职业发展机会和空间。

为了提升教师的科研能力和水平，高职院校应当鼓励和支持教师开展各类科研项目和学术研究。通过设立科研基金，提供科研经费支持和科研条件保障，激励教师积极参与科研创新活动。加强与科研机构和企业的合作，推动产学研结合，提高科研成果的转化率和实际应用价值。

高职院校还需要注重教师队伍的梯队建设，形成老中青结合、优势互补的教师团队。通过引进高水平的学术带头人和专业骨干，提升教师队伍的整体水平；另外，通过导师制、结对帮扶等方式，帮助年轻教师快速成长，提高他们的教学和科研能力。

在政策层面，政府和教育部门应当继续加大对高职院校师资队伍建设的支持力度。通过设立专项资金，支持高职院校开展教师培训、科研项目和国际交流等活动，改善教师的工作和生活条件，提升他们的职业认同感和归属感。

为了实现师资数量和质量的双提升，高职院校还需要加强校际合作和资源共享。通过与其他高校建立合作关系，共享优质的教学资源和师资力量，提高教育教学质量。例如，联合举办教学研讨会和学术交流活动，促进教师之间的经验交流和学术合作。

在未来的发展中，高职院校应当不断创新教师队伍建设的思路和方法，探索适合自身发展的教师培养模式。例如，通过建立校企联合培养基地，推动教师深入企业一线，了解行业发展动态和实际需求，提高他们的教学针对性和实效性。探索"互联网+"时代下的教师培养新模式，利用在线教育平台和大数据技术，提升教师的数字化素养和教学创新能力。

（二）健全师资培训体系

高职院校师资队伍建设的目标之一是健全师资培训体系，以提升教师整体素质和教育教学能力。在当今快速发展的社会经济环境中，高职院校肩负着培养高素质技能型人才的重任，而高水平的师资队伍是实现这一目标的关键。因此，建立完善的师资培训体系显得尤为重要。

完善的师资培训体系可以提高教师的专业知识和技能水平。通过定期组织专业培训和继续教育，高职院校的教师可以及时更新自己的知识储备，掌握最新的行业动态和技术发展。这不仅有助于提高教学质量，也能更好地满足市场对高技能人才的需求。专业培训还可以帮助教师在教学过程中更好地结合理论与实践，提升学生的实际操作能力。

教学方法的不断创新和改进是提高教育质量的重要手段。通过系统的教学方法培训，教师可以学习和掌握多样化的教学技巧和手段，从而在课堂上更有效地传授知识，激发学生的学习兴趣和积极性。与此同时教学能力的提升还可以帮助教师更好地应对教学过程中遇到的各种挑战，解决实际问题。

科研能力的提升不仅能够促进教师自身的专业发展，也能为高职院校的教学改革和学科建设提供有力支持。通过科研培训和科研项目的参与，教师可以不断提高自己的科研水平，增强创新意识，推动教学内容和方法的不断更新和优化。这样，不仅可以提升学校的科研水平和影响力，也能为学生提供更加丰富和前沿的知识。

教师不仅是知识的传播者，更是学生的榜样和引路人。通过职业道德培训和职业素养教育，可以增强教师的责任感和使命感，提高他们的职业道德水平和工作态度。这样，教师在教育教学过程中不仅能够传授知识，更能以身作则，培养学生的良好品德和行为习惯。

教师在工作中常常面临较大的压力和挑战，心理健康问题不容忽视。通过心理健康培训，可以帮助教师缓解压力，保持良好的心理状态，从而更好地投入到教育教学工作中。职业发展培训可以为教师提供明确的职业规划和发展路径，帮助他们不断提升自我，实现职业理想。

高职院校应制订系统的师资培训计划和方案，明确培训目标、内容和方法，并建立科学合理的培训评价体系。通过严格的培训管理和评价，可以确保培训效果的落实和提升，不断优化培训内容和形式，满足教师多样化的培训需求。

在师资培训体系的建设中，还应注重校内外资源的整合与利用。高职院校可以通过与企业、科研机构和其他高校的合作，丰富培训内容和形式，提高培训的实际效果。通过校企合作，可以为教师提供更多的实践机会，提升他们的实践能力和拓宽他们的行业视野；通过与科研机构和其他高校的合作，可以借鉴先进的教学和科研经验，提升培训的专业性和科学性。

师资培训体系的建设还需要政策和资金的支持。政府应加大对高职院校师资培训的政策支持和资金投入，为培训体系的建设提供有力保障。高职院校也应合理配置资源，确保培训工作的顺利开展。通过多方努力，建立起一套完善、高效的师资培训体系，为高职院校的持续发展提供坚实的师资保障。

1. 完善培训机制

当前，高职院校师资队伍建设的目标正逐渐清晰，即通过完善的培训机制，全面提升教师的综合素质和教学水平。高职院校需要明确培训目标，制订科学合理的培训计划。根据教师的实际需求和学校的发展目标，分阶段、有重点地开展培训活动，以达到最佳培训效果。

与此同时，高职院校应当建立系统化的培训体系。培训体系应涵盖教师的专业技能培训、教学能力培训、科研能力培训等多个方面，确保教师能够在不同阶段获得全方位的提升。系统化的培训不仅有助于教师的职业发展，也能推动学校整体教学水平的提高。

为了满足不同教师的需求，培训内容应包括理论知识、实践技能、教育技术等多个领域。通过多样化的培训内容，教师能够全面提升自身能力，从而更好地服务于学生和学校的发展。

传统的培训方式往往过于单一，难以激发教师的学习兴趣和积极性。通过引入现代教育技术，如在线培训、虚拟现实技术（VR）等，可以提高培训的趣味性和实效性，增强教师的参与度和培训效果。

校企合作不仅可以为教师提供丰富的实践机会，还能使培训内容更加贴近实际需求。通过与企业的深度合作，教师能够了解行业最新动态和技术，从而在教学中更好地指导学生。

通过对培训效果进行评估，可以及时发现问题，调整培训方案，提高培训质量。评估机制应包括教师的反馈、学生的评价、培训后的实际效果等多个方面，确保培训的科学性和有效性。

为了提高教师的参与度，可以设立相应的激励措施，如培训证书、职称晋升、绩效奖励等。通过激励措施，教师的培训积极性将得到有效提升，从而促进培训机制的良性循环。

每位教师的背景和发展方向各不相同，培训内容和方式应因人而异，量身定制。通过个性化的培训方案，教师能够更好地提升自身能力，达到最佳培训效果。

与此同时，学校应注重培训资源的整合和利用。充分利用校内外资源，如专家讲座、学术交流、实践基地等，可以丰富培训内容，提高培训质量。通过资源整合，教师可以获得更多的学习机会，提升自身综合素质。

通过与国外院校的交流与合作，可以借鉴国际先进的教育理念和培训模式，拓宽教师的国际视野和提高教学水平。国际化的培训有助于教师了解全球教育发展趋势，促进教学质量的提升。

教师的职业发展是一个持续的过程，培训机制应当具有长期性和持续性，确保教师能够在整个职业生涯中不断学习和提升。长期的培训机制不仅有助于教师的个人发展，也能推动学校的可持续发展。

高职院校应关注教师的心理健康和职业幸福感。在培训过程中，可以设置相关课程和活动，帮助教师减压，提升其职业幸福感。良好的心理状态和职业幸福感有助于教师更好地投入教学和科研工作，提升整体教育质量。

在培训机制的实施过程中，高职院校还应重视教师的自主学习能力。通过提供丰富的学习资源和自主学习平台，鼓励教师自主学习和探索。自主学习能力的提升将有助于教师在快速变化的教育环境中不断适应和成长。

高职院校还应重视培训结果的转化和应用。通过培训，教师所学的知识和技能应当能够在实际教学中得到应用。学校应提供相应的平台和机会，鼓励教师将培训成果转化为教学实践，提升教学效果。

2. 加强校企合作

高职院校师资队伍建设的目标之一是加强与企业的合作，以实现教育教学与产业需求的深度对接。通过与企业开展合作，高职院校可以更好地了解企业对人才的需求，为学生提供更加实用的教育培训，提高学生就业质量和竞争力。

在当前形势下，加强校企合作是高职院校师资队伍建设的重要方向之一。校企合作可以帮助高职院校更好地了解企业的实际需求，根据市场需求调整教学内容和方法，提高教学质量和实用性。校企合作还可以为教师提供更多的实践机会和案例，丰富教学内容，提高教学水平。

从教师发展的角度来看，加强校企合作可以为教师提供更广阔的发展空间和平台。通过参与校企合作项目，教师可以了解最新的行业动态和技术发展趋势，提高自身的专业水平和实践能力。校企合作还可以为教师提供更多的科研机会和项目合作，促进教师的学术研究和实践能力的提升。

另外，加强校企合作也是高职院校师资队伍建设的需要。通过与企业的合作，高职院校可以引进更多的优秀人才和资源，提高师资队伍的整体素质和竞争力。与此同时，校企合作还可以为高职院校提供更多的资金支持和项目合作机会，促进学校的发展和建设。

在实施校企合作的过程中，高职院校需要建立健全合作机制和平台。学校需要积极主动地与企业建立合作关系，开展各类合作项目和活动。学校还需要建立科学的评价机制，对合作项目进行评估和总结，及时调整合作方向和方式，提高合作效果和成效。

加强校企合作还需要注重教师的培训和能力建设。学校可以通过组织教师参加企业实践培训和项目合作，提高教师的实践能力和专业水平。学校还可以建立教师交流平台，促进教师之间的交流与合作，提高整体教师队伍的素质和能力。

二、高职院校师资队伍建设的意义

（一）增强教学效果

高职院校师资队伍建设在提升教学效果方面具有重要意义。优秀的师资队伍是高职院校教学质量的重要保障。教师的专业水平和教学能力直接影响着学生的学习效果和职业素养的培养。通过加强师资队伍建设，高职院校能够吸引和培养更多优秀的教师，从而提高整体教学质量。

高职院校的教学内容和方式需要不断更新和改进，以适应社会和市场的变化。只有具备较高素质和创新精神的教师，才能积极参与到教学改革中，探索新的教学方法和手段，推动教学创新发展。

教师的持续专业发展是提高教学效果的关键。通过各种形式的培训和进修，教师可以不断更新自己的知识和技能，掌握最新的行业动态和技术进展，从而在教学中更好地结合理论与实践，提高教学的实际效果。

通过团队合作和经验分享，教师可以互相学习，共同提高。特别是在高职教育中，教师的实践经验和案例分享对学生的学习具有重要作用。通过建立有效的教师交流机制，可以促进知识和经验的传递，提升整体教学水平。

加强师资队伍建设还有助于提高教师的职业素养和责任感。良好的师资队伍建设能够营造积极向上的工作氛围，激励教师不断追求卓越。教师的职业素养和责任感不仅体现在教学中，还会对学生产生潜移默化的影响，培养他们良好的学习态度和职业道德。

与此同时，高职院校师资队伍建设对学校的品牌和声誉也有着重要影响。一支高水平的师资队伍是学校竞争力的重要体现。通过吸引和培养优秀的教师，高职院校可以提高自身的知名度和美誉度，吸引更多优秀的生源，形成良性循环。

师资队伍建设还可以促进校企合作，提升实践教学效果。高职院校的教学目标是培养应用型人才，这需要教师具备丰富的实践经验和行业背景。通过引进具有企业工作经验的教师，或者与企业联合培养教师，可以增强学校的实践教学能力，提高学生的实践技能和就业竞争力。

另一个不可忽视的方面是，师资队伍建设有助于提高教学管理水平。教师不仅是教学活动的执行者，同时也是教学管理的重要参与者。通过加强师资队伍建设，可以提升教师在教学管理中的积极性和主动性，优化教学管理流程，提高教学管理的效率和质量。

师资队伍建设对学生的全面发展也有着深远的影响。高素质的教师不仅能够传授知识和技能，还能够在学生的人格发展和价值观培养中发挥重要作用。通过师资队伍建设，教师可以更好地关注学生的个性发展，提供有针对性的指导和帮助，促进学生全面发展。

加强师资队伍建设有助于提升教师的职业幸福感和工作满意度。良好的工作环境和发展机会可以激发教师的工作热情和创造力，增加他们对职业的认同感和归属感。这不仅有利于教师个人的发展，也有利于学校整体的稳定和发展。

在全球化和信息化的背景下，师资队伍建设还需要注重国际视野和跨文化能力的培养。高职院校应加强与国际教育机构的合作，鼓励教师参与国际交流和合作，提高他们的国际化水平，从而更好地应对全球化带来的机遇和挑战。

师资队伍建设是一个系统工程，需要学校领导、教师和社会各方面的共同努力。学校应制定科学合理的师资队伍建设规划，提供必要的政策和资金支持，创造良好的工作和生活环境，吸引和留住优秀教师。教师自身也应不断学习和提升，积极参与到师资队伍建设中。

（二）增强学校竞争力

高职院校的师资队伍建设在提升学校竞争力方面具有重要意义。这不仅是教育质量的保障，也是学校可持续发展的基础。优质的师资力量能够为学生提供高水平的教育服务，从而提升学生的职业素养和就业竞争力。与此同时，优秀的师资队伍还能在学校与企业的合作中发挥重要作用，促进产教融合，增强学校的社会影响力。

从教育角度看，教师是知识传播的主要载体，其素质直接影响到学生的学习效果。高职院校的师资队伍建设应当注重教师的教学能力和专业素养，不断提升他们的教学水平和科研能力。通过培训和继续教育，教师可以掌握最新的行业动态和教学方法，为学生提供更为先进和实用的知识。高职院校还应鼓励教师参与企业实践，增强其实践经验和职业技能，从而更好地指导学生的实践活动。

师资队伍建设不仅关系到教学质量，还涉及学校的科研能力。高水平的教师队伍能够在科研领域取得更多的成果，推动学校在相关领域的发展。科研成果不仅是学校声誉的重要组成部分，也能为学校吸引更多的优质生源和社会资源。通过科研项目的合作和交流，教师可以不断提升自身的科研能力和水平，为学校的发展做出更大的贡献。

对于学校的管理层来说，建设一支高素质的师资队伍是实现学校战略目标的重要途径。高职院校的师资队伍建设不仅需要注重教师的专业能力，还要关注他们的职业发展和成长。通过制定科学合理的教师培养计划和职业发展规划，学校可以帮助教师实现个人价值和职业目标，从而激发他们的工作热情和创造力。学校还应加强对教师的激励机制，提供更多的晋升机会和福利待遇，以吸引和留住优秀的教师人才。

学生是学校的核心，教师则是学生成长的引路人。高职院校的师资队伍建设直接影响到学生的培养质量和就业前景。高水平的教师不仅能够为学生传授专业知识，还能通过自身的职业素养和实践经验，帮助学生树立正确的职业观念和人生目标。通过师生之间的良好互动，教师可以更好地了解学生的需求和特点，因材施教，提高教学效果。

从学校的整体发展来看，师资队伍建设是提升学校核心竞争力的重要举措。高职院校在激烈的教育市场竞争中，要想立于不败之地，就必须不断提升自身的办学水平和教育质量，而这离不开一支优秀的教师队伍。通过加强师资队伍建设，学校可以在教学、科研、管理等各个方面取得全面进步，从而在竞争中脱颖而出。

除了提升教学和科研能力，师资队伍建设还有助于加强学校与外界的联系与合作。高职院校的教师不仅是知识的传播者，也是学校与企业、社会沟通的桥梁。通过与企业的合作，教师可以及时了解行业需求和发展趋势，调整和优化教学内容和方法，培养符合市场需求的高素质人才。教师的科研成果和实践经验也能为企业的发展提供智力支持，促进校企合作的深入发展。

为了实现师资队伍建设的目标，高职院校需要制定系统的政策和措施。这包括建立科学的教师评价体系，完善教师培训和继续教育机制，提供充足的科研经费和支持等。通过这些措施，学校可以为教师提供良好的工作环境和发展平台，帮助他们不断提升自身的专业能力和综合素质。学校还应注重教师的心理健康和职业幸福感，营造和谐的校园文化氛围。

在师资队伍建设中，国际化也是一个重要的方向。高职院校应积极引进国际优质教育资源，开展国际合作和交流，拓宽教师的国际视野和提升教师的跨文化交流能力。通过与国外高校和企业的合作，教师可以学习和借鉴国际先进的教育理念和方法，提升自身的教学水平和科研能力。国际化的师资队伍还可以为学生提供更多的国际交流和学习机会，培养具有国际竞争力的人才。

1. 提升学校声誉

职业院校教师队伍建设对学校声誉的提升有着深远的意义。从长远看，教师是学校教育质量的核心力量，教师队伍的素质直接决定了学校的办学水平。高水平的师资队伍不仅能够提升教学质量，培养出更多优秀的学生，还能通过优质的教育资源吸引更多的生源，从而进一步提升学校的社会声誉。

职业院校的教师不仅需要具备扎实的理论知识，还需要具备丰富的实践经验和教学技巧。高素质的教师能够根据学生的实际情况，因材施教，灵活运用各种教学方法和手段，使学生在学习中获得更多的知识和技能。这不仅有助于学生的全面发展，还能提升学校的整体教学质量和教学效果，从而在社会上树立良好的口碑。

职业院校不仅是知识传授的场所，更是科学研究和技术创新的重要基地。具有较高科研水平的教师队伍能够在各自的研究领域内取得重要成果，推动学科的发展和创新。科研成果的应用和推广也能提升学校的社会影响力和美誉度，吸引更多优秀的师生加盟，为学校的发展注入新的活力。

在教育市场化的今天，学校之间的竞争愈发激烈，优质的师资力量成为学校吸引学生和家长的重要砝码。通过不断提升教师队伍的专业水平和教学能力，学校可以形成自己的办学特色和优势，从而在激烈的市场竞争中脱颖而出，赢得更多的生源和社会支持。

良好的教师队伍建设能够营造积极向上的校园文化。教师是学生的引路人，其言行举止对学生有着潜移默化的影响。高素质的教师不仅在专业上能够给予学生指导和帮助，更在品德和行为上为学生树立了良好的榜样。通过教师的引领和示范作用，学校可以营造出积极进取、团结合作的校园氛围，进一步提升学校的软实力和声誉。

进一步说，教师队伍建设还可以提升学校的社会服务能力。职业院校不仅是教育培养人才的摇篮，也是服务社会的重要力量。高水平的教师队伍能够结合社会需求，开展各种培训和服务项目，为地方经济社会发展贡献力量。通过这些社会服务活动，学校也能提升自己的知名度和影响力，赢得社会各界的广泛认可和支持。

再延伸，教师队伍建设对学生就业能力的提升也至关重要。职业院校的培养目标是为社会输送应用型、技能型人才。高水平的教师能够根据社会和企业的需求，针对性地开展教学和实践活动，使学生在校期间就能掌握一技之长。这样的教学模式不仅提高了学生的就业竞争力，也提升了学校的就业率和毕业生质量，从而进一步增强了学校的声誉。

从一个更广的视角看，教师队伍建设还关系到学校的可持续发展。教育是一项长期的事业，只有不断提升教师队伍的整体素质，才能确保学校的办学水平不断提高，保持教育教学的高质量。通过不断吸引和培养优秀教师，学校可以在教育改革和创新中始终走在前列，确保自身在未来的发展中占据有利位置，持续提升学校的声誉。

进一步探讨，高水平的教师队伍建设还能够促进国际化办学水平的提升。随着全球化进程的加快，职业教育也面临着国际化发展的机遇和挑战。高素质的教师队伍不仅能够提升学校的教育质量，还能开展国际合作与交流，吸引更多的国际学生和专家学者。通过国际化的办学模式，学校可以提升自身的国际影响力和竞争力，为学校声誉的提升提供有力支持。

2.吸引优质生源

高职院校师资队伍建设对于吸引优质生源具有重要意义。高质量的师资队伍不仅提升了学校的教育水平，还增强了学校的竞争力。许多学生和家长在选择学校时，首先关注的就是学校的教师队伍情况。一支优秀的师资队伍意味着学校在教学、科研、学生管理等各个方面都具有较高的水平，这无疑对吸引优质生源起到了重要的作用。

培养和引进高水平的教师，是高职院校提高办学水平的重要途径之一。高职院校的办学目标是为社会培养高素质的技术技能型人才，而高水平的教师是实现这一目标的关键。通过不断引进和培养具有丰富实践经验和高学术水平的教师，可以提升教学质量，优化课程设置，使学生在校期间能够接受到更好的教育。这不仅有助于学生未来的职业发展，还能吸引更多的优质生源。

学校的师资力量直接影响着教学质量，而教学质量又是吸引优质生源的关键因素。优质的教学质量能够培养出优秀的毕业生，提升学校的声誉，从而吸引更多的优质生源。通过加强师资队伍建设，学校可以不断提升教学水平，提高教学效果，使更多的学生和家长对学校产生信任感和认同感。

完善的师资队伍建设也有助于提升学校的科研水平，推动学校的学科发展。高职院校在进行师资队伍建设时，应该注重教师的科研能力培养，通过鼓励和支持教师参与科研项目，提升教师的学术水平。高水平的科研成果不仅能够提升学校的学术声誉，还能为学生提供更多的学习和研究机会，吸引更多有志于科研的优质生源。

教师队伍的专业素质直接关系到学生的培养质量。一支专业素质高、教学经验丰富的师资队伍能够为学生提供更加专业和系统的知识体系，使学生在学习过程中能够掌握更多的实际操作技能和理论知识。这对于吸引那些希望在职业生涯中取得成功的优质生源来说，具有很大的吸引力。

师资队伍的建设还包括教师的职业道德和教育理念的培养。教师不仅是知识的传授者，更是学生人生道路上的引导者。高职院校应该注重培养教师的职业道德和教育理念，使教师在教学过程中不仅关注学生的学业成绩，更关注学生的全面发展。这样的教育环境对优质生源来说具有很强的吸引力。

高职院校还应该注重师资队伍的多样性建设。多样化的教师队伍能够为学生提供多角度、多层次的学习体验，使学生能够在不同的教学风格和教学方法中找到最适合自己的学习方式。这不仅能够提升学生的学习兴趣和学习效果，还能吸引更多不同背景的优质生源。

师资队伍的国际化建设也是吸引优质生源的重要手段。通过引进国外优秀教师和学者，开展国际合作和交流项目，可以提升学校的国际化水平，为学生提供更多的国际学习和交流机会。这对于那些希望接受国际化教育的优质生源来说，具有很大的吸引力。

学校的硬件设施建设虽然重要，但软件设施特别是师资队伍建设同样不可忽视。高职院校应该注重提升教师的教学能力和科研水平，通过定期的培训和进修，鼓励教师不断提升自己的专业素质和教学水平。这样可以保证学校的教学质量和科研水平，进而吸引更多的优质生源。

学生和家长在选择学校时，往往会关注学校的就业情况。高质量的师资队伍能够培养出更具竞争力的毕业生，从而提升学校的就业率。通过不断加强师资队伍建设，提升教师的教学水平和职业指导能力，可以帮助学生更好地适应就业市场的需求，提高就业率和就业质量，这对于吸引优质生源具有重要作用。

高职院校的办学理念和教育特色是吸引优质生源的另一个重要因素。通过加强师资队伍建设，可以不断完善和创新办学理念和教育特色，使学校在激烈的教育竞争中脱颖而出。优质的师资队伍能够为学校的发展提供强有力的支持，使学校在教学、科研、社会服务等方面都取得显著成效，从而吸引更多的优质生源。

师资队伍的稳定性也是吸引优质生源的重要保障。一支稳定且具有凝聚力的教师队伍，能够为学校的发展提供持续的动力。高职院校应该通过各种途径，提升教师的职业满意度和归属感，稳定教师队伍，降低教师流动率。这样不仅能够保证教学质量的稳定，还能为学生提供更加持续和系统的教育服务，吸引更多的优质生源。

高职院校应该注重教师的教学方法和教学手段的创新。通过引进现代化的教学设备和教学手段，提升教学效果，使学生能够在一个更加现代化和科技化的学习环境中接受教育。这对于吸引那些对现代教育方式感兴趣的优质生源来说，具有很大的吸引力。

第二章 高职院校师资队伍建设的政策与法规

第一节 高职院校师资队伍建设的政策体系

一、国家层面的政策

(一)《中华人民共和国职业教育法》

《中华人民共和国职业教育法》在推动高职院校师资队伍建设方面具有重要指导意义。这部法律为职业教育的发展提供了法律保障和政策支持，明确了师资队伍建设的方向和要求。通过法律的实施，高职院校能够在教师的引进、培训、管理和激励等方面有章可循，推动师资队伍建设的规范化和科学化。

《职业教育法》明确规定了职业教育的重要地位和作用，强调了高职院校在国家教育体系中的特殊角色。这为师资队伍建设提供了政策依据，确保高职院校能够获得必要的资源和支持。通过国家政策的引导，高职院校可以更加重视教师队伍的建设，制定相应的发展规划和措施，推动教育质量的提升。

法律对教师的资格和素质提出了具体要求，确保了师资队伍的专业化和高水平。《职业教育法》规定，高职院校的教师应当具备相应的职业资格和教学能力，鼓励具有丰富实践经验的专业技术人才和企业骨干到学校任教。这不仅提高了教师队伍的整体素质，也为学生提供了更为丰富的学习资源和实践机会。

高职院校应当为教师提供培训和继续教育的机会，提升他们的专业能力和教学水平。通过定期的培训和进修，教师可以不断更新知识，掌握最新的教学方法和技术，从而更好地适应职业教育的发展需求。这一政策措施不仅有助于教师的个人成长，也推动了学校教育质量的持续提升。

《职业教育法》在教师待遇和激励机制方面也做出了明确规定。法律要求高职院校应当合理确定和提高教师的工资福利待遇，建立健全教师的激励机制。通过提供良好的工作环境和发展机会，学校可以吸引和留住优秀的教师人才，激发他们的工作积极性和创造力。这对于建设一支稳定、高素质的师资队伍具有重要作用。

高职院校师资队伍建设还需要依托法律规定的管理制度。法律明确了学校在教师管理方面的职责和权限，要求学校建立科学的教师评价体系，完善教师管理制度。通过规范的管理，学校可以更加有效地组织和协调教师的教学和科研工作，提升管理效率和水平。这不仅有助于教师的职业发展，也推动了学校整体发展的有序进行。

在国际化方面，《职业教育法》也给予了高职院校师资队伍建设明确的指导。法律鼓励高职院校积极开展国际合作与交流，引进国外优质教育资源。通过与国际教育机构和企业的合作，教师可以拓宽国际视野，学习先进的教育理念和方法，提升自身的教学和科研能力。国际化的师资队伍建设不仅增强了学校的国际竞争力，也为学生提供了更多的国际化学习机会。

法律规定，高职院校应当与企业合作，共同培养高素质的技术技能人才。这为教师的实践能力提升提供了更多的机会和平台。通过与企业的合作，教师可以深入行业一线，了解最新的技术和生产流程，增强自身的实践经验，从而更好地指导学生的实习和就业。

在政策保障方面，国家通过《职业教育法》为高职院校的师资队伍建设提供了有力的支持。法律规定，各级政府应当加大对职业教育的投入，确保职业教育经费的稳定增长。这为高职院校提供了充足的资金保障，支持学校在教师引进、培训、科研等方面的投入。通过财政支持，学校可以更加有效地开展师资队伍建设，提高教育质量和水平。

《职业教育法》规定，企业和其他社会组织应当积极参与职业教育，提供实习和就业岗位，支持职业院校的师资队伍建设。通过社会各界的共同努力，学校可以获得更多的资源和支持，推动师资队伍建设的深入发展，提升教育质量。

确保师资队伍建设的规范化和高效化。《职业教育法》规定，各级政府应当建立健全职业教育评估体系，对职业院校的办学质量和师资队伍建设情况进行评估和监督。通过严格的评估和监督，学校可以发现和改进自身在师资队伍建设中的问题和不足，提升整体办学水平。

（二）资金支持

职业院校师资队伍建设在国家层面获得了政策和资金的双重支持。这些支持措施不仅提升了师资队伍的质量，也推动了职业教育的整体发展。国家对职业教育的重视反映在各项政策文件中，明确提出了加强师资队伍建设的目标和措施，为职业院校的发展提供了坚实的政策基础。

国家政策明确指出了职业院校师资队伍建设的重要性。在近年来发布的教育改革和发展规划中，职业教育被列为重点发展领域。政府通过发布一系列政策文件，如《国家中长期教育改革和发展规划纲要》和《职业教育改革实施方案》，明确提出了提升职业教育教师队伍素质的具体措施。这些政策文件不仅为职业院校师资队伍建设指明了方向，也为其提供了制度保障。

财政支持是职业院校师资队伍建设的重要保障。国家通过设立专项资金，支持职业院校进行教师培训和引进高层次人才。例如，中央财政设立了职业教育专项资金，用于支持职业院校教师的培训和继续教育。各地方政府也纷纷加大了对职业教育的投入，通过多渠道筹措资金，保障职业院校师资队伍建设的顺利进行。

职业教育强调实践性，要求教师不仅具备扎实的理论知识，还要有丰富的实践经验。国家通过政策引导和资金支持，鼓励职业院校与企业合作，共同开展教师培训。比如，政府支持职业院校与行业企业合作建立教师培训基地，通过校企合作，提高教师的实践能力和专业水平。这不仅提升了教师的综合素质，也推动了职业教育的产教融合发展。

为了提升职业教育的国际化水平，国家鼓励职业院校与国外知名教育机构开展合作，通过引进国外优质教育资源和先进教学理念，提高教师的教学水平。国家通过设立专项资金，支持职业院校派遣教师出国进修和参加国际学术交流活动。这些举措不仅拓宽了教师的国际视野，也提升了职业院校的国际竞争力。

教师待遇的提高是吸引和留住优秀人才的重要因素。国家通过政策法规，明确规定了职业院校教师的薪酬待遇和职业发展通道。比如，《教师法》和《职业教育法》明确规定了职业院校教师的基本待遇和职称评定标准。国家还通过设立各类奖项和荣誉，表彰在职业教育领域做出突出贡献的教师，提高教师的职业荣誉感和社会地位。

国家通过设立教师培训计划，支持职业院校开展各类培训活动，提高教师的教学能力和专业水平。例如，国家设立了"国培计划"，通过组织教师参加各类培训班和研修班，提高他们的教学能力和教育创新能力。国家还鼓励职业院校开展校本培训，结合学校实际，制订教师培训计划，提高培训的针对性和实效性。

国家鼓励职业院校教师积极参与教育科研活动，通过科研项目和课题研究，提升教师的科研能力和学术水平。国家设立了教育科研专项资金，支持职业院校教师申报各类科研项目，通过科研带动教学，提高教育质量和教学效果。这不仅有助于教师的专业发展，也推动了职业教育的创新和发展。

教师的心理健康和职业幸福感对其工作状态和教育质量有着重要影响。国家通过制定相关政策，支持职业院校开展教师心理健康教育和心理辅导工作。例如，政府支持职业院校设立教师心理咨询室，通过组织心理健康讲座和心理辅导活动，帮助教师缓解工作压力，提升职业幸福感和工作积极性。

信息化技术的广泛应用，为职业院校师资队伍建设提供了新的途径和手段。国家通过设立专项资金，支持职业院校建设信息化教学平台和资源库，提升教师的信息化教学能力。例如，政府支持职业院校开展在线课程和慕课（MOOC）建设，通过信息化手段，提高教师的教学水平和学生的学习效果。这不仅提升了教育质量，也为师资队伍建设提供了新的动力。

1. 专项资金支持

国家层面对高职院校师资队伍建设的政策支持，体现了政府对职业教育的高度重视。职业教育是国民教育体系的重要组成部分，是国家经济社会发展的重要基础。为提高高职院校的教学质量和办学水平，国家出台了一系列政策，旨在加强师资队伍建设，提升教师的专业素质和教学能力。

政府通过制定和实施政策法规，为高职院校师资队伍建设提供了有力的制度保障。例如，《国家职业教育改革实施方案》和《高等职业教育创新发展行动计划》等文件中，都明确了加强师资队伍建设的重要性，并提出了具体的实施措施。这些政策文件为高职院校师资队伍建设指明了方向，提供了政策支持。

专项资金支持是国家推动高职院校师资队伍建设的重要手段。政府设立了专门的教育资金，用于支持高职院校开展师资培训、引进高层次人才、改善教学条件等。通过专项资金支持，高职院校能够更好地进行师资队伍建设，提升教师的教学能力和科研水平，进而提高学校的整体办学水平。

2. 经费保障机制

高职院校师资队伍建设是国家教育事业发展的关键一环，国家层面的政策和经费保障机制对于高职院校师资队伍建设至关重要。我们可以从国家政策的角度来看待这个问题。国家对于高职院校师资队伍建设的政策制定涵盖了多个方面，如教师队伍的数量、结构、素质要求等方面，为高职院校提供了明确的发展方向和政策支持。在教育体制改革的大背景下，国家对于高职院校师资队伍建设的政策也在不断调整和完善，以适应时代发展的需求。

经费保障机制是支撑高职院校师资队伍建设的关键。国家在经费保障方面采取了多种措施，如设立专项经费、加大对高职院校的财政拨款等。这些经费保障机制的建立和完善，为高职院校提供了充足的资金支持，保障了师资队伍建设的顺利进行。国家还鼓励高职院校通过与企业合作、开展科研项目等方式，增加经费来源，提升经费使用效率，实现经费保障机制的可持续发展。

高职院校应当根据自身的实际情况，积极探索经费保障机制的创新和完善途径，提高资金利用效率，优化师资队伍建设的投入结构。例如，可以加强与地方政府、企业等合作，拓宽经费来源渠道，共同推动高职院校师资队伍建设的深入发展。

国家层面的政策和经费保障机制的扩展需要形成多方合力。除了国家政府的政策支持和财政拨款外，还需要社会各界的积极参与和支持，形成政府、学校、企业及社会各方共同推动高职院校师资队伍建设的良好局面。只有通过多方合作，共同努力，才能够实现高职院校师资队伍建设的全面发展和提升。

二、地方层面的政策

（一）地方财政投入

在地方高职院校的师资队伍建设中，地方财政投入扮演着至关重要的角色。地方政府对高职院校的支持，特别是财政投入，是提升这些院校教学质量和竞争力的重要保障。地方财政的充足投入不仅有助于改善高职院校的教学基础设施，还能够吸引和培养高水平的师资力量，进而推动教育质量的整体提升。

地方财政对高职院校师资队伍建设的投入，体现了政府对职业教育发展的高度重视。这种重视在实际的财政支持中得到了充分的体现。通过对师资建设的专项资金支持，地方政府能够有效地改善教师的薪酬待遇，提供更为优越的工作和生活条件，吸引更多优秀的人才投身于高职教育事业。这种财政投入不仅改善了教师的物质生活水平，也提升了他们的职业满意度和教学积极性。

要实现高职院校师资队伍的可持续发展，地方财政的长期、稳定投入至关重要。稳定的财政支持是维持和发展师资力量的基石。地方政府应制订长期的财政支持计划，为高职院校提供持续的资金保障。这些资金不仅用于提高教师的薪资，还可以用于教师的继续教育和职业发展，帮助他们不断更新知识和技能，以适应快速变化的教育需求。

在当前教育改革的背景下，地方财政投入对于高职院校师资建设具有战略性的意义。教育改革的推进，需要高水平的师资力量作为支撑。地方政府通过增加对高职院校师资队伍建设的财政投入，能够促进教育改革目标的实现。这些投入包括提高教师待遇、支持教师培训、改善教学条件等多方面的内容，从而全面提升高职院校的教育质量和社会影响力。

对高职院校师资队伍的支持，地方财政投入是关键因素之一。高职教育的蓬勃发展，离不开优秀的师资队伍。而吸引和留住这些优秀师资，离不开地方财政的支持。通过加大财政投入，地方政府可以在多方面提升高职院校的吸引力和竞争力，例如提供住房补贴、教育培训机会以及职业发展支持等，这些都能有效地吸引优秀人才。

地方财政的支持是高职院校师资队伍建设的重要推动力。面对日益激烈的教育竞争，高职院校要想在师资队伍建设上取得突破，离不开地方财政的大力支持。这种支持不仅体现在直接的资金投入上，还包括政策上的倾斜和保障措施。通过完善的财政政策支持，地方政府能够为高职院校的师资队伍建设提供坚实的基础和持久的动力。

从实际操作来看，地方财政在高职院校师资队伍建设中的投入需要更加精准和有效。不同的高职院校在师资需求上存在差异，地方政府需要根据各院校的具体情况，制定有针对性的财政支持策略。通过科学合理地分配财政资源，可以更好地满足高职院校在师资建设上的不同需求，确保每一笔财政投入都能发挥最大的效用。

地方财政投入还应关注高职院校师资队伍的结构优化和素质提升。在高职教育发展中，不仅需要数量充足的教师队伍，更需要高素质、多元化的师资力量。地方政府通过财政支持，帮助高职院校引进高层次人才、加强教师的继续教育和专业培训，从而不断提升教师队伍的整体素质和教学水平。

地方财政投入在支持高职院校师资队伍建设上，也可以通过创新性措施来提升效能。比如，地方政府可以通过设立专项基金、提供科研资助、鼓励校企合作等方式，为高职院校的师资发展创造更多的机会和条件。这些创新性的财政支持措施，不仅能够直接提升教师的专业能力和教学水平，还能促进教育与产业的紧密结合。

在长远发展规划中，地方财政对高职院校师资队伍的投入应当注重均衡性和持续性。高职教育的发展需要稳定的支持和合理的资源配置。地方政府在制定财政支持政策时，应当考虑到各个高职院校在发展阶段和需求上的差异，确保财政资源能够公平地分配到需要的地方，支持师资队伍的全面发展。

另外，地方财政在高职院校师资建设投入中，还应重视绩效评估和资金使用效率。为了确保财政投入的有效性，地方政府需要建立完善的资金使用监督和评估机制。通过对资金使用情况的定期评估，可以发现和纠正存在的问题，确保每一笔投入都能够真正用于师资队伍的建设和发展，推动高职教育的高质量发展。

在支持高职院校师资队伍建设的过程中，地方财政应当与社会资源有效结合。除了政府的直接财政投入外，地方政府还可以通过引导和激励社会资本的参与，为高职院校的师资队伍建设提供更多的资金来源。通过多元化的资金支持，能够更加全面和有效地满足高职院校在师资建设上的多样化需求。

整体来看，地方财政在高职院校师资队伍建设中的投入，是确保职业教育质量的重要保障。高质量的师资队伍是高职院校提升教学质量和培养应用型人才的关键。地方政府通过财政支持，帮助高职院校不断提升师资力量，从而推动职业教育在培养高素质技术技能人才方面的核心竞争力。

为了适应经济和社会发展的需求，地方财政在高职院校师资队伍建设中的投入需要不断调整和优化。随着产业结构的调整和技术进步，高职教育的需求和目标也在不断变化。地方政府应根据这些变化，及时调整财政支持的方向和重点，确保高职院校能够紧跟时代的步伐，培养适应未来社会和经济发展的高素质人才。

地方财政在高职院校师资队伍建设中的投入，也应当注重与教学改革和创新的结合。高职教育的核心在于应用性和实践性。地方政府通过财政支持，可以帮助高职院校引入先进的教学理念和方法，加强实践教学，提升教师的创新能力，从而推动教学质量的提升和教育模式的创新。

在高职院校师资队伍建设中，地方财政的投入需要与地方经济发展战略相协调。高职院校作为地方经济发展的重要支撑，其师资力量的强弱直接影响着地方经济的竞争力。地方政府应将高职院校的师资队伍建设作为地方经济发展战略的重要组成部分，通过财政支持，帮助高职院校培养更多适应地方产业需求的高素质人才。

（二）鼓励校企合作

高职院校的发展离不开师资队伍的建设，而这一建设的核心在于如何提升教师的实践能力和行业经验。地方政府在此过程中发挥着至关重要的作用，通过政策支持鼓励校企合作，使高职院校的教师能在企业环境中获得宝贵的实践经验。校企合作不仅可以弥补高职院校教师在实践经验上的不足，还能促进企业的技术和管理经验在教学中的应用，从而提升教学质量和学生的就业竞争力。

从政策角度看，地方政府可以采取多种措施来鼓励校企合作。在政策制定方面，政府可以出台一系列支持校企合作的政策文件，如给予合作企业税收优惠、设立专项资金支持校企联合培养项目等。这些政策措施能够有效降低企业参与合作的成本，提高企业的积极性。通过这些政策，高职院校可以更容易地与企业建立起长期稳定的合作关系。

地方政府还可以通过建立合作平台来推动校企合作的发展。这类平台可以包括校企合作示范基地、产教融合试点项目等，旨在为学校和企业提供一个沟通和合作的桥梁。通过这些平台，学校可以了解企业的实际需求，企业也能获得直接的教育资源支持，从而形成一个互惠互利的合作机制。这些平台不仅仅是信息交流的渠道，更是实际项目和合作的孵化器。

地方政府还可以通过激励机制来促进教师参与企业实践。可以通过奖学金、资助等方式鼓励教师在企业进行短期或长期的实践，另外，可以通过职称评审、薪酬调整等手段，将企业实践经历纳入教师的评价体系。这些措施能够大大提高教师参与企业实践的主动性和积极性，进而提升教师的实践能力和教学水平。

在校企合作的具体实施过程中，政府可以充当协调者的角色，帮助高职院校和企业解决合作中遇到的实际问题。例如，在合作过程中，双方可能会面临法律、资金、技术等多方面的困难，地方政府可以提供必要的法律支持、资金补助以及技术服务，以确保合作顺利进行。政府还可以通过制定合作标准和规范，确保合作的质量和效果。

地方政府的角色不仅限于政策支持和平台建设，他们还可以通过引导和监督，确保校企合作的健康发展。例如，政府可以定期对校企合作项目进行评估，检查项目的实施情况和成果，并根据评估结果进行调整和优化。通过这样的监督机制，可以确保校企合作项目始终朝着有利于学校和企业双方发展的方向前进。

具体到高职院校的师资队伍建设，校企合作为教师提供了一个持续学习和成长的平台。在合作过程中，教师能够接触到最新的行业技术和管理理念，从而不断更新和丰富自己的知识结构。这种知识的更新不仅有助于提高教师的教学水平，也能更好地满足学生对实际工作技能的需求，从而提升学生的就业能力和职业发展前景。

同时，校企合作还可以推动高职院校课程体系的改革和创新。通过与企业的深度合作，学校能够更好地了解行业的发展趋势和技术需求，从而在课程设置和教学内容上进行相应的调整和更新。这样，学生在校期间就能接触到最新的行业动态和技能要求，为未来的职业生涯做好充分的准备。

地方政府在支持校企合作方面，还可以通过搭建政策协作机制，促进各部门之间的协调合作。例如，教育部门、经济部门和劳动保障部门可以联合起来，共同制定和实施校企合作相关政策，从而形成政策合力，推动校企合作的深入发展。这样的协作机制不仅有助于提高政策的实施效率，也能避免部门之间的政策冲突和重复建设。

地方政府还可以通过国际合作，引入国外先进的校企合作模式和经验。例如，可以与国外的职业教育机构和企业建立合作关系，开展教师海外培训项目、国际合作办学等。这些国际化的合作模式不仅有助于提高教师的教学水平和开阔教师的国际视野，也能为学生提供更多的国际交流和实习机会。

在地方政策的推动下，校企合作的成功案例不胜枚举。例如，一些地方政府通过设立校企合作示范区，吸引了一批优质企业与高职院校开展合作。这些企业不仅为学校提供了先进的设备和技术支持，还为学生提供了大量的实习和就业机会，极大地提升了学生的就业质量和职业发展前景。

从长远来看，地方政府通过政策支持和平台搭建，促进高职院校与企业之间的深度合作，不仅有助于提升高职教育的质量和竞争力，也为地方经济的发展提供了强有力的人才支撑。在这种合作模式下，高职院校能够培养出更多符合市场需求的高素质技能型人才，企业也能通过与学校的合作，获得源源不断的技术和人才支持，从而实现双赢的局面。

第二节　高职院校师资队伍建设的政策实施

一、高职院校师资队伍建设政策落实现状

（一）师资队伍结构与数量分析

从数量上看，高职院校的师资队伍需要满足教学规模和学生数量的需求。随着职业教育的不断发展，高职院校的学生人数逐年增加，对教师数量的需求也在不断上升。充足的师资数量是保障教学活动正常开展和提升教育质量的前提。根据相关标准，高职院校的教师数量应与学生人数和专业设置相匹配，以确保能够提供充分的教育资源和教学支持。

要进一步探讨高职院校师资队伍的结构，我们需要关注教师的学历和专业背景。高职教育强调应用型人才的培养，因此，教师的学历层次和专业背景对教学质量有着重要的影响。一般来说，具有高学历和丰富实践经

验的教师，更能够胜任高职教育的教学任务。目前，许多高职院校在招聘时，已经开始注重引进具有硕士、博士学位以及行业实践经验的教师，以提升整体的教学水平。

高职院校的师资队伍中，职称结构也是一个重要的考量因素。职称不仅代表了教师的学术水平和教学能力，也关系到他们在教学和科研中的地位和作用。一个合理的职称结构，应该包括足够比例的高级职称教师，也要有一定数量的中级和初级职称教师，以形成一个梯队化的师资队伍。这样的结构，有助于促进教师之间的传帮带和相互学习，提升整个教学团队的素质。

在师资数量的配置上，地方高职院校通常面临着一定的挑战。由于经济和资源的限制，一些地方高职院校的师资数量可能无法完全满足教学需求。在这种情况下，学校需要通过加强教师的教学负担管理和优化课程安排等措施，来应对师资数量的不足。地方政府和教育主管部门也应加大对高职院校的支持力度，帮助他们解决师资紧缺的问题。

分析高职院校的师资队伍，还要关注教师的年龄和性别结构。一个合理的年龄结构，能够确保师资队伍的活力和经验的平衡。年轻教师通常具有较强的创新能力和适应新技术的能力，而年长教师则拥有丰富的教学经验和行业背景。性别结构的合理性也有助于多样化教学团队的视角和教学方法。因此，高职院校在师资队伍建设中，应注重年龄和性别的平衡，以形成一个多元化和富有活力的教师团队。

教师的工作负担直接影响到他们的教学质量和职业满意度。高职院校通常要求教师在教学之外，还要承担科研、学生管理等多重职责，这可能会导致教师的工作压力增加。合理的师资数量和科学的工作分配，可以有效减轻教师的负担，使他们能够更加专注于教学和学生培养。

在分析高职院校师资队伍的结构时，我们还需要考虑到教师的学术和行业背景的结合。高职教育的特殊性要求教师不仅具备扎实的学术理论基础，还需要拥有丰富的行业实践经验。这样的背景有助于教师在教学中结合实际案例和应用场景，提升教学的实用性和针对性。因此，高职院校在师资队伍建设中，应注重引进具有行业经验的教师，并为现有教师提供更多的实践和进修机会。

教师的职业发展和继续教育是高职院校师资队伍建设中不可忽视的部分。高职教育的快速发展和变化，要求教师不断更新知识和技能。地方高职院校需要为教师提供丰富的职业发展机会，包括进修、培训和学术交流等，以帮助他们提升专业能力和教学水平。学校也应建立科学的教师职业发展机制，鼓励教师不断追求卓越，适应不断变化的教育需求。

高职院校在师资队伍的数量和结构上，也需要注重引进和留住优秀的人才；高水平的师资队伍是高职院校竞争力的重要体现。地方高职院校应通过完善的招聘机制和有吸引力的薪酬待遇，吸引优秀的教育和行业人才加入；也要通过良好的工作环境和职业发展支持，留住现有的优秀教师，形成稳定和高素质的师资队伍。

在探讨高职院校的师资数量和结构时，还应关注教师的多样性和国际化水平。多样化的教师背景，可以为高职院校带来丰富的教学资源和多元的教育视角。特别是在全球化背景下，引进具有国际视野和跨文化经验的教师，能够提升高职教育的国际化水平，帮助学生更好地适应全球化的工作环境。因此，高职院校在师资队伍建设中，应积极引进和培养具有国际化背景的教师。

师资队伍的学科和专业结构也是高职院校必须重视的方面。不同的高职专业对教师的知识背景和教学能力有着不同的要求。为了满足多样化的专业需求，地方高职院校需要建设一个涵盖广泛学科领域和专业背景的教师团队。这不仅可以提高教育的全面性和灵活性，也能够更好地支持学生在不同领域的学习和发展。

在高职院校的师资数量和结构分析中，教师的创新能力和科研水平也是关键指标。虽然教师的主要任务是教学,但科研能力的提升也对教学质量有积极的影响。教师在科研中的创新能力,能够直接转化为教学中的知识更新和教学方法的改进。因此,高职院校应鼓励和支持教师参与科研活动,并将科研成果应用于教学实践中,提升整体的教育水平。

地方高职院校在师资队伍建设中,还应注重与行业企业的合作。通过与地方产业的密切合作,高职院校可以获得更多的行业资源和实践机会,这对于师资队伍的专业发展和教学质量的提升具有重要作用。学校可以邀请企业专家作为兼职教师,或者组织教师参与企业的实践和项目合作,从而丰富教学内容,提升教育的应用性和实效性。

高职院校在师资队伍的建设和发展中,应当制定长远的规划和策略。这种规划需要基于学校的教育目标和地方经济发展的需求,结合师资的现状和未来的发展方向,制定出可行的师资队伍建设方案。通过科学的规划和持续的努力,地方高职院校可以不断提升师资队伍的数量和质量,为教育和地方经济的发展提供有力的支持。

在提升高职院校师资队伍数量和结构的过程中,政策和制度的支持至关重要。地方政府和教育主管部门应制定和实施相关政策,为高职院校的师资队伍建设提供制度保障和资源支持。这包括加大对师资引进的资金投入,提供教师培训和进修的机会,以及建立公平合理的职称评定和职业发展机制,确保高职院校能够建设和保持一支高水平的教师队伍。

(二)政策执行情况评估

高职院校师资队伍建设政策的执行情况评估至关重要。随着高等职业教育的迅猛发展,师资队伍建设成为提升教育质量和培养高素质技能型人才的关键环节。政策执行过程中仍存在一些问题和挑战,需要全面评估和不断优化。

政策制定是师资队伍建设的基础。各级政府和教育主管部门制定了许多关于高职院校师资队伍建设的政策文件,这些政策为高职院校提供了明确的方向和支持。政策的实施效果往往受到多种因素的影响，如政策本身的科学性、合理性以及实施过程中的协调与监督等。只有科学合理的政策，才能真正起到引导和保障作用。

师资队伍的规模和结构直接关系到高职教育的质量。教师数量的不足和结构的不合理是目前部分高职院校普遍存在的问题。尽管国家和地方政府在师资队伍扩充方面做出了不少努力，但仍难以完全满足高职教育快速发展的需求。特别是具备实践经验和"双师型"素质的教师依然短缺，导致教学质量和学生实践能力的培养受到影响。

教师的职业发展和培训是政策执行的关键环节。高职院校教师不仅需要具备扎实的专业知识，还需要不断更新知识结构，适应行业发展的需求。因此，建立完善的教师培训机制，提供多样化的培训机会，对提升师资队伍整体水平至关重要。当前的培训机制在内容和形式上还存在一些不足，未能充分调动教师参与培训的积极性和主动性。

同时，待遇保障和职业认同是影响师资队伍稳定性的主要因素。尽管各地在提高教师待遇方面做出了许多努力，但部分高职院校教师的收入水平和社会地位相较于普通高校教师仍存在差距。这不仅影响了现有教师的工作积极性，也在一定程度上削弱了对优秀人才的吸引力。要实现师资队伍的可持续发展，必须进一步改善教师的待遇和工作环境，提高其职业认同感和荣誉感。

政策执行的监督和评估机制同样不可忽视。一个有效的监督评估机制能够及时发现政策执行过程中的问题，并提出改进措施。当前，尽管许多地方已经建立了相应的监督评估体系，但在实际操作中往往流于形式，未能充分发挥其应有的作用。因此，必须加强监督评估的科学性和实效性，确保政策执行的每个环节都能够落到实处。

进一步来看，地方政府和高职院校的协调合作在政策执行中扮演着重要角色。高职教育的特殊性决定了其发展需要政府和社会各界的广泛支持和参与。地方政府应在政策制定和实施中发挥更积极的作用，推动地方特色高职教育的发展，同时高职院校也应积极与政府部门沟通合作，争取更多的政策和资源支持。

不仅如此，国际经验的借鉴也可以为高职院校师资队伍建设提供有益参考。许多国家在职业教育师资建设方面积累了丰富的经验和成功做法，如德国的双元制教育模式、瑞士的职业教育培训体系等。这些经验对于我国高职院校提升师资队伍建设水平具有重要的借鉴意义。

师资队伍建设政策的执行效果也离不开高职院校自身的努力。院校应结合自身实际情况，制定切实可行的师资队伍建设规划，加强内部管理和激励机制的建设，提升教师的职业素养和教学水平。应积极推动教学改革，鼓励教师参与科研和社会服务，不断提升教学质量和办学水平。

社会各界的关注和支持是促进师资队伍建设的重要力量。社会各界应对高职教育和师资队伍建设给予更多的理解和支持，营造良好的社会氛围，增强高职院校师资队伍的凝聚力和向心力。通过各方共同努力，必将实现高职院校师资队伍建设的不断提升，为培养高素质技能型人才提供坚实保障。

二、高职院校师资队伍建设政策执行中存在的问题与挑战

（一）资金投入不足

高职院校的师资队伍建设一直是教育界关注的焦点之一。当前的情况却是资金投入不足，这直接影响了高职院校师资队伍的质量和数量。

可以看到，高职院校在师资队伍建设上一直存在着资金短缺的问题。这种状况导致了师资队伍的整体素质无法得到有效提升，从而影响了学校教学质量的提升和学生的综合素质培养。

在当前形势下，资金投入不足已经成为制约高职院校师资队伍建设的主要因素之一。缺乏足够的资金支持，高职院校很难引进和培养一批高水

平的教师，更难以为教师提供良好的教学和科研条件，这将直接影响到学校整体的发展和竞争力。

进一步分析，资金投入不足也给高职院校师资队伍建设带来了一系列问题和挑战。比如，教师待遇水平不高、科研条件落后、教学设备不足等，这些都制约了高职院校师资队伍的发展和壮大。

资金投入不足也影响了高职院校师资队伍的结构和构成。由于资金不足，高职院校往往难以吸引和留住优秀的教师，导致师资队伍结构单一，缺乏多样性和活力。

（二）政策执行监管不力

高职院校师资队伍建设一直是教育领域关注的焦点问题。政策执行监管不力的现象愈发突出，给师资队伍建设工作带来了一系列挑战和障碍。这种现象的出现，不仅令教育行业发展受到阻碍，也影响着高职院校教学质量的提升。

尽管相关政策文件出台，但在实际执行过程中，却存在监管缺失、执法不严等问题。一些高职院校可能存在对政策的漠视或是敷衍了事的态度，导致师资队伍建设措施无法得到有效贯彻落实。

缺乏有效的政策执行监管，意味着相关政策往往难以持续有效地推进。这就使得高职院校在师资队伍建设方面缺乏稳定、连续的政策支持，难以形成长期的规划和举措。

政策执行监管不力给高职院校师资队伍建设中的违规行为蒙上了一层阴影。由于缺乏有效的监管和执法，容易导致一些高职院校在师资队伍建设中出现违规行为，例如虚报瞒报、弄虚作假等现象，严重影响了师资队伍建设的公正性和规范性。

在缺乏有效监管的情况下，一些地区或院校可能会得到更多的政策倾斜或资源支持，而另一些地区或院校则面临较大的发展压力和困难，导致师资队伍建设的不平衡发展局面愈发显现。

第三章　高职院校师资队伍建设的基础条件

第一节　高职院校师资队伍建设的物质基础

一、高职院校师资队伍建设的物质基础概述

（一）物质基础对师资队伍建设的意义

物质基础对高职院校师资队伍建设的意义不容忽视。高等职业教育的发展离不开坚实的物质基础，这不仅包括教学设备和设施，还涉及教师的待遇和福利。高职院校师资队伍建设的核心在于如何通过物质基础的提高，来保障和促进教师的专业发展，从而提高教育质量。

现代化的教学设备和设施是高职院校师资队伍建设的基础条件。高职教育注重实践操作，实验室、实训基地和各种现代化教学设备是不可或缺的。只有提供良好的教学环境，才能吸引和留住优秀的教师。完善的物质基础可以激发教师的教学热情和创新精神，使其在教学过程中充分发挥专业特长，为学生提供更好的教育服务。

教师的待遇和福利是决定师资队伍稳定性的关键因素。物质基础不仅体现在教学设备和设施上，还体现在教师的薪酬待遇和福利保障上。合理的薪酬水平和完善的福利体系是吸引和留住优秀教师的重要手段。如果教

师的基本生活需求得不到保障，他们的工作积极性和创造力必然受到影响。因此，提升教师的待遇水平，是促进师资队伍建设的根本措施之一。

教师培训和职业发展需要强有力的物质支持。高职院校要建立完善的教师培训机制，为教师提供丰富的培训资源和机会。这不仅包括校内的培训，还应包括国内外的学术交流和实践学习。充足的培训经费和良好的培训条件，能够帮助教师不断更新知识和技能，适应行业和社会发展的需要，从而提升整体教学水平和教育质量。

从另一个角度看，科研条件的改善也是提升师资队伍水平的重要方面。高职院校不仅是教学机构，还是科研机构。良好的科研条件和科研支持，可以激发教师的科研热情，促进其学术水平的提高。科研成果也可以直接应用于教学，提高教学内容的先进性和实用性。因此，增加科研经费投入，改善科研设施，是提升师资队伍建设水平的重要手段。

进一步来说，职业发展通道的拓宽需要物质基础的支撑。高职院校应为教师提供多元化的职业发展路径，包括学术晋升、行政管理、企业合作等。这些都需要相应的物质基础作为保障。例如，教师参与企业合作项目，需要相应的经费支持和政策保障；教师晋升职称，需要良好的学术环境和科研条件。这些都是物质基础在师资队伍建设中的具体体现。

同时，良好的工作环境和生活条件也是吸引优秀教师的重要因素。高职院校应关注教师的工作环境，包括办公条件、教学环境等，还应关注教师的生活条件，如住房、子女教育等。这些都是影响教师工作积极性和职业满意度的重要因素。通过改善教师的工作和生活条件，可以增强教师的归属感和幸福感，从而促进师资队伍的稳定和发展。

从长远来看，物质基础的提升还可以增强高职院校的竞争力。在教育市场竞争日益激烈的今天，只有拥有坚实的物质基础，才能在师资队伍建设上占据优势地位，吸引更多的优秀教师和学生。这不仅有利于提高学校的教育质量和办学水平，还能提升学校的社会声誉和影响力，为学校的长远发展奠定坚实基础。

不难看出，物质基础的提升需要政府和社会各界的共同努力。政府应加大对高职院校的投入力度，完善教育经费保障机制，为高职院校提供充足的资金支持。社会各界也应积极参与高职教育，提供各种形式的支持和帮助。例如，企业可以与高职院校开展合作，共建实训基地，提供实践教学设备和场所；社会组织可以通过捐赠和资助，支持高职院校的建设和发展。

高职院校自身也应积极行动起来，努力提升物质基础。学校应科学规划和合理利用各类资源，优化配置，提高资金使用效益。应积极争取各种外部资源，通过多种途径筹集建设资金，提升物质基础水平。只有这样，才能为师资队伍建设提供坚实保障，推动学校的持续发展。

（二）物质基础对教学质量的影响

物质基础对高职院校教学质量的影响是一个不容忽视的话题。随着高职教育的快速发展，物质基础的作用愈发显著。学校的基础设施、教学设备和资源条件直接关系到教学活动的顺利进行和教学质量的提升。因此，探讨物质基础对高职院校教学质量的影响具有重要意义。

完善的基础设施是保证教学质量的前提条件。教学楼、实验室、图书馆等基础设施的完备程度直接影响到师生的教学和学习体验。一个设施完善、环境优美的校园，不仅能够提供良好的教学环境，还能激发学生的学习兴趣，提高学习效率。例如，现代化的实验室可以为学生提供真实的操作环境，使其更好地掌握专业技能。而高职院校的图书馆则需要拥有丰富的纸质和电子资源，为学生提供充足的学习材料和参考文献。

先进的教学设备是提高教学质量的重要保障。随着科技的进步，各类教学设备不断更新换代，传统的黑板加粉笔的教学模式已逐渐被现代化的多媒体教学所取代。多媒体教学设备不仅能够丰富课堂内容，提高教学效果，还能吸引学生的注意力，增强其参与度。例如，智能白板、投影仪和计算机等设备的广泛应用，使得教学内容更加直观、生动，帮助学生更好地理解和掌握知识。

充足的资源条件对高职院校的教学质量也有着重要影响。高职院校的专业设置较为广泛，涵盖了工程、管理、艺术等多个领域。不同专业所需的教学资源差异较大，只有保证各类资源的充足供给，才能满足不同专业的教学需求。例如，工程类专业需要大量的实验器材和实训设备，而艺术类专业则需要专业的艺术创作室和展示空间。因此，高职院校应根据各专业的特点和需求，合理配置教学资源，确保教学活动的顺利进行。

更进一步来说，高水平的师资力量离不开良好的物质基础支持。教师是教学质量的关键，而教师的教学能力和科研水平在很大程度上依赖于学校提供的物质条件。完善的科研设备、良好的办公环境以及丰富的教学资源，都能激发教师的教学热情和科研创新能力。例如，拥有先进科研设备的实验室，可以让教师开展高水平的科研工作，提升其学术水平，从而为学生提供更高质量的教学内容。

另外，校园信息化建设对教学质量的提升也具有重要作用。信息化技术的发展为高职院校的教学方式和管理模式带来了新的变化。通过建立校园网络平台，师生可以方便地获取各类教学资源和信息，促进了信息的交流和共享。例如，在线课程平台和学习管理系统的应用，不仅提高了教学效率，还为学生提供了个性化的学习支持，帮助其更好地掌握知识。

物质基础的提升也有助于学校的品牌形象和社会影响力的增强。一个物质条件优越的高职院校，能够吸引更多优秀的师生和社会资源的关注和支持。例如，通过改善校园环境和设施，提升学校的软硬件条件，可以增强学校的吸引力和竞争力，为其发展提供良好的外部环境。

物质基础虽然重要，但教学质量的提升还需要与其他因素相结合。教育管理体制、教学方法和课程设置等方面的优化，同样是提高教学质量的重要因素。例如，科学合理的课程设置能够更好地满足学生的学习需求，提高其学习积极性；而创新的教学方法则能够激发学生的思维和创造力，帮助其更好地掌握知识和技能。

二、高职院校师资队伍建设的物质基础提升措施

（一）加强物质基础建设

在当今社会，高职院校的发展与师资队伍建设密切相关。为了提高高职院校的整体教学质量，必须着力加强师资队伍的物质基础建设。应当认识到提高师资队伍物质基础是提升教学质量的重要环节。当前，部分高职院校在教学设备、实验设施、办公条件等方面仍存在诸多不足，直接影响了教师的教学效果和学生的学习体验。因此，有必要采取一系列措施来改善这一现状。

高职院校应优先解决教师的办公条件问题。良好的办公环境不仅能提高教师的工作效率，还能激发他们的教学和科研热情。例如，配备现代化的办公设备、改善办公室的舒适度以及提供必要的办公资源，都是提高教师工作条件的有效手段。校方还应定期维护和更新办公设备，以确保其始终处于良好状态。

实验室和实训基地的建设也至关重要。高职院校的教学特点决定了实践教学占有重要地位，而完善的实验室和实训基地是开展实践教学的基础。校方应投入更多资金建设和完善各类专业实验室，并确保其配备先进的实验设备。应加强实训基地与企业的合作，打造真实的职业环境，帮助学生更好地将理论知识应用于实践。

同时，图书馆和信息资源的建设也不容忽视。图书馆作为知识的宝库，直接影响着教师的科研水平和学生的学习效果。高职院校应加大对图书馆的投入，丰富馆藏资源，增加电子书籍和学术期刊的数量，并提升信息检索系统的便捷性。只有这样，教师和学生才能及时获取最新的学术信息和

研究成果，提高教学和科研水平。

进一步来说，教师的生活条件也是影响其工作积极性的重要因素之一。校方应为教师提供良好的生活保障措施，包括住房、医疗和子女教育等方面。只有解决了教师的后顾之忧，才能让他们全身心投入到教学和科研中。还应建立教师关怀机制，关注教师的心理健康，定期组织各种文体活动，丰富教师的业余生活，增强他们的归属感和幸福感。

不仅如此，信息化建设在现代教育中扮演着越来越重要的角色。高职院校应积极推进校园信息化建设，构建智慧校园。通过建设校园网络平台，教师可以更加方便地进行教学资源共享和在线教学。智能化的教学管理系统可以提高校方的管理效率，减少教师的行政负担，使其有更多时间专注于教学和科研。还应加强对教师的信息化教学能力培训，帮助他们掌握现代教育技术，提高教学效果。

教师的培训和进修也是提升师资队伍的重要内容。高职院校应建立完善的教师培训机制，定期组织各类培训和进修活动，提升教师的专业素养和教学能力。例如，校方可以邀请行业专家举办讲座和培训，或派遣教师到企业进行实践锻炼，了解行业最新动态和技术发展。还应鼓励教师参加国内外学术交流活动，开阔视野，吸收先进的教育理念和教学方法。

加强与政府和企业的合作，也是改善师资队伍物质基础的重要手段。政府应加大对高职院校的投入，提供必要的政策支持和资金保障。而高职院校应积极与企业合作，争取企业的赞助和支持，共同建设高质量的师资队伍。通过校企合作，可以引进企业的先进技术和设备，提升学校的教学条件和科研水平。

1. 提升教学设施与实验室条件

提高高职院校师资队伍建设的物质基础，首先需要重视教学设施与实验室条件的改善。现今，高职院校的教学设施和实验室条件是影响教学质量和师资队伍建设的重要因素。为了提升这些条件，需要从多方面入手，包括硬件设施的投入、软件系统的升级、实验室环境的优化以及相关管理制度的完善。

高职院校必须增加对教学设施的投入。这不仅仅是指购置先进的教学设备，还包括维护和更新现有设施。随着科技的进步，教学设备不断更新换代，旧设备很快就会变得过时，无法满足教学需求。因此，院校应当定期评估现有设备的使用情况，及时淘汰陈旧设备，引进新型教学仪器。这不仅能够提高教学效率，还能激发学生的学习兴趣，增强师生互动效果。

在提高硬件设施的同时，高职院校还需要注重软件系统的升级。现代教学已经离不开信息化手段，网络教学平台、智能化教学系统等已成为不可或缺的教学工具。为了让教师更好地使用这些工具，院校应提供充分的培训和技术支持。通过不断提升教师的信息化教学能力，可以有效提升教学质量，进而促进师资队伍的整体素质提升。

优化实验室环境也是提升教学设施与实验室条件的重要措施之一。实验室是学生进行实践操作的重要场所，其环境的好坏直接影响到教学效果。因此，院校应当注重实验室的整体规划与设计，确保其布局合理、设备齐全。还应重视实验室的安全管理，确保各类实验操作在安全的环境中进行。通过不断优化实验室环境，可以提高学生的实践能力和创新能力，为师资队伍建设奠定坚实的基础。

完善相关管理制度是保障教学设施与实验室条件长期稳定发展的关键。高职院校应建立完善的设施管理和维护制度，明确各类设备的管理责任人和维护周期，确保设备始终处于良好状态。与此还应建立设备使用的规范和流程，确保各类设备的高效利用。院校还应设立专门的管理机构，负责教学设施和实验室条件的日常管理和监督，确保各项措施落实到位。

除此之外，建立校企合作机制也是提升教学设施与实验室条件的重要途径。通过与企业的合作，院校可以引进先进的生产设备和技术，建设校内生产性实训基地，为学生提供真实的生产环境和实践机会。企业还可以派遣工程师和技术人员到校任教，直接参与教学工作，为学生传授最新的生产技术和工艺。这不仅提高了教学设施和实验室的水平，也为师资队伍建设注入了新的活力。

进一步说，高职院校还应积极争取政府和社会各界的支持。政府应加大对高职教育的财政投入，完善相关政策法规，鼓励和支持高职院校的设施建设和发展。院校也应积极寻求社会捐助和赞助，通过多种渠道筹集资金，改善教学设施和实验室条件。院校还应与其他教育机构、科研单位和行业协会建立合作关系，充分利用各方面的资源，共同推动高职教育的发展。

同时，院校自身也应加强管理和规划，提高资金使用效率。合理规划资金使用方向，确保每一笔资金都用在刀刃上。在设施建设过程中，应注重科学规划和统筹安排，避免重复建设和资源浪费。还应加强项目管理，确保各项设施建设项目按时保质完成，充分发挥其作用。

不仅如此，高职院校还应注重设施使用效果的评估和反馈。通过定期对教学设施和实验室条件进行评估，了解其实际使用效果和存在的问题，并及时进行改进。可以通过问卷调查、座谈会等形式，听取教师和学生的意见和建议，确保设施建设和改进措施切实有效。

2. 资源配置优化与更新

高职院校师资队伍建设的物质基础提升至关重要，为了实现这一目标，必须采取一系列切实可行的措施。这些措施包括资源配置的优化与更新，以确保高职院校能够为教师提供良好的工作和生活条件，从而吸引和留住优秀人才。

应科学规划资源配置。高职院校需要制定详细的资源配置规划，根据学校的发展目标和实际需求，合理安排资金的使用。具体而言，学校应优先考虑教学设施的完善和更新，确保实验室、实训基地、图书馆等教学资源能够满足教师和学生的需求。通过科学规划，可以最大限度地提高资金使用效益，避免资源浪费。

第三章　高职院校师资队伍建设的基础条件

提高设备更新的频率是资源配置优化的重要环节。随着科技的不断进步，教学设备也需要及时更新换代。高职院校应建立设备更新机制，定期评估现有设备的使用情况和技术水平，及时淘汰落后设备，购置先进的教学仪器和设施。这样，不仅可以提高教学效果，还能激发教师的教学热情和创新意识。

另外，建设高水平的科研平台对师资队伍建设至关重要。高职院校不仅是教学机构，还是科研基地。学校应加大科研设施的投入，建设高水平的实验室和研究中心，为教师开展科研活动提供良好的条件。应设立专项科研基金，支持教师进行创新研究，鼓励他们积极申报各类科研项目，不断提高科研水平和学术影响力。

优化教学资源配置也是提升物质基础的关键措施。高职院校应根据不同专业的特点和需求，合理配置教学资源，确保各专业的教学条件均衡发展。例如，针对实践性较强的专业，应重点投入实训基地和实验室的建设，提供先进的实训设备和条件；对于理论性较强的专业，则应加强图书馆和数字资源的建设，丰富教学资源的种类和数量。

与此同时，改善教师的工作和生活环境同样重要。高职院校应注重教师办公条件的改善，为教师提供舒适、现代化的办公环境。还应关注教师的生活条件，如住房、子女教育等。通过提供良好的工作和生活条件，可以增强教师的职业满意度和归属感，从而提高其工作积极性和稳定性。

加强与企业的合作是提升物质基础的有效途径之一。高职院校应积极与地方企业建立合作关系，共建实训基地和科研平台，借助企业的资源和技术力量，提高教学和科研水平。例如，企业可以提供实习岗位和实践项目，帮助教师了解行业前沿动态和技术需求，从而提升教学内容的实用性和针对性。

除此之外，争取政府和社会各界的支持也是物质基础提升的重要保障。高职院校应积极向政府申请专项资金，争取政策和资金支持。还应动员社会力量，通过捐赠、赞助等多种形式，筹集资金用于学校建设。这样，可以有效弥补学校自筹资金的不足，提升物质基础水平。

一方面，加强信息化建设是资源配置优化与更新的重要方面。随着信息技术的发展，高职院校应加大信息化建设投入，建立数字化校园，提升教学管理的现代化水平。例如，建设电子图书馆、在线课程平台等，为教师和学生提供便捷的学习和科研资源。利用信息技术提升管理效率，优化资源配置，实现资源的最大化利用。

建立科学的评估和反馈机制也是提升物质基础的重要措施。高职院校应定期对资源配置和使用情况进行评估，收集师生的意见和建议，不断改进和优化资源配置。例如，通过问卷调查、座谈会等形式，了解教师对教学设施、科研条件、生活环境等方面的需求和期望，并根据反馈结果进行调整和改进，确保资源配置更加合理和高效。

另一个方面，重视教师培训和职业发展的投入是资源配置优化的关键。高职院校应加大对教师培训的投入，提供多样化的培训机会和资源。例如，组织教师参加国内外学术交流和实践学习，提升其专业素养和教学水平。应设立教师发展基金，支持教师进行继续教育和职业提升，帮助其实现职业发展目标。

同样重要的是，提升学校的管理水平也是资源配置优化的重要方面。高职院校应加强内部管理，建立科学的管理制度和流程，提升资源配置和使用的效率。例如，通过优化财务管理，确保资金使用的规范和透明；通过加强设备管理，确保设备的合理配置和高效利用；通过完善人力资源管理，提升教师的工作效率和职业满意度。

（二）优化物质基础管理机制

在高职院校师资队伍建设过程中，优化和更新资源配置是关键。为了提高教学质量和教学效果，必须重视并不断提升物质基础。这不仅包括硬件设施的建设，还涵盖了资源的合理配置和更新，以满足不断发展的教学需求。

高职院校需要加大对教学设施的投入。当前许多院校的教学设施较为陈旧，不能满足现代化教学的需求。校方应积极筹措资金，更新陈旧的教学设备，确保教师在教学过程中能使用到先进、可靠的设备。这不仅能够提高教学效率，还能激发教师的创造力和教学热情。

同时，实验室建设是高职院校教学设施建设的重要组成部分。实验室是学生进行实践操作和实验研究的主要场所，其建设水平直接影响到学生的实践能力培养。高职院校应加强对实验室的投入，配置先进的实验设备，并根据不同专业的需求建设专业化实验室。例如，针对工程类专业，应建设配备高端机床、数控设备和工业机器人等先进设备的实验室；针对医学类专业，则应配备先进的医疗设备和模拟病人系统。

实训基地的建设也是提升实践教学质量的重要手段。高职院校应积极与企业合作，共建校外实训基地，为学生提供真实的工作环境和实践机会。这不仅能够提升学生的实践能力和职业素养，还能为教师提供了解行业最新技术和发展趋势的平台，从而改进教学内容和方法。

图书馆作为高职院校的重要资源中心，其资源配置和更新直接影响到师资队伍的教学和科研水平。校方应加大对图书馆的投入，增加藏书量，特别是专业书籍和学术期刊的数量。应加强图书馆的信息化建设，提升电子资源的使用率。通过建立完善的数字图书馆系统，教师和学生可以方便地获取最新的学术资料和研究成果，促进教学和科研的发展。

高职院校应重视教师办公条件的改善。良好的办公条件不仅有助于提高教师的工作效率，还能提升其工作满意度。校方应为教师配备现代化的办公设备，如高速计算机、打印机和其他办公必需品。应改善办公环境，如提供宽敞明亮的办公室、舒适的办公桌椅和适宜的办公氛围。只有在良好的办公条件下，教师才能更好地开展教学和科研工作。

不仅如此，信息化建设在高职院校中起着越来越重要的作用。校方应积极推进校园信息化建设，构建智慧校园。通过建设校园网络平台，教师可以更加方便地进行教学资源共享和在线教学。智能化的教学管理系统可以提高校方的管理效率，减少教师的行政负担，使其有更多时间专注于教学和科研。还应加强对教师的信息化教学能力培训，帮助他们掌握现代教育技术，提高教学效果。

另外，教师培训和进修也是提升师资队伍素质的重要手段。高职院校应建立完善的教师培训机制，定期组织各类培训和进修活动，提升教师的专业素养和教学能力。例如，校方可以邀请行业专家举办讲座和培训，或派遣教师到企业进行实践锻炼，了解行业最新动态和技术发展。还应鼓励教师参加国内外学术交流活动，开阔视野，吸收先进的教育理念和教学方法。

1. 建立健全物资采购与管理制度

高职院校师资队伍建设的物质基础提升措施是推动教育质量和学校发展的重要一环。在当今高职教育蓬勃发展的时代背景下，建立健全物资采购与管理制度是至关重要的。通过改进现有制度，提升物资采购与管理效率，可以更好地支持教学科研工作，促进师资队伍建设的全面发展。

需要建立规范的物资采购程序和流程。一个明确的采购流程能够保障采购活动的合法性、公平性和透明度，有效防范和减少采购过程中可能出现的腐败现象。为此，学校可以建立采购委员会或采购管理部门，负责制定采购政策和程序，并严格执行，确保每一项采购活动都符合法律法规和学校规章制度。

加强对供应商的管理和评估是提升物资采购与管理制度的重要举措。学校可以建立供应商资质评估制度，对供应商的信誉、资质、实力等进行综合评估，筛选出具有良好信誉和优质服务的供应商。学校还可以定期对供应商的业务执行情况进行评估和监督，及时发现和解决存在的问题，确保供应商的服务质量和供货能力。

建立健全物资采购管理制度也需要加强对物资库存和使用情况的监管。

学校可以建立物资管理部门或委员会，负责统筹规划和管理学校的物资资源，确保物资的合理配置和充分利用。学校还应建立健全库存管理制度，定期进行库存盘点和清查，及时更新和淘汰过期、损坏或闲置的物资，避免资源浪费和资金闲置。

加强信息化建设也是提升物资采购与管理效率的重要途径。学校可以建立物资采购管理信息系统，实现对采购流程的全程监控和管理。通过信息化手段，可以实现采购需求的快速发布、供应商的快速响应、采购流程的实时跟踪等功能，提高采购效率，减少采购成本，降低管理风险。

除此之外，加强内部控制和审计监督也是保障物资采购与管理制度顺利实施的关键。学校可以建立健全内部控制体系，加强对采购活动的内部审计和监督，及时发现和纠正存在的问题和漏洞，保障采购活动的合法性和规范性。学校还应加强对采购活动的外部审计和监督，接受社会各界的监督和评价，促进采购活动的公开透明和公正公平。

2.加强物质基础维护与更新管理

高职院校师资队伍建设是高等职业教育质量提升的重要环节，而物质基础的维护与更新则是这一建设的重要保障。物质基础的完善不仅影响教师的教学质量和科研水平，还直接关系到学生的学习效果和职业能力培养。因此，加强高职院校师资队伍建设的物质基础维护与更新管理，对于推动职业教育的高质量发展具有重要意义。

高职院校应加强对现有教学设备的维护和管理。维护工作是设备使用寿命延长的关键，定期对设备进行检修和保养，能有效减少设备故障率，提高设备利用率。在设备管理方面，应该建立详细的设备台账，记录每台设备的使用情况、维护记录和故障情况，做到有据可查，有效管理。通过规范的管理，可以避免因设备故障影响教学和科研工作的正常进行。

高职院校需要不断更新和引进先进的教学设备。随着技术的不断发展，许多传统的教学设备已经不能满足现代职业教育的需求。引进先进的教学设备，可以使教师在教学过程中更好地传授知识和技能，提升教学效果。先进设备的使用还能激发学生的学习兴趣，提升他们的实践能力和创新能力。因此，学校应根据教学需求和技术发展趋势，合理规划设备更新周期，及时淘汰落后设备，引进先进设备。

在设备维护和更新的过程中，资金保障是一个重要因素。高职院校应积极争取政府和社会各界的支持，加大对教学设备更新和维护的投入。学校也可以通过校企合作、产学研结合等多种途径，筹集资金，引进设备。合理的资金投入，是保证设备维护和更新顺利进行的重要保障。

教师是高职院校师资队伍建设的核心，教师的专业素质和教学能力直接影响到教学质量。因此，高职院校应加大对教师培训的投入，提高教师的专业水平和教学能力。通过定期举办各类培训班、研讨会、学术交流等活动，提升教师的专业素养和教学能力。特别是对于新引进的先进设备，学校应组织教师进行专门的培训，确保教师能够熟练掌握设备的操作和使用，提高设备的利用率。

学校还可以通过建立健全激励机制，激发教师参与设备维护和更新工作的积极性。对于在设备管理和维护中表现突出的教师，学校应给予表彰和奖励，提高他们的积极性和责任感。通过有效的激励机制，可以调动教师参与设备管理和维护的积极性，形成全员参与、共同维护的良好氛围。

高职院校应加强与企业的合作，共同开展设备的维护和更新工作。通过校企合作，学校可以借助企业的技术和资源优势，提高设备的维护和管理水平。企业也可以通过参与学校的设备更新工作，了解学校的教学需求，为企业的人才培养提供参考。企业还可以通过捐赠设备、提供技术支持等方式，支持学校的设备更新和维护工作，实现校企双赢。

在物质基础维护和更新的过程中，信息化手段的应用也是不可忽视的。高职院校应积极推进设备管理的信息化建设，通过建立设备管理信息系统，实现设备管理的自动化、信息化和智能化。通过信息化手段，可以提高设备管理的效率,减少人为因素的影响,提高设备管理的科学性和规范性。

高职院校还应注重环保和可持续发展理念的落实。在设备维护和更新过程中,应考虑设备的能耗、环保性能和可持续发展因素,选择节能环保的设备,减少设备运行对环境的影响。学校应加强对废旧设备的回收和处理,避免废旧设备对环境造成污染,实现设备管理的绿色化和可持续发展。

为了提高设备的利用率,高职院校还应加强对学生的设备使用培训。通过开设设备使用培训课程,教会学生正确使用和维护设备,提高设备的使用效率。学校应制定设备使用规范和管理制度,明确设备使用的要求和责任,确保设备的安全使用。

在设备更新过程中,高职院校应注重设备的前瞻性和适用性。选择设备时应充分考虑未来教学和科研的发展方向,选择适应未来需求的设备,避免设备更新的盲目性和随意性。学校应加强设备的适用性研究,选择适合本校教学需求的设备,提高设备的利用率和教学效果。

高职院校应建立健全设备维护和更新的监督机制。通过建立设备维护和更新的监督机制,可以及时发现和解决设备管理中存在的问题,确保设备维护和更新工作的顺利进行。监督机制应包括设备使用情况的监督、维护工作的监督和更新工作的监督,做到全过程、全方位的监督管理。

第二节 高职院校师资队伍建设的信息化支持

一、信息化在高职院校师资队伍建设中的意义

(一)提升师资队伍整体素质

在信息化时代,高职院校师资队伍建设的重要性愈发突出。信息技术的普及不仅改变了教育方式,也对教师的职业素养提出了新的要求。通过

信息化手段提升师资队伍的整体素质，不仅是教育现代化的重要组成部分，更是高职教育改革的必然趋势。

在传统教学模式中，教师主要依靠书本和课堂讲授来传递知识，而信息化手段则为教师提供了更多的教学资源和工具。例如，通过网络课程、虚拟实验室和多媒体课件，教师可以更生动、形象地展示教学内容，使学生更容易理解和掌握知识。信息技术还可以帮助教师实现个性化教学，根据学生的不同学习需求和水平，制定差异化的教学方案，从而提高教学效果。

信息技术为教师提供了更多的学习和交流平台，如在线课程、专业论坛和教育博客等。教师可以随时随地进行学习和交流，不受时间和空间的限制。通过这些平台，教师可以了解最新的教育理念和教学方法，分享教学经验和心得，提升自身的专业素养。信息化还为教师提供了更多的培训机会，如远程培训和在线研讨会等，帮助教师不断更新知识，提升教学水平。

信息技术使得教师可以更方便地获取和处理科研数据，提高科研效率和质量。例如，通过大数据分析，教师可以更准确地发现教育教学中的问题，提出科学的解决方案。信息技术还可以帮助教师进行跨学科、跨地域的科研合作，拓宽科研视野，提升科研水平。信息化手段还为教师提供了更多的科研成果展示和推广平台，如在线期刊和学术会议等，扩大了科研成果的影响力。

在高职院校，教师不仅要承担教学任务，还需要参与学生管理和学校事务。而信息技术为教师提供了更多的管理工具，如学生信息管理系统、在线考勤系统和教学质量监控系统等。这些工具不仅提高了教师的管理效率，也提升了管理的科学性和规范性。例如，通过学生信息管理系统，教师可以实时了解学生的学习情况和成长轨迹，为学生提供更有针对性的指导和帮助。信息技术还可以帮助教师实现远程管理，提高管理的灵活性和便捷性。

信息技术使教师之间的协作变得更加频繁和便捷。例如，通过在线协作平台，教师可以共同设计教学方案，分享教学资源，开展集体备课，提升教学质量。信息技术还可以促进校际的教师协作，如通过在线交流和合作，教师可以借鉴其他学校的先进经验，提升自身的教学和管理水平。信息化还可以帮助教师与企业、科研机构等外部单位建立合作关系，拓宽教学和科研的资源渠道，提升教育质量。

信息技术的发展为教师提供了更多的创新工具和平台，如虚拟现实、人工智能和大数据等。这些技术不仅可以帮助教师创新教学方法，提高教学效果，还可以激发教师的创新思维，促进教育教学的不断改革和创新。例如，通过虚拟现实技术，教师可以为学生创造沉浸式的学习环境，增强学习的趣味性和互动性。信息技术还可以帮助教师实现教学内容的个性化和智能化，提高教学的针对性和实效性。

信息技术的发展要求教师不仅要具备扎实的专业知识，还要掌握一定的信息技术技能。例如，教师需要熟练使用计算机和网络，能够制作多媒体课件，开展在线教学等。信息化还要求教师具备较强的信息素养，能够有效地获取、处理和利用信息，提高教学和科研的效率和质量。因此，信息化不仅提升了教师的职业技能，也提高了教师的职业素养，促进了教师的全面发展。

在信息化环境下，教师的工作环境变得更加便捷和高效。例如，通过电子邮件、在线会议和协作平台，教师可以随时随地进行工作交流和协作，提高工作效率。信息技术还可以帮助教师减轻工作负担，如通过自动化的教学管理系统，教师可以更加便捷地进行课程安排、学生考勤和成绩管理等工作，提高工作的便捷性和舒适性。信息化还可以帮助教师实现远程办公，提高工作的灵活性和便捷性。

1. 提供在线培训资源

信息化在高职院校师资队伍建设中具有多方面意义，尤其是其提供的在线培训资源所带来的深远影响。

信息化技术为高职院校的教师提供了丰富多样的在线培训资源。通过互联网,教师可以随时随地访问到各种形式的教育资源,如视频课程、在线讲座、学术论文等。这些资源打破了时间和空间的限制,使得教师可以在工作之余灵活安排学习时间,提高自身的专业素养和教学能力。例如,教师可以通过观看国内外知名教授的讲座,学习先进的教学方法和教育理念,从而不断提升自身的教学水平。

传统的培训模式通常是统一安排的,难以满足每位教师的个性化需求。而信息化技术则可以根据教师的具体需求和兴趣,提供定制化的学习方案。通过数据分析和智能推荐系统,教师可以获得最适合自己的学习资源,极大地提高了学习的效率和效果。例如,某位教师如果对某一特定领域的知识感兴趣,可以通过在线平台找到相关的课程和资料,进行深入学习。

在线平台不仅提供了丰富的学习资源,还为教师们搭建了一个交流互动的空间。教师们可以通过论坛、社交媒体等方式分享教学经验、讨论教学问题,甚至可以进行跨校际、跨国界的学术交流。这种互动不仅拓宽了教师的视野,也有助于他们在交流中获得新的教学灵感和启示,进一步提高教学水平。

信息化技术还为教师的职业发展提供了更多的机会。通过参加在线培训课程,教师可以获得相应的证书和学分,为职业晋升打下坚实的基础。许多高职院校也开始采用信息化手段进行教师的绩效评估和职业规划,帮助教师明确自身的发展方向,提高职业发展的自主性和积极性。例如,教师可以通过在线平台展示自己的教学成果和科研成果,获得同行和学校的认可。

通过信息化工具,教师可以更好地备课、授课和评课。例如,利用电子白板、投影仪等多媒体设备,教师可以将抽象的知识形象化、具体化,提高学生的理解能力。再如,通过教学管理系统,教师可以方便地管理学生的学习进度和成绩，有针对性地进行教学调整和辅导。

通过在线数据库和学术资源库，教师可以方便地获取最新的科研资料和研究成果，进行学术研究。信息化技术还提供了强大的数据分析工具，帮助教师进行科研数据的整理和分析，提高科研效率和科研质量。例如，教师可以利用数据挖掘技术分析学生的学习行为和成绩数据，从而发现教学中的问题，提出改进措施。

随着社会和科技的发展，教师必须不断更新知识，提升自身能力。信息化技术为教师的继续教育提供了便利。通过在线学习平台，教师可以不断学习新知识、新技能，保持自身的竞争力。例如，某位教师可以通过在线课程学习新的教学技术和方法，应用到实际教学中，提高教学效果。

2. 实现个性化学习

通过互联网，教师可以轻松访问到各类专业学习资源，包括线上课程、电子书籍、学术论文等。这些资源的多样性和可获得性，使教师能够根据自己的兴趣和需求选择合适的学习内容。例如，某位教师对人工智能在教育中的应用感兴趣，可以通过在线平台找到相关的课程和资料，进行深入学习。

传统的教师培训通常需要集中时间和地点，难以兼顾教师的教学工作。而通过信息化平台，教师可以在任何时间、任何地点进行学习，不受时间和空间的限制。这种灵活的学习方式大大提高了教师的学习效率，使他们能够更好地平衡教学与学习之间的关系。例如，教师可以利用业余时间进行在线学习，不会影响到日常的教学工作。

通过数据分析和智能推荐系统，在线学习平台能够根据教师的学习记录、兴趣爱好和专业需求，推荐最适合他们的学习资源和课程。这种个性化的学习推荐大大提高了学习的针对性和有效性，使教师能够在最短的时间内掌握所需的知识和技能。例如，某位教师在完成一门课程后，系统会根据其学习情况推荐相关的进阶课程，帮助其进一步提升专业能力。

信息化技术还为教师的专业发展提供了丰富的支持。通过在线平台，教师可以方便地参加各种学术会议、工作坊和在线研讨会，与同行进行交流和讨论。这不仅拓宽了教师的视野，也促进了知识和经验的共享。例如，教师可以通过在线论坛与其他教师分享教学经验，讨论教学中遇到的问题，共同探讨解决方案。

教师可以根据自己的学习进度和节奏，灵活安排学习时间和内容，而不必被动地接受统一安排的培训课程。这种自主学习的方式极大地激发了教师的学习兴趣和积极性，使他们能够更主动地投入到学习中去。例如，教师可以在完成日常教学任务后，自主安排时间进行专业学习，提高自身的专业素养。

信息化技术还通过多媒体手段增强了教师的学习体验。通过视频、音频、动画等多种形式的教学资源，教师能够更直观地理解和掌握复杂的知识和技能。这种多媒体学习方式不仅增加了学习的趣味性，也提高了学习的效果。例如，教师可以通过观看教学视频，学习先进的教学方法和技巧，然后将其应用到实际教学中，提升教学效果。

通过在线平台，教师可以随时查看自己的学习进度和成绩，了解自己的学习效果。平台还会根据教师的学习表现，提供个性化的反馈和建议，帮助教师不断改进学习方法，提升学习效果。例如，教师在完成一门课程后，可以通过在线测试了解自己的掌握情况，并根据测试结果调整学习计划，进一步提高学习效率。

通过在线学习平台，教师可以接触到不同学科的知识，拓宽自己的知识面，提升跨学科的综合素养。这对于高职院校的教师来说尤为重要，因为他们不仅需要具备专业知识，还需要具备跨学科的综合能力。例如，某位专业课教师可以通过在线学习，掌握教育心理学的知识，帮助其更好地理解学生的学习心理，提高教学效果。

在信息化技术的支持下，教师的学习资源得到了极大的丰富和扩展。

通过互联网，教师不仅可以获取到国内的学习资源，还可以方便地访问到国际先进的教育资源。这种全球化的学习资源极大地开阔了教师的视野，使其能够站在更高的视角进行学习和研究。例如，教师可以通过在线平台观看国外知名大学的公开课，学习国际先进的教学理念和方法，提升自己的教学水平。

通过建立在线学习档案，教师可以随时查看自己的学习记录，了解自己的学习历程和成长轨迹。学习档案不仅有助于教师自我反思和总结，还可以为其职业发展提供有力的支持。例如，教师可以通过学习档案了解自己在某一领域的学习情况，并根据需要调整学习计划，不断提升自身的专业能力。

（二）促进教学方法的革新

信息化为高职院校的教师提供了丰富的教学资源。通过互联网和各种教育平台，教师可以方便地获取最新的学术研究、教学案例和教学工具。这些资源不仅丰富了教师的知识储备，还为他们的教学提供了多样化的素材。例如，教师可以通过在线图书馆、学术数据库、视频讲座等渠道，获取与专业相关的最新研究成果，并将这些成果应用到教学实践中，从而提高教学的科学性和前沿性。

传统的教学模式往往以教师为中心，学生被动接受知识，而信息化技术则使得"以学生为中心"的教学模式成为可能。通过在线课程、虚拟实验室、模拟仿真等手段，教师可以设计出更有互动和参与性强的教学活动。例如，在医学类专业中，教师可以利用虚拟现实技术进行模拟手术操作，让学生在虚拟环境中进行实践操作，提高他们的动手能力和实际操作水平。

教师可以通过在线平台分享教学经验、教学资源和教学成果，进行跨校际、跨地区甚至跨国界的学术交流。这种交流不仅有助于教师开阔视野，吸取他人的先进教学经验，还能促进教师之间的合作，共同开展教学研究和教学改革。例如，通过参加国际学术会议、在线研讨会、网络课程等活动，教师可以了解全球最新的教育动态和教学方法，从而不断优化自己的教学实践。

在信息化背景下，教师的专业发展不仅局限于传统的进修培训和学术交流，还可以通过各种在线学习平台、自学课程、在线认证等方式实现。例如，教师可以通过参加在线课程获取新的知识和技能，通过在线考试获取相关专业认证，通过网络平台参与国内外的学术讨论和科研合作，从而不断提升自己的专业素质和教学能力。

通过智能化教学系统和大数据分析，教师可以及时了解学生的学习情况和学习效果，针对性地调整教学内容和教学方法。例如，通过在线测试和学习管理系统，教师可以实时监测学生的学习进度和学习效果，发现学生在学习中存在的问题，并及时给予反馈和指导，提高教学的针对性和有效性。

信息化还可以提高教学资源的利用效率。通过建立数字化资源库和在线教育平台，教师可以方便地访问和利用各种教学资源，避免了传统教学资源利用率低下的问题。例如，教师可以将自己的课件、教学视频、教学案例等资源上传到在线平台，与其他教师共享，同时也可以利用平台上其他教师的教学资源，从而实现教学资源的共享和高效利用。

信息化技术还可以推动教学方法的创新和改革。在信息化环境下，教师可以借助各种现代教育技术，探索和尝试新的教学方法和教学模式。例如，翻转课堂、混合式教学、探究式学习等新型教学模式，都是在信息化技术的支持下逐渐发展起来的。这些教学模式强调学生的主动参与和自主学习，有助于培养学生的创新思维和实践能力。例如，在翻转课堂中，学生可以通过在线学习平台提前预习课程内容，在课堂上进行讨论和实践操作，这种模式不仅提高了学生的学习积极性和学习效果，还增强了师生之间的互动和交流。

信息化还可以促进教学评估和反馈机制的完善。通过信息化技术，教师可以更加科学和全面地评估学生的学习效果，及时发现和解决教学中的问题。信息化技术还可以为学生提供多元化的评价方式，例如，通过在线问卷调查、学习日志、项目报告等多种形式，对学生的学习过程和学习效果进行综合评价，从而提高教学评估的科学性和全面性。

在信息化背景下，教师的角色也在发生转变。从传统的知识传授者转变为学习的引导者和促进者，教师不仅要具备扎实的专业知识和教学技能，还需要具备信息化素养和信息技术应用能力。为此，高职院校需要加大对教师的信息化培训力度，帮助教师掌握和应用现代教育技术，提高教师的信息化教学能力。例如，通过举办信息化教学培训班、开展信息化教学比赛、组织信息化教学观摩活动等形式，提高教师的信息化素养和信息化教学能力，推动教学方法的创新和改革。

1. 应用多媒体技术

多媒体技术在高职院校的师资队伍建设中具有重要意义。从教学质量的提升、教学方法的创新、师资队伍的培养、教学资源的共享等多个角度来看，多媒体技术的应用为高职院校的发展提供了新的动力和支持。

通过多媒体技术，教师可以利用音频、视频、动画等多种形式呈现教学内容，使原本枯燥的理论知识变得生动有趣。这不仅有助于学生更好地理解和掌握知识，还能激发他们的学习兴趣和主动性。多媒体技术还可以帮助教师更直观地展示复杂的概念和过程，例如通过三维动画演示机械设备的工作原理，使学生在短时间内掌握相关技能。

传统的教学方法往往以教师讲授为主，学生被动接受知识，而多媒体技术的引入打破了这一局面。教师可以通过多媒体技术开展互动式、探究式、合作式等多种教学活动。例如，通过使用互动白板，教师可以实时展示学生的回答和操作情况，并进行及时的反馈和指导。这种互动性强的教学方式不仅提高了课堂的参与度和效率，还培养了学生的团队合作精神和解决问题的能力。

教师不仅需要掌握专业知识和技能，还需要具备多媒体技术的应用能力。通过多媒体技术，教师可以不断更新和丰富自己的教学资源和方法，提升自身的教学水平和创新能力。例如，教师可以利用网络平台参加各种在线培训课程，学习最新的教育技术和教学方法，与同行进行交流和分享，拓宽自己的视野和思路。多媒体技术还可以帮助教师开展教学反思和改进，通过录像回放和分析课堂实录，不断改进和优化自己的教学策略和方法。

高职院校的教学资源往往分散且有限，而多媒体技术可以将这些资源进行整合和共享，提高资源的利用效率。例如，通过建设数字化教学资源库，教师可以随时随地查阅和下载各类教学资料，如课件、视频、音频、案例等，方便教学准备和课堂使用。多媒体技术还可以实现远程教育和在线学习，使得学生可以利用碎片化的时间进行自主学习，突破时间和空间的限制，提高学习的灵活性和自主性。

在高职院校的师资队伍建设中，多媒体技术的应用还促进了教学评估和管理的科学化和精细化。传统的教学评估往往依赖于学生的期末考试成绩，而多媒体技术可以提供更加全面和多元的评估手段。例如，通过学习管理系统，教师可以实时跟踪和记录学生的学习过程和表现，进行阶段性评估和反馈，有针对性地调整教学计划和策略。多媒体技术还可以为学校的教学管理提供数据支持，通过大数据分析，了解学生的学习情况和需求，优化教学资源配置和管理决策。

多媒体技术还为高职院校的国际化发展提供了机遇和平台。随着全球化的发展，高职院校需要不断加强与国际教育机构的交流与合作，多媒体技术在这一过程中发挥了桥梁和纽带的作用。例如，通过开展在线国际交流项目，教师和学生可以与海外高校的同行进行互动和交流，分享各自的教学经验和成果，提升自身的竞争力和开阔国际视野。多媒体技术还可以帮助高职院校开展国际化课程建设和教学资源共享，为学生提供更多的国际化学习机会和资源，培养具有国际化视野和跨文化能力的高素质人才。

2. 推动翻转课堂

翻转课堂信息化在高职院校师资队伍建设中的意义体现在多个方面，从教学方式的变革到教师专业发展的提升，均产生了深远的影响。

信息化技术的引入改变了传统的教学模式，推动了教学方法的革新。翻转课堂作为一种新型教学模式，其核心理念是将知识传授环节放在课前，通过视频、在线课程等方式，让学生在课前进行自学。课上则以互动讨论、实践操作为主。这种模式使得教学不再局限于课堂时间，扩展了学生的学习时间和空间，提高了学习的自主性和积极性。教师在课堂上更多地扮演指导者和促进者的角色，能够更好地关注学生的个体需求，进行有针对性的辅导，从而提高教学效果。

翻转课堂的信息化实施对教师的专业发展提出了新的要求和挑战。在翻转课堂模式下，教师不仅需要具备扎实的专业知识，还需要掌握信息化技术，能够制作和运用各类多媒体教学资源。这要求教师不断提升自身的信息素养和技术应用能力。通过信息化技术的应用，教师能够更方便地获取最新的教学资源和教学方法，促进自身的专业成长。教师在制作和使用多媒体教学资源的过程中，也能够不断反思和改进自己的教学方法，提升教学质量。

在信息化环境下，教师可以利用各种信息技术工具，如虚拟现实、增强现实等，设计和实施创新性的教学活动，增强学生的学习体验和效果。信息化技术还提供了丰富的数据分析工具，教师可以通过分析学生的学习数据，了解学生的学习进度和学习效果，及时调整教学策略，提高教学的针对性和有效性。

教师可以通过各种在线平台，如教育论坛、学术交流平台等，与同行进行交流和讨论，分享教学经验和教学资源。这不仅有助于教师自身的专业发展，也有助于提高整体的教学水平。教师之间的合作也能够促进团队协作精神，增强教师队伍的凝聚力和战斗力。

在信息化环境下，教师可以通过参加各种在线培训和学习活动，不断提升自己的专业水平和教学能力。这不仅有助于教师自身的职业发展，也有助于提高教师的职业满意度和工作积极性。信息化技术还为教师提供了更多的教学平台和教学机会，教师可以通过各种在线教育平台，开展线上教学活动，扩大自己的教学影响力。

二、信息化支持高职院校师资队伍建设的具体措施

（一）构建信息化培训体系

信息化技术在高职院校师资队伍建设中的应用日益广泛和深入，它不仅改变了传统的教学方式，还推动了教师培训体系的构建和完善。为了有效支持高职院校师资队伍的建设，必须制定一系列具体措施，构建信息化培训体系，提升教师的专业水平和教学能力。

信息化培训体系应包括基础信息化技能培训、高级信息化应用培训和信息化教学方法培训等多个层次。基础信息化技能培训旨在帮助教师掌握基本的计算机操作和常用软件的使用，这些技能是教师开展信息化教学的前提；高级信息化应用培训则侧重于提高教师对信息化工具的应用能力，例如多媒体课件制作、虚拟仿真实验室的使用等；信息化教学方法培训则旨在指导教师如何将信息化技术有效地融入教学过程中，例如利用大数据分析学生的学习情况，实施个性化教学。

培训计划应根据教师的不同需求和水平，分阶段、分层次地进行。例如，对于刚入职的新教师，可以安排基础信息化技能培训，帮助他们尽快适应信息化教学环境。而对于有一定教学经验的教师，则可以安排高级信息化应用培训，提升他们的信息化教学水平。培训计划还应包括定期的考核和评估，以确保培训效果的持续提升。

建立信息化培训资源库是支持教师自主学习的重要措施。信息化培训

资源库应包括各类教学资源、培训课程、案例分析、操作指南等，供教师随时查阅和学习。例如，可以将优秀的多媒体课件、教学视频、虚拟实验操作步骤等上传到资源库中，供教师参考和借鉴。资源库还应包括信息化教学的最新研究成果和实践经验，帮助教师不断更新和丰富自己的知识和技能。

除了传统的面对面培训外，还可以利用网络平台开展在线培训。例如，可以通过网络直播、录播等方式进行培训课程的讲授，方便教师在任何时间、任何地点进行学习。还可以利用在线论坛、微信群等工具，搭建教师交流和分享的平台，促进教师之间的互动和合作。通过这些多样化的培训方式，可以提高教师的参与度和学习效果。

开展信息化教学竞赛是激励教师提升信息化教学水平的有效手段。可以定期举办校内或校际的信息化教学竞赛，鼓励教师创新教学方法，展示信息化教学成果。例如，可以举办多媒体课件制作大赛、虚拟仿真实验设计大赛等，评选优秀作品，给予奖励和表彰。通过竞赛，不仅可以激发教师的创新热情，还可以促进教师之间的学习和交流，提高整体教学水平。

信息化教学档案应记录教师的信息化培训经历、教学成果、教学评价等，为教师的职业发展提供依据。例如，可以将教师参加的信息化培训课程、获得的信息化教学奖励、使用的信息化教学工具等信息记录在档案中，并定期进行更新和维护。通过建立信息化教学档案，可以实现对教师信息化教学水平的全面了解和科学管理。

设立信息化教学示范基地是推动信息化教学应用的重要途径。可以在校内选定若干教学条件较好的院系或专业，作为信息化教学示范基地，开展信息化教学改革的试点和示范。例如，可以在示范基地内配置先进的信息化教学设备，开发和应用信息化教学资源，开展信息化教学研究和实践。通过示范基地的建设和推广，可以为全校的信息化教学提供经验和参考，推动信息化教学的普及和应用。

可以鼓励和支持教师开展信息化教学的科研项目，探索信息化教学的新方法、新模式。例如，可以设立信息化教学科研专项资金，资助教师开展相关研究；还可以组织信息化教学科研团队，开展协同攻关和合作研究。通过加强信息化教学科研，可以为信息化教学的实施提供理论支持和实践指导，提升教师的信息化教学能力和水平。

1. 建立在线培训平台

高职院校师资队伍的建设需要有效的信息化支持，这种支持不仅限于技术的提供，更需要系统化的措施和战略。建立一个在线培训平台，是推进师资队伍建设的重要手段，能够在多个方面为教师的专业发展提供有力保障。

设计一个功能完备的在线培训平台是关键。在线培训平台需要具备丰富的课程资源，包括专业课程、教学方法、教育技术等多个方面。课程内容要紧跟学科前沿，满足教师的多样化学习需求。平台应当提供灵活的学习方式，如视频课程、在线研讨、互动练习等，方便教师根据自身情况安排学习时间和进度。这种多样化的学习资源和灵活的学习方式，不仅能激发教师的学习兴趣，还能提高学习效果。

评价体系应包括课程评估、学习成果评估以及教师的自我评估等多个维度。通过多元化的评价手段，可以全面了解教师的学习情况和培训效果，从而为后续的培训计划提供数据支持。平台还应设置学分制度，鼓励教师积极参与培训，并将培训成果纳入教师的职业发展考核体系。这种激励机制能够有效提高教师的学习积极性和主动性，促进教师的持续专业发展。

在线培训平台还应注重个性化的学习支持服务。平台可以运用大数据和人工智能技术，分析教师的学习行为和学习需求，提供个性化的学习建议和学习路径。平台还可以设立学习导师制度，安排专业导师对教师的学习进行指导和答疑，帮助教师解决学习中的疑难问题。通过个性化的学习支持服务，可以提高教师的学习效率和满意度，帮助教师更好地实现自我提升。

教师不仅需要学习专业知识和技能，还需要与同行进行交流和分享。平台可以设置在线论坛、讨论区、学习群组等功能，方便教师在学习过程中进行交流和讨论，分享教学经验和教学资源。平台还可以定期组织在线研讨会、学术讲座等活动，为教师提供更多的交流和学习机会。这种互动和交流不仅能够丰富教师的学习内容，还能够增强教师之间的联系和合作，促进教师队伍的整体发展。

平台的课程资源和学习内容需要不断更新，紧跟学科前沿和教育技术的发展，满足教师的持续学习需求。平台的技术支持和服务也需要不断优化，确保平台的稳定运行和用户的良好体验。平台还需要建立健全反馈机制，收集教师的意见和建议，及时进行调整和改进，提高平台的使用效果和用户满意度。

平台的建设和运行需要得到学校领导的重视和支持，形成全校上下共同推进的良好氛围。学校应当制定明确的培训规划和目标，将教师的培训和发展纳入学校的整体发展战略，为平台的建设和运行提供政策和资金支持。学校还应建立相应的管理和监督机制，确保平台的规范运行和培训效果的持续提升。

2. 设计培训课程体系

信息化支持高职院校师资队伍建设，可以通过多种具体措施来实现，而设计培训课程体系是其中的重要一环。在信息化时代，教师的教学能力、信息技术能力以及综合素质的提升尤为重要。以下是详细的培训课程体系设计方案，以全面提升高职院校师资队伍的整体素质。

应从课程体系的顶层设计入手。要确保培训课程的设计紧密结合高职教育的实际需求，充分考虑到各学科的特点和教师发展的不同阶段。培训内容应该涵盖基础信息技术应用、高级信息技术工具的使用、信息化教学方法、在线教育资源的开发与管理等方面。通过构建系统化、模块化的培训课程，确保教师能够在实际教学中灵活运用所学知识。

课程体系的核心之一是基础信息技术能力培训。这部分课程应包括计算机基础操作、办公软件使用、网络基本知识等内容。通过基础能力的培养，使教师能够熟练操作常用的办公软件和教学工具，为后续的高级技术学习打下坚实基础。特别是要注重对老年教师的培训，使其能够适应信息化教学环境。

紧接着是高级信息技术工具的培训。这部分课程应涵盖编程基础、数据分析工具的使用、人工智能基础应用等内容。通过对高级技术工具的培训，教师能够在教学中运用更加丰富的手段，提高教学的现代化水平。例如，学习使用数据分析工具可以帮助教师更好地了解学生的学习情况，从而进行针对性的教学调整。

信息化教学方法的培训也是不可或缺的一环。这部分课程应包含翻转课堂、混合式学习、在线讨论及互动等现代教学方法的介绍和应用。通过案例分析、实践操作等方式，使教师能够掌握并应用这些教学方法，增强课堂的互动性和学生的参与度，提高教学效果。教师需要熟悉各种线上教学平台的操作，包括如何创建课程、管理学生、发布作业和评估学生表现等。

在线教育资源的开发与管理是培训课程体系的另一个重点。教师应学习如何利用信息技术开发高质量的在线教学资源，包括多媒体课件的制作、视频课程的录制与编辑等。还需掌握在线资源的管理与维护技巧，确保教学资源的及时更新与有效利用。通过这些培训，教师能够为学生提供更多元化的学习资源，提升学生的自主学习能力。

为确保培训课程的有效性和实用性，必须注重实践操作。应安排足够的实践环节，让教师能够在实际操作中巩固所学知识。可以通过模拟课堂、案例教学、项目实践等多种形式，让教师在真实情境中练习和应用，提升其操作技能和应对实际问题的能力。

培训评估是确保课程质量的重要环节。在培训过程中，需建立完善的评估机制，对教师的学习效果进行及时的评估和反馈。评估内容可以包括理论知识的掌握程度、实践操作的熟练度、教学方法的应用情况等。通过多维度的评估，了解培训的实际效果，及时调整培训内容和方式，以确保培训的针对性和有效性。

鼓励教师之间的交流与合作也是培训体系的重要组成部分。通过组建学习共同体、开展教研活动、组织培训班等方式，促进教师之间的经验分享与互相学习。通过交流合作，教师可以互相启发，共同进步，从而提高整体教学水平。

信息化背景下的师资培训，离不开信息化平台的支持。应充分利用现代化的信息技术平台，如学习管理系统（LMS）、教学资源库、在线培训平台等，提供便捷的学习途径和丰富的学习资源。通过这些平台，教师可以随时随地进行学习和交流，突破时间和空间的限制，提升学习的灵活性和自主性。

在培训内容设计上，应结合实际教学需求，设置具有针对性的专题培训。例如，可以根据不同学科的特点，设计不同的培训模块，如理工科教师的实验教学信息化培训、人文社科教师的案例教学信息化培训等。通过专题培训，满足教师个性化的学习需求，提升培训的实效性。

为了提升培训效果，师资培训应注重培训师资的选拔与培养。培训师资不仅需要具备扎实的理论基础和丰富的教学经验，还需具有较强的信息化应用能力。可以通过聘请专家、开展培训师资培训等方式，提高培训师资的整体水平，确保培训的高质量开展。

教师培训的持续性和系统性也是设计课程体系的重要考虑因素。应建立持续培训机制，定期组织各类培训活动，使教师能够不断更新知识，掌握最新的教育技术和教学方法。应设计系统化的培训计划，涵盖教师职业生涯的各个阶段，确保教师能够在不同发展阶段得到相应的培训支持。

在培训方式上，应采用多元化的方式，提升培训的吸引力和参与度。例如，可以通过线上线下相结合的方式，开展讲座、工作坊、研讨会、在线课程等多种形式的培训活动。可以通过游戏化学习、情景模拟等创新方式，增强培训的互动性和趣味性，提高教师的参与热情。

信息化师资培训应注重理论与实践相结合。在课程设计上，应既有理论知识的讲解，又有实践操作的训练，确保教师能够将所学知识应用到实际教学中。通过理论与实践相结合的培训方式，提升教师的信息化教学能力和实际操作水平，为高职教育的质量提升提供有力支持。

（二）打造信息化教学资源库

高职院校师资队伍的建设在信息化时代迎来了新的挑战与机遇，其中，打造信息化教学资源库是一个关键的具体措施。一个完善的信息化教学资源库不仅能够提升教师的教学水平，还能为学生提供更丰富的学习资源，促进教学质量的全面提高。以下是详细的措施和策略，以打造一个高效、全面的信息化教学资源库。

首要任务是确定资源库的总体规划和设计思路。资源库的建设应符合高职教育的特点和需求，涵盖各个专业、课程和教学环节。应明确资源库的功能定位，如课程资源管理、教学资料存储、学习资源共享等，确保其能够有效服务于教学和学习。资源库的设计应遵循开放性、扩展性和易用性的原则，便于资源的添加、更新和维护。

为了实现资源库的全面性和多样性，必须丰富资源的类型和内容。资源库应包括课件、视频、音频、电子教材、教学案例、习题库、模拟实验等多种类型的资源。每种资源类型应满足不同教学场景和需求，如课堂教学、在线学习、实验操作等。还应考虑到不同学科的特点，设计相应的资源模块，如理工科的实验数据、人文社科的案例分析等，确保资源的专业性和实用性。

在资源库的建设过程中，教师的积极参与和贡献至关重要。应建立教师资源共享机制，鼓励教师将自己的教学资源上传到资源库，分享给其他教师和学生。可以通过制定资源共享激励政策，如评选优秀资源、给予奖励等，激发教师的积极性和创造力。学校应提供必要的技术支持和培训，帮助教师掌握资源制作和上传的技巧，提高资源的质量和数量。

资源库的建设离不开先进的信息技术手段。应充分利用云计算、大数据、人工智能等现代信息技术，提升资源库的智能化水平。例如，可以利用大数据技术对资源使用情况进行分析，了解哪些资源最受欢迎，哪些资源需要改进，从而进行针对性的优化。人工智能技术可以应用于资源检索和推荐，帮助教师和学生快速找到所需资源，提高资源的利用效率。

确保资源的高质量是资源库建设的关键环节。应建立严格的资源审核机制，对教师上传的资源进行质量评估，确保资源的准确性、科学性和适用性。审核机制可以包括教师自评、专家评审、学生反馈等多个环节，形成一个多维度的评估体系。通过严格的质量控制，确保资源库中的每一个资源都能够为教学和学习提供实质性的帮助。

在资源库的管理和维护方面，需建立科学的管理制度和流程。应指定专门的管理团队，负责资源库的日常运营和维护，包括资源的审核、更新、备份等。管理团队还应定期组织资源的整理和分类，确保资源库的结构清晰、查找便捷。应建立资源的版本管理制度，对资源的更新和修改进行记录，确保资源的持续改进和完善。

为了提高资源库的利用率，应加强资源库的宣传和推广。可以通过校内网站、邮件通知、培训讲座等多种形式，向教师和学生介绍资源库的使用方法和优势，鼓励他们积极使用资源库。还可以组织资源使用培训，帮助教师和学生掌握资源检索、下载、使用等操作技巧，提高资源的利用效率。

资源库的建设不仅仅是技术问题，更需要重视资源的内容建设。应结合高职教育的实际需求，开发具有针对性和实用性的教学资源。例如，可以根据课程标准和教学大纲，开发相应的课件和教材；根据企业需求和职业标准，开发职业技能培训资源；根据学生的学习特点和需求，开发多样化的学习资源。通过内容建设的不断优化，提升资源库的实用价值。

除了教师上传资源外，还应引入外部优质资源，丰富资源库的内容。可以与其他高校、科研机构、企业等合作，引进他们的优质教学资源，如知名教授的公开课、企业的培训资料等。还可以利用开放教育资源（OER），如开源课件、公开课视频等，补充和完善资源库的内容。通过引入外部资源，提升资源库的多样性和质量。

学生是资源库的重要使用者，应重视他们的反馈和需求。可以建立学生反馈机制，收集学生对资源的意见和建议，了解他们在使用资源过程中遇到的问题和需求。根据学生的反馈，不断优化资源库的内容和功能，提升学生的使用体验。可以鼓励学生参与资源的建设，如制作学习笔记、分享学习经验等，丰富资源库的内容。

资源库的建设需要持续投入和支持。学校应在经费、人员、技术等方面给予资源库建设充分支持，确保其顺利实施和持续发展。应设立专项经费，用于资源的开发、采购、维护等方面的支出；配备专业的技术团队，负责资源库的技术支持和运维；提供必要的硬件设备和软件工具，保障资源库的高效运行。

在资源库的使用过程中，应注重数据安全和隐私保护。应建立完善的数据安全机制，保护资源库中的数据不被篡改、丢失或泄露。可以采用数据加密、访问控制、备份恢复等技术手段，确保数据的安全性和完整性。应严格保护用户隐私，确保教师和学生的个人信息不被泄露或滥用。

在资源库的推广应用方面，还可以开展资源使用的案例分析和经验分享。可以通过组织教学研讨会、经验交流会等形式，分享优秀教师在资源使用方面的经验和做法，展示资源库在实际教学中的应用效果。通过案例分析和经验分享，推动资源库在全校范围内的普及应用，提高资源的使用效益。

资源库的建设应与教学改革紧密结合。可以将资源库作为教学改革的有力工具，促进教学模式和方法的创新。例如，可以利用资源库开展翻转课堂、混合式学习等新型教学模式，提升课堂教学的互动性和实效性。还可以利用资源库开展项目教学、实践教学等，提高学生的动手能力和实践技能。通过与教学改革的结合，充分发挥资源库的作用，提升教学质量和效果。

在国际化背景下，还可以利用资源库开展国际交流与合作。可以与国外高校和教育机构合作，共享教学资源，开展联合教学和研究。通过国际交流与合作，吸收和借鉴国外的优质资源和先进经验，提升资源库的国际化水平和竞争力。可以利用资源库开展留学生教育，提供多语言、多文化的教学资源，满足留学生的学习需求。

第四章 高职院校师资队伍建设的人才培养模式

第一节 高职院校师资队伍建设的人才培养理念

一、高职院校师资队伍建设的以生为本的教育理念

（一）关注学生的全面发展

教师应具备深厚的教育情怀和责任意识。教师不仅是知识的传授者，更是学生成长的引导者和陪伴者。高职院校应通过系统的培训和引导，帮助教师树立正确的教育观，培养他们对学生的责任感和使命感。在教学过程中，教师应始终关注学生的需求，倾听学生的声音，理解和尊重每一个学生的个体差异，真正做到以学生为中心。

在课程设置上，应注重多样化和个性化，满足学生的不同兴趣和发展需求。课程设置应不仅包括专业课程，还应涵盖人文素养、艺术欣赏、体育健康等方面的内容，促进学生的全面发展。教师在课程设计中，应考虑到学生的兴趣爱好和职业规划，提供多样化的选修课程和实践活动，激发学生的学习兴趣，培养他们的综合素质。

实践教学是高职教育的重要环节，应注重实践教学环节的设计和实施。教师应通过多种形式的实践教学活动，如实验实训、校企合作、实习实践等，帮助学生将理论知识应用于实际工作中，提高他们的动手能力和实践技能。在实践教学过程中，教师应注重引导学生进行反思和总结，帮助他们提升实践能力和创新能力。

教师在教学过程中，应注重学生的自主学习能力和创新思维的培养。应鼓励学生积极参与课堂讨论，提出自己的见解和疑问，培养他们的批判性思维和创新能力。教师应为学生提供自主学习的机会和平台，如开放实验室、在线学习资源等，帮助学生培养自主学习的习惯和能力，提升他们的学习效果。

为了实现教育的个性化和多样化，应注重教师的专业发展和培训。高职院校应为教师提供多样化的培训机会，如进修学习、学术交流、教学研讨等，帮助教师不断更新知识，提高教学水平。教师应积极参加各种培训活动，学习先进的教育理念和教学方法，提升自身的专业素养和教学能力，更好地服务于学生的成长和发展。

评价体系的改革是实现以生为本教育理念的重要保障。传统的评价体系往往过于注重学术成绩，忽视了学生的综合素质和实践能力。高职院校应建立多元化的评价体系，综合考查学生的学术成绩、实践能力、创新能力、团队合作精神等方面，全面评价学生的成长和进步。教师在评价过程中，应注重过程评价和形成性评价，关注学生在学习过程中的努力和进步，给予他们及时的反馈和鼓励，帮助他们不断提升。

教师应注重与学生的沟通和互动，建立良好的师生关系。教师应关心学生的学习和生活，倾听他们的心声，了解他们的需求，给予他们必要的支持和帮助。可以通过班级活动、个别谈话、心理辅导等多种形式，与学生进行沟通和交流，增进师生之间的理解和信任，营造良好的教育氛围。

教师在教学过程中，应注重德育教育和价值观引导。教师不仅要传授专业知识，还应注重对学生进行思想政治教育和道德品质培养，帮助学生树立正确的世界观、人生观和价值观。教师应以身作则，言传身教，通过自己的言行举止影响和引导学生，帮助他们形成良好的道德品质和行为习惯。

高职院校应注重校园文化建设，营造良好的育人环境。校园文化是学生成长的重要载体，对学生的思想观念和行为方式有着潜移默化的影响。应通过多种形式的校园文化活动，如文化节、艺术展、体育比赛等，丰富学生的校园生活，培养他们的综合素质和团队合作精神。教师应积极参与和支持校园文化活动，发挥示范和引导作用，帮助学生在丰富多彩的校园文化活动中成长和进步。

教师应注重学生的心理健康教育，关注学生的心理发展。高职院校应建立健全心理健康教育体系，配备专业的心理咨询师，为学生提供心理辅导和支持。教师应在日常教学中关注学生的心理状态，及时发现和解决他们在学习和生活中遇到的心理问题，帮助他们保持心理健康，形成积极向上的心理品质。

在教育过程中，应注重学生的职业生涯规划和就业指导。高职教育的目标之一是培养具有职业技能的应用型人才，因此职业生涯规划和就业指导尤为重要。教师应通过职业生涯规划课程、就业指导讲座、职业技能培训等多种形式，帮助学生了解职业发展方向，掌握就业技能，提升就业竞争力。教师应注重与企业的合作，了解行业发展趋势和企业需求，及时将这些信息传递给学生，帮助他们做好职业规划和准备。

（二）构建以学生为主体的教学模式

教学模式改革的起点是明确学生在教学中的主体地位。教师应摒弃传统的灌输式教学方法，转而采用启发式、探究式、参与式等教学方法，使学生成为课堂的主动参与者和学习的主人。在教学设计中，应注重学生的自主学习和创新能力的培养，鼓励学生提出问题、进行讨论和探究，从而激发他们的学习兴趣和内在动力。

教学内容的设计应紧密围绕学生的需求和兴趣进行。高职院校的教学内容应以实际应用为导向，突出职业技能和实践能力的培养。教师应充分了解学生的学习背景、兴趣爱好和职业目标，有针对性地设计教学内容和活动。例如，在课程内容中加入实际案例、项目任务、模拟操作等，让学生在解决实际问题中学习和掌握知识技能。

教学方法的创新是构建以学生为主体的教学模式的重要环节。教师应采用多种教学方法和手段，如项目教学、情境教学、合作学习等，增强教学的互动性和参与性。在项目教学中，教师可以设计一些真实的项目任务，让学生组队合作完成，从中学会团队协作、问题解决和实际操作技能。情境教学则通过构建真实的工作场景，让学生在模拟的职业环境中进行实践操作，提升职业素养和技能水平。

教学评价方式的改革同样至关重要。传统的评价方式主要侧重于考试成绩，而构建以学生为主体的教学模式要求更加多元化的评价体系。评价应包括过程性评价和终结性评价，既关注学生的学习结果，也关注其学习过程。过程性评价可以采用课堂表现、作业完成情况、项目参与度等指标，而终结性评价可以采用实操考核、综合报告等形式，全面评估学生的学习效果和能力提升情况。

信息技术在构建以学生为主体的教学模式中具有重要作用。现代教育技术的发展为教学方法和手段的创新提供了广阔空间。教师应善于利用网络教学平台、虚拟实验室、在线课程等信息技术手段，为学生提供丰富的学习资源和便利的学习途径。通过网络教学平台，教师可以发布课程资料、布置作业、开展在线讨论和互动，提高学生的学习自主性和参与度。虚拟实验室则可以让学生在虚拟环境中进行实验操作，弥补现实条件的不足。

学生自主学习能力的培养是以生为本教育理念的核心目标。高职院校应注重培养学生的自主学习意识和能力，使其具备终身学习的能力。教师应引导学生制订个人学习计划，合理安排学习时间和内容，培养其自我管理和自我监督的能力。教师应为学生提供必要的学习指导和支持，帮助其解决学习中的困难和问题。

学习共同体的建设是构建以学生为主体的教学模式的有效途径。通过组建学习小组、开展合作学习和交流活动，促进学生之间的互助和合作，共同进步。教师应积极组织和指导学习共同体的活动，如小组讨论、项目合作、学术交流等，营造良好的学习氛围，激发学生的学习热情和创造力。

学生的个性化发展和全面发展是以生为本教育理念的重要内容。高职院校应注重因材施教，根据学生的个性特点、兴趣爱好和发展需求，提供个性化的学习指导和支持。教师应关注每个学生的成长，了解其学习进度和困难，及时给予个别辅导和帮助。应丰富课程体系，开设选修课、兴趣班和课外活动，满足学生多样化的学习需求，促进其全面发展。

校企合作是构建以学生为主体的教学模式的重要举措。通过与企业建立紧密的合作关系，引入企业资源和行业专家，共同开展教学和实践活动。企业可以提供实习岗位、项目任务和培训机会，让学生在真实的工作环境中学习和锻炼，提升其职业能力和就业竞争力。教师应积极与企业合作，设计符合行业需求的课程和项目，增强教学的实践性和应用性。

学生的心理健康和职业素养是全面发展的重要方面。高职院校应注重学生的心理健康教育和职业素养培养，帮助学生树立正确的职业观和价值观。教师应在教学中融入心理健康教育内容，关注学生的心理状态和情绪变化，及时给予心理支持和辅导。应通过职业指导、模拟面试、企业参观等活动，提升学生的职业素养和就业能力。

教育理念的转变需要教师的观念更新和能力提升。高职院校应加强教师培训，提升其教育理念和教学能力。教师应不断学习和更新教育理论和方法，了解教育改革的最新动态和发展趋势，提升其专业素养和教学水平。学校应定期组织教师培训和交流活动，提供学习和进修机会，支持教师的专业发展和成长。

教育理念的转变还需要学校管理的支持和保障。高职院校应建立健全相关制度和机制，支持和保障以学生为主体的教学模式的实施。学校管理层应高度重视教育理念的转变，积极推动教学改革和创新，提供必要的资源和条件保障。应加强教学质量监控和评价，确保教学改革的效果和质量。

二、高职院校师资队伍建设可持续发展的教育理念

（一）终身学习的观念

在高职院校师资队伍建设中，持续发展的教育理念和终身学习的观念是关键。教师的持续发展不仅有助于个人职业生涯的提升，更是推动教育质量不断提高的重要因素。以下详细阐述了高职院校师资队伍建设中，如何贯彻持续发展和终身学习的理念，推动教师不断进步。

教育理念的更新是教师持续发展的基础。高职院校应通过各种形式的培训和交流，帮助教师树立现代教育理念，了解教育改革的最新趋势和方向。教师应不断反思和更新自己的教育观念，积极吸纳新的教育思想和方法，以适应新时代教育发展的需要。应鼓励教师参加国内外的教育论坛、学术会议等，开阔视野，更新理念。

要推动教师的持续发展，需建立系统的职业发展规划。高职院校应帮助教师制订长期的职业发展目标和计划，明确职业发展的路径和方向。职业发展规划应包括教师的教学、科研、管理等多方面的发展目标，帮助教师在不同阶段实现职业成长。学校应提供必要的支持和资源，帮助教师实现职业发展目标，提升他们的职业素养和综合能力。

为促进教师的终身学习，高职院校应建立多样化的培训体系。培训体系应包括岗前培训、在职培训、专项培训等多个层次，满足教师在不同职业阶段的学习需求。岗前培训应注重基础能力的培养，包括教学方法、教育技术、课程设计等；在职培训应注重能力的提升和知识的更新，包括学

科前沿、教育改革、教学创新等；专项培训应针对特定需求和问题进行，如信息化教学、职业技能培训等。通过系统化、层次化的培训体系，帮助教师不断提升自身能力，实现终身学习。

在培训方式上，应采用多元化和灵活性的方式，提升培训的效果和吸引力。可以通过讲座、研讨会、工作坊、在线课程等多种形式，满足教师不同的学习偏好和需求。特别是在信息化时代，在线课程和网络学习平台为教师的终身学习提供了便捷的途径。高职院校应积极利用现代信息技术，建立在线培训平台，为教师提供丰富的学习资源和便捷的学习途径，帮助他们随时随地进行学习和提升。

教师的科研能力是其持续发展的重要方面。高职院校应注重教师的科研能力培养，提供必要的支持和资源，鼓励教师积极参与科研活动。可以通过设立科研项目、提供科研经费、组织学术交流等方式，提升教师的科研水平和学术影响力。教师应积极参与科研活动，关注学科前沿，提升自身的学术水平和创新能力，为教学注入新的活力和内涵。

为了提升教师的实践能力和职业素养，应注重校企合作和社会实践。高职院校应积极与企业和社会组织合作，开展多种形式的校企合作和社会实践活动，帮助教师了解行业发展和实际工作需求。教师应积极参与企业实习、职业培训、社会调研等实践活动，提升自己的实践能力和职业素养，增强对职业教育的理解和把握，更好地指导学生的职业发展。

教师的职业道德和师德修养是其持续发展的基础。高职院校应加强教师的职业道德教育，提升教师的师德修养和职业素养。可以通过师德培训、师德评比、师德宣讲等多种形式，帮助教师树立良好的职业道德观念和行为规范。教师应以身作则，言传身教，做到爱岗敬业、关爱学生、为人师表，为学生树立良好的榜样。

（二）建立完善的培训机制

建立多层次的培训体系是培训机制的基础。高职院校应结合师资队伍的实际情况，设置不同层次、不同类型的培训课程，满足教师的不同培训需求。例如，可以设立基础培训、专业培训、教学能力提升、科研创新等多个层次的培训项目，为教师提供全方位的培训服务。可以根据教师的工作年限、职称等情况，设计相应的培训计划，有针对性地进行培训。

培训内容的丰富多样是培训机制的重要保障。培训内容应覆盖教学理论、教学方法、课程设计、教学评价、信息技术应用、教育教学管理等方面，全面提升教师的教育教学水平和专业素养。可以开展理论研讨、案例分析、教学观摩、实践操作等多种形式的培训活动，为教师提供丰富的学习资源和学习机会。

教学方法和手段的创新是培训机制的重要内容。随着教育理念和技术的不断发展，教学方法和手段也在不断更新和变革。培训机制应及时引入新的教学理念、教学方法和教育技术，帮助教师适应教育改革和发展的需要。可以开设教学创新、信息技术应用、项目教学、合作学习等专题培训课程，引导教师探索和应用新的教学模式和手段。

培训方式和形式的多样化是培训机制的关键。除了传统的面对面培训外，还可以采用在线培训、翻转课堂、远程培训等多种形式，提供灵活、便捷的学习途径。特别是在信息化时代，可以利用网络教育平台、在线课程资源、视频直播等技术手段，开展跨时空、全方位的培训活动，满足教师的个性化学习需求。

培训资源的整合和共享是培训机制的重要保障。高职院校可以建立教师培训资源库，收集整理各类培训资料、课程资源、案例分析等，为教师提供统一的学习平台和学习资源。可以通过网络平台、移动应用等方式，方便教师随时随地获取培训资源，提高培训的灵活性和效率。

教师参与度和反馈机制的建立是培训机制的重要环节。培训活动应注重教师的参与度和主动性，鼓励教师积极参与培训活动，分享学习心得和教学经验。应建立教师培训的评价和反馈机制，及时了解教师对培训活动的反馈和意见，调整和改进培训内容和形式，提高培训的针对性和实效性。

培训成效的评估和跟踪是培训机制的关键环节。高职院校应建立完善的培训成效评估体系，对培训活动的实施效果和教师的学习成果进行评估和跟踪。可以通过问卷调查、学习记录、教学观摩、教学评价等方式，收集教师的培训情况和学习效果，为培训机制的改进和优化提供依据和参考。

教师发展规划和支持政策的制定是培训机制的重要保障。高职院校应建立健全教师发展规划体系，为教师提供个性化的发展支持和服务。可以通过定期评聘、职称晋升、岗位设置、职业发展指导等方式，激励和支持教师参与培训和提升专业水平。应加强教师的职业培训和职业发展指导，帮助教师规划个人职业发展路径，实现自我成长和职业提升。

第二节　高职院校师资队伍建设的教学方法

一、传统教学方法的优化

（一）互动式讲授

在高职院校师资队伍建设中，传统的教学方法一直占据着主导地位，但随着时代的变迁和教育理念的更新，互动式讲授逐渐成了教学改革的重要方向。互动式讲授不仅能够激发学生的学习兴趣和积极性，更能够促进师生之间的交流与互动，提升教学效果和学习质量。以下将详细探讨在高职院校师资队伍建设中，如何优化传统的教学方法，推动互动式讲授的实践与应用。

互动式讲授强调师生之间的双向交流与互动。传统的教学方法往往是老师单向传授知识，学生被动接受，缺乏积极参与和思考。而互动式讲授则注重师生之间的互动与交流，通过提问、讨论、案例分析等方式，激发学生的思维和兴趣，促进他们的主动学习。教师应注重营造良好的教学氛围，鼓励学生积极参与课堂互动，建立起师生之间的良好互动关系。

学生往往是被动接受知识的对象，缺乏自主学习和探究的机会。而互动式讲授则鼓励学生积极参与课堂，通过讨论、小组活动、案例分析等形式，主动探索和解决问题，提高他们的学习动力和效果。教师应注重设计课堂活动，激发学生的学习兴趣和积极性，引导他们主动参与课堂，提高学生学习知识的深度和广度。

互动式讲授则强调学生的自主学习和团队合作，通过小组讨论、项目设计、实践活动等形式，培养学生的创新意识和团队合作精神，提高他们的综合素质和竞争力。教师应注重引导学生主动学习，提供适当的学习支持和指导，激发他们的学习兴趣和潜能，培养他们的自主学习能力和团队合作精神。

传统的课堂教学往往与实际应用相脱离，学生难以将所学知识应用到实际问题中去。而互动式讲授则注重课堂教学与实践相结合，通过案例分析、实验演示、实地考察等形式，将抽象的理论知识与实际问题相结合，提高学生的实践能力和问题解决能力。教师应注重设计具有实践性的课堂活动，引导学生将所学知识运用到实际问题中去，提高他们的实践能力和创新意识。

评价往往局限于考试分数，缺乏对学生综合素质和能力的评价。而互动式讲授则注重多维度的评价与反馈，通过课堂表现、作业质量、小组合作等方式，全面评价学生的学习情况和能力水平，及时给予学生反馈和指导，促进其全面发展和持续进步。教师应注重设计多样化的评价方式，关注学生的学习过程和表现，及时给予针对性的反馈和指导，促进学生的学习和发展。

（二）案例教学法

案例教学法可以激发学生的学习兴趣和主动性。与传统的教学方法相比，案例教学法更贴近实际生活和工作，更具有启发性和感染力。通过引入生动、具体的案例，可以吸引学生的注意力，激发其学习兴趣，提高学习的积极性和主动性。学生在案例分析和讨论中，可以发挥主动性和创造性，积极思考和探索，从而加深对知识的理解和掌握。

高职院校的教育目标之一是培养学生的实际应用能力，使其能够胜任工作岗位的要求。案例教学法可以将理论知识与实际问题相结合，通过分析解决实际案例，培养学生的问题解决和创新能力。在案例教学中，学生需要通过自主思考和团队合作，分析问题、制定解决方案，并进行实际操作和实践验证，从而提升其实践能力和应用能力。

学生需要对案例进行全面分析和评价，发现其中存在的问题和矛盾，提出合理的解决方案，并进行评估和判断。通过这样的过程，可以培养学生的批判性思维和判断能力，使其具备辨别和解决问题的能力。案例教学强调学生的主动参与和独立思考，不仅培养了学生的批判性思维，还提高了其分析问题和解决问题的能力。

在案例分析和讨论过程中，学生通常需要分组合作，共同分析问题、制定解决方案，并展开讨论和交流。通过团队合作，学生可以相互借鉴、共同探讨，充分发挥团队的智慧和力量，提高解决问题的效率和质量。在合作过程中，学生还可以学会倾听他人的意见和观点，尊重不同的意见，培养良好的沟通和协作能力。

学生需要综合运用各种知识和技能，分析和解决复杂的实际问题，培养了其综合运用知识的能力。案例教学法也鼓励学生思考问题的新颖性和独创性，促进其创新意识和创新能力的培养。学生通过案例教学的学习，不仅能够掌握知识和技能，还能够培养解决新问题的能力，提高自身的竞争力。

在案例教学中，学生通常需要跨越学科的界限，综合运用不同学科的知识和技能，分析和解决复杂的实际问题。这不仅有助于学生建立全面的知识体系，还能够培养其跨学科综合能力。案例教学也强调学生的实践操作和实际应用能力，通过实际操作和实践验证，巩固和加深学生的理论知识，提高其实践能力和应用能力。

作为一种新颖、有效的教学方法，案例教学法为教师提供了丰富的教学资源和教学手段，拓展了教学的思路和方法。教师通过案例教学的实践操作，可以不断总结经验，改进教学方法，提高教学效果。教师还可以借助案例教学法培养学生的创新意识和实践能力，促进教育教学改革和发展的深入推进。

二、创新教学方法的探索

（一）项目教学法

高职院校师资队伍建设一直是教育领域关注的焦点之一。在创新教学方法的探索中，项目教学法作为一种有效的教学手段，为高职院校师资队伍建设提供了新的思路和途径。项目教学法以项目为载体，注重学生参与和实践，有助于培养学生的实践能力和创新精神。

在项目教学中，学生扮演着主体角色，他们通过参与项目的设计、实施和评估等环节，全面提升了自己的实践能力和解决问题的能力。与传统教学相比，项目教学更注重培养学生的动手能力和团队合作精神，有利于学生的综合素质提升。

在项目教学中，学生需要面对具体的问题和挑战，需要通过自己的思考和创造力来解决问题。这种过程不仅培养了学生的创新意识，也促进了他们的思维发展。通过项目教学，学生不仅仅是知识的接受者，更是知识的创造者和应用者。

项目教学法有助于培养学生的团队合作精神。在项目教学中，学生通常需要组成小组，共同完成项目任务。在这个过程中，他们需要相互协作、交流思想、分工合作，从而培养了团队合作精神和沟通能力。这种团队合作的经验对于他们未来的工作和生活都具有重要意义。

在项目教学中，学生需要通过实际操作来解决问题，这有助于他们将所学知识应用到实际中去，提升了他们的实践能力。与传统的理论教学相比，项目教学更加注重实践操作，更符合当前社会对人才的需求。

（二）翻转课堂

高职院校师资队伍建设的创新教学方法的探索中，翻转课堂作为一种前沿教学模式备受关注。翻转课堂的核心理念是将课堂内外的学习活动重新安排，使学生在课堂上进行问题解决、合作学习，而将传统的讲授内容转移到课堂外的自主学习环节。这种教学方法激发了学生的学习兴趣和主动性，提升了教学效果。

翻转课堂可以提高学生的学习参与度和学习效果。传统的课堂教学模式往往是教师以讲授为主，学生以被动接受为主，学生的参与度和学习积极性较低。而翻转课堂将课堂内的时间用于学生的问题解决、讨论和实践操作，使学生成为课堂的主体，积极参与学习过程。在课堂外，学生通过自主学习视频、阅读材料等方式学习相关知识，为课堂上的学习活动做好准备。这种安排使学生在课堂上能够更深入地理解和应用知识，提高学习效果和学习成绩。

教师往往是知识的传播者，学生是知识的接受者，教学过程比较单向。而翻转课堂将课堂内的时间用于学生的问题解决和讨论，教师可以充当学习的引导者和指导者，与学生共同探讨问题、解决问题。教师可以根据学生的学习情况和反馈及时调整教学内容和方式，提供个性化的学习支持和指导，促进教学的个性化和差异化。

翻转课堂还可以培养学生的自主学习和问题解决能力。在课堂外的自主学习环节，学生需要通过观看视频、阅读材料等方式学习相关知识，自主完成作业和练习。这种学习方式能够培养学生的自主学习意识和能力，提高其学习自觉性和主动性。在课堂上的问题解决和讨论环节，学生需要分析问题、提出解决方案，并与同学合作讨论，培养了学生的问题解决和合作能力。

在传统的教学模式下，教师需要在课堂上完成知识讲解、练习和作业布置等任务，时间相对较为紧张，难以适应不同学生的学习节奏和需求。而翻转课堂将课堂内外的学习活动重新安排，使教师有更多的时间和空间与学生进行互动和交流，根据学生的学习情况和反馈及时调整教学内容和方式，提供个性化的学习支持和指导。

在翻转课堂的学习过程中，学生通常需要综合运用各种知识和技能，分析和解决复杂的实际问题，培养了其跨学科综合能力。翻转课堂也鼓励学生思考问题的新颖性和独创性，促进了其创新意识和创新能力的培养。通过翻转课堂的学习，学生不仅能够掌握知识和技能，还能够培养解决新问题的能力，提高自身的竞争力。

作为一种新颖、有效的教学模式，翻转课堂为教师提供了新的教学思路和方法，拓展了教学的视野和空间。教师通过翻转课堂的实践操作，可以不断总结经验，改进教学方法，提高教学效果。教师还可以借助翻转课堂培养学生的创新意识和实践能力，促进教育教学改革和发展的深入推进。

第三节 高职院校师资队伍建设的实践教育

一、高职院校师资队伍建设的实践教育的途径

（一）实验教学

实验教学是高职院校师资队伍建设的重要组成部分。实践教育能够有效提升教师的实际操作能力和教学水平。通过参与实际工作，教师能够将

理论知识与实际操作相结合，从而更好地理解和掌握专业技能。这种理论与实践相结合的教学模式，不仅能够提升教师的专业素养，还能够增强其教学效果。

实验教学在高职院校师资队伍建设中具有重要意义。实验教学是实践性教学的重要组成部分，是培养学生创新能力和动手能力的关键环节。通过实验教学，学生能够将理论知识与实际操作相结合，提高学习的兴趣和效果。这对师资队伍提出了更高的要求，教师不仅要具备扎实的理论知识，还需要有丰富的实践经验。

教师是实验教学的主导力量。高职院校的实验教学不同于普通的课堂教学，要求教师在教学过程中起到引导和示范作用。因此，教师需要不断提升自己的实践能力和教学水平。这就需要高职院校在师资队伍建设中注重培养教师的实践能力，通过组织教师参与企业实践、开展实验项目等方式，提高教师的实践教学能力。

在高职院校，实验教学的效果不仅取决于教学设备和实验环境，更取决于教师的教学水平和教学方法。为了提高实践教学的质量，高职院校应加强对教师的培训和考核，鼓励教师不断学习新的实验技术和教学方法，通过教学研讨、学术交流等方式提升教学水平。

高职院校应鼓励教师在实验教学中大胆探索，创新教学模式和方法。通过开展教学改革试点项目，鼓励教师应用新的实验教学手段和技术，探索适合学生实际的教学方法。学校应支持教师进行教学研究，促进教学研究成果的转化和应用。

教师的科研能力也是实验教学的重要支撑。高职院校应鼓励教师积极参与科研活动，通过科研项目的开展提升教师的科研水平和实践能力。科研能力的提升不仅有助于教师在教学中引入最新的研究成果，还能为实验教学提供新的内容和方法，提高教学的先进性和实效性。

师资队伍建设还需要重视教师的职业发展。高职院校应为教师提供多样化的发展路径和职业晋升通道，激发教师的工作热情和创新动力。通过建立健全教师发展体系，提供各种培训和进修机会，帮助教师不断提升自身素质和能力，进而提升实验教学的质量。

教学环境和资源的改善对实验教学有着重要影响。高职院校应加大对实验室建设的投入，提供先进的实验设备和良好的实验环境，确保实验教学的顺利开展。学校还应加强与企业的合作，建立校外实践基地，为实验教学提供更多的实践资源和机会。

教师之间的合作与交流是提升实验教学水平的重要途径。高职院校应鼓励教师之间的团队合作，通过组建教学团队、开展教学合作项目等方式，促进教师之间的经验分享和教学交流。通过合作与交流，教师能够互相学习，取长补短，共同提升实验教学的水平。

高职院校的领导应高度重视实验教学在师资队伍建设中的作用。领导的重视和支持是推动实验教学改革和发展的重要保障。学校应制定明确的实验教学发展规划和政策，提供必要的资源和条件，保障实验教学的顺利开展。通过各方面的努力，逐步提升高职院校实验教学的水平，培养出更多高素质的应用型人才。

（二）实习实训

高职院校师资队伍建设在当今教育体系中扮演着至关重要的角色。要培养高素质的教师队伍，实习实训成为不可或缺的环节。通过这些途径，教师不仅能提升自身的教学能力，还能更好地了解行业的需求，从而更有效地培养学生。

高职院校师资队伍建设在现代教育体系中占据着重要地位。师资队伍的质量直接影响着教育教学水平和学生培养质量，因此，加强师资队伍建设显得尤为重要。具体来说，实习实训是提升教师实践能力和专业素养的重要途径。

实习实训为教师提供了理论与实践相结合的机会。通过深入企业、行业一线，教师能够亲身体验最新的技术和工艺流程，这不仅拓宽了他们的视野，还提升了他们的实际操作能力。实习实训还能帮助教师了解行业发展的最新动态和需求，从而在教学过程中能够更加精准地传授知识和技能。

参与实习实训，教师能够更加深刻地理解自己所从事职业的重要性和社会价值。这种认同感有助于激发教师的工作热情和责任感，使他们在教学中更加投入和专注。实习实训的经历还可以帮助教师在学生中树立榜样，激励学生积极参与实习实践活动。

通过与企业技术人员的交流和合作，教师可以获得最新的技术资料和研究成果，这些都可以转化为教学和科研的资源。实习实训还可以为教师提供研究课题和实验平台，使他们能够开展与行业紧密相关的应用研究，从而推动教学内容的更新和教学方法的改进。

教师在实习实训中可以与同行交流经验，分享心得，这种互动有助于形成良好的学习和工作氛围。通过相互借鉴和学习，教师们可以共同提高专业水平和教学能力，形成一支高素质、专业化的师资队伍。

通过实习实训，教师与企业建立了紧密的联系，这有助于推动校企合作的深入发展。企业可以为高职院校提供实践基地和技术支持，而高职院校则可以为企业输送合格的人才和提供技术服务。这种互利共赢的合作模式不仅有助于提高教学质量，还能够促进区域经济的发展。

在实习实训过程中，教师还能够了解学生在实际工作中的表现和问题，从而调整和改进教学方法。通过与学生一起参与实践活动，教师可以更好地了解学生的学习需求和职业发展目标，从而在教学中给予更有针对性的指导和帮助。实习实训还能帮助教师发现教学内容中的不足之处，推动教学内容的不断更新和完善。

通过实习实训，教师可以不断更新自己的知识和技能，保持与时俱进的教学水平。这不仅有助于提高教师的职业素养和教学质量，还能够增强他们的职业竞争力，为他们的职业发展创造更多的机会和可能。

在实习实训中,教师可以接触到许多新技术、新方法,这些都可以激发他们的创新思维。通过将这些新技术和新方法引入教学,教师可以不断探索和尝试新的教学模式和方法,从而提高教学的效果和质量。

二、高职院校师资队伍建设实践教育的持续改进

(一)成效评估指标的建立

为了确保高职院校师资队伍建设实践教育的持续改进,成效评估指标的建立至关重要。评估指标不仅可以帮助我们了解当前实践教育的效果,还可以为未来的改进提供方向。明确评估指标的意义和目的,是成效评估的基础。通过系统性的评估,我们能够全面了解师资队伍的实际水平和教学效果,从而为实践教育的持续改进提供科学依据。

从不同角度出发,评估指标应涵盖多方面内容。教学质量是评估的重要方面,通过学生反馈、课堂观察、教学成果等多维度数据,能够全面反映教师的教学水平和效果。教师的科研能力和学术成果也是评估的重要指标。高职院校教师不仅需要具备扎实的教学能力,还需要在科研方面有所建树,这对于教师的综合素质提升和学校的学术氛围营造都有重要意义。

进一步分析,教师的专业技能和实践经验也是评估的关键因素。高职院校注重实践教育,教师的专业技能和实践经验直接影响到教学质量和学生的学习效果。通过考查教师的实际操作能力、参与企业实习的经历等,可以全面评估教师的专业素质,确保他们能够将理论知识与实践经验有机结合,提升教学效果。

从长期发展的角度看,教师的职业发展和培训情况也是成效评估的重要内容。高职院校应为教师提供持续的职业发展和培训机会,帮助他们不断提升自身能力和水平。通过考查教师参加培训、进修学习的情况,以及培训效果的反馈,可以评估学校在教师职业发展方面的支持力度和效果,

从而为教师队伍的可持续发展提供保障。

考虑到不同学科和专业的特点，评估指标应具有灵活性和针对性。不同学科和专业对教师的要求不同，评估指标应根据具体情况进行调整和细化。比如，工科类专业的教师需要具备较强的工程实践能力，而文科类专业的教师则需要具备扎实的理论基础和较强的研究能力。通过细化评估指标，可以更准确地反映教师的实际水平和教学效果，为学校的教学管理和师资队伍建设提供科学依据。

从学校管理的角度来看，评估指标的建立和实施需要全校上下的共同努力。学校应成立专门的评估小组，制定详细的评估方案，明确评估的目标、内容和方法。要确保评估过程的公开、公正和透明，鼓励教师和学生积极参与评估工作，形成全校共同关注、共同参与的良好氛围。

从外部资源的利用方面来看，评估过程中可以引入第三方评价机构，利用他们的专业经验和评价标准，提供客观、公正的评估结果。还可以邀请企业专家和用人单位参与评估工作，结合他们的实际需求和标准，对教师的实践能力和教学效果进行全面评估。这不仅有助于提高评估的科学性和公正性，还能增强学校与企业之间的合作，为实践教育的持续改进提供有力支持。

从评估结果的应用角度看，评估的最终目的是改进。评估结果应及时反馈给教师和相关部门，帮助他们了解自己的优势和不足，并制定相应的改进措施。学校可以根据评估结果，调整教师的培训计划，优化教学资源配置，改进教学方法和手段，不断提升师资队伍的整体水平和教学质量。

从教师自身的发展角度出发，成效评估不仅是对其工作绩效的评价，更是其职业成长的动力。教师通过评估结果，可以明确自身的发展方向和目标，激励自己不断学习和提升。学校应建立激励机制，对在评估中表现优秀的教师给予表彰和奖励，营造积极向上的工作氛围，激发教师的工作热情和创造力。

从评估的长期效果来看，持续的评估和改进是高职院校师资队伍建设的保障。学校应将成效评估工作常态化，定期开展评估，及时总结经验和教训，不断完善评估体系和方法，确保评估工作的科学性和有效性。通过持续的评估和改进，学校的师资队伍建设和实践教育质量将不断提升，为学生的全面发展和社会的需求提供有力支持。

（二）教学方法的优化调整

教师是高职院校教育的核心力量，如何让教学方法不断地优化调整，是当前高职院校面临的重要课题之一。师资队伍建设不仅关乎教师个人的专业发展，更是提升学校整体教育质量的关键环节。要做到这一点，高职院校需要从多方面入手，全面提升教师的实践教育能力。

高职院校在当前的教育环境中，师资队伍的教学方法需要不断优化和调整，以适应学生多样化的需求和社会发展的要求。教师们应加强自身专业素养和教学能力的提升。通过参与各种形式的继续教育和培训，教师可以不断更新自己的知识体系，掌握最新的行业动态和技术进展。这不仅有助于提高教学质量，还能激发学生的学习兴趣和热情。

教学方法的创新是提高教育质量的关键。传统的讲授式教学模式已不能完全满足学生的学习需求，教师应更多地采用互动式、探究式和项目式教学方法。通过设计有趣的课堂活动和实际项目，教师可以让学生在动手实践中掌握知识，培养他们的创新能力和解决问题的能力。教师应注重课堂上的师生互动，鼓励学生积极参与课堂讨论，表达自己的观点和疑问，这不仅有助于提高学生的参与度和学习效果，还能培养他们的沟通能力和团队合作精神。

信息技术的应用是现代教学方法优化的重要手段。教师应充分利用现代教育技术手段，如多媒体教学、在线学习平台和虚拟仿真实验等，来丰富教学内容和形式。通过多媒体教学，教师可以将抽象的知识形象化、生动化，使学生更容易理解和掌握；通过在线学习平台，教师可以为学生提供更多的学习资源和个性化的学习支持，帮助他们在课外自主学习和拓展知识；通过虚拟仿真实验，教师可以为学生提供一个安全、可控的实践环境，让他们在动手操作中加深对理论知识的理解。

同时，教师应注重教学评价的科学性和全面性。传统的考试评价方式往往只关注学生的知识掌握情况，而忽视了他们在学习过程中的能力发展和素质培养。教师应探索多元化的评价方式，如过程性评价、项目评价和自我评价等，通过对学生学习过程的全方位评价，及时发现和解决学生在学习中遇到的问题，帮助他们不断进步和成长。

教师还应关注学生的个性化需求和发展。每个学生都有其独特的兴趣、能力和学习风格，教师应在教学中尊重和关注学生的个体差异，提供有针对性的教学支持和指导。例如，对于学习能力较强的学生，教师可以提供更高难度的学习任务和挑战，激发他们的潜能；对于学习有困难的学生，教师可以给予更多的帮助和鼓励，帮助他们建立学习信心和克服学习障碍。

为了实现教学方法的优化和调整，教师之间的合作与交流也是必不可少的。通过定期开展教学研讨会、教学观摩和教学经验分享等活动，教师可以互相学习和借鉴优秀的教学方法和经验，共同提高教学水平。教师应积极参与教育科研，结合自己的教学实践，开展教学改革和创新的研究，为教学方法的优化提供理论支持和实践经验。

学校管理层应为教师的教学方法优化提供必要的支持和保障。学校应加大对教师培训和教育科研的投入，创造良好的教学和科研环境，鼓励教师不断提升自己的教学能力和科研水平。学校应建立完善的教学评价和激励机制，对在教学方法创新和教学质量提升方面做出突出贡献的教师给予表彰和奖励，激励更多的教师积极参与教学改革和创新。

第五章　高职院校师资队伍建设的职业发展路径

第一节　高职院校师资队伍建设的教育培训

一、高职院校师资队伍建设的教育培训需求分析

（一）需求岗位与实际招聘情况比较

高职院校的师资需求与实际招聘情况之间的差距引起了广泛关注。高职院校作为职业教育的重要组成部分，其发展对社会经济的影响重大。师资队伍的建设却成了制约其发展的因素之一。

随着职业教育的不断推进，高职院校需要大量具备实战经验和理论基础的教师。在实际招聘中，这类教师的数量远远不足。许多应聘者虽有理论知识，但缺乏行业实践经验，难以满足高职教育对"双师型"教师的要求。

为了提升教学质量，高职院校希望招聘到具有硕士及以上学位的教师。在实际招聘过程中，高学历人才往往倾向于选择综合性大学或科研机构，导致高职院校在招聘高学历教师方面竞争力不足。薪资待遇和职业发展前

景也是影响因素。高职院校的薪资水平相对较低，且晋升空间有限，使得许多优秀人才不愿意选择这一职业。

大多数高职院校分布在经济欠发达地区，这些地区对高水平师资的吸引力较低。许多优秀教师更愿意选择在大城市或者发达地区就业，导致高职院校尤其是偏远地区的高职院校在师资招聘上面临更大困难。即便一些教师愿意到这些地方工作，生活环境和工作条件也成为他们顾虑的主要原因之一。

部分高职院校的招聘信息传播范围有限，缺乏有效的宣传和推广手段，导致许多有意向的应聘者无法及时获取相关信息。加之招聘程序复杂、审批流程冗长，使得许多应聘者在漫长的等待中失去了耐心，转而选择其他工作机会。

高职院校在教师的培训和继续教育方面投入不足，影响了教师队伍的整体素质提升。尽管高职院校在招聘时注重教师的学历和工作经验，但入职后的培训和发展机会有限，导致教师的专业技能难以与时俱进。这不仅影响了教学质量，也在一定程度上影响了教师的职业满意度和稳定性。

部分高职院校的管理模式相对僵化，缺乏灵活性，工作环境也较为单调。这种状况使得一些有志于职业教育的教师在实际工作中感到困惑和失望，难以发挥其教学和科研潜力。管理体制的不完善和工作环境的欠佳进一步加剧了高职院校在师资招聘方面的困难。

不仅仅是高职院校自身的问题，整个社会对职业教育的认知和重视程度也在一定程度上影响了师资招聘的效果。社会普遍存在对职业教育的偏见，认为职业教育不如普通高等教育有前途，这种观念直接影响了高职院校的招生和师资招聘。只有在全社会形成尊重职业教育、认可职业教育价值的氛围，才能为高职院校吸引更多优秀的师资力量。

（二）岗位空缺与现有师资分布情况

高职院校的师资岗位空缺问题逐渐引起了各方的关注。这一现象背后的原因复杂多样，包括师资资源的配置不均、专业教师的缺乏、待遇问题等。高职院校作为职业教育的重要组成部分，其师资力量的建设和优化直接关系到职业教育的质量和学生的培养效果。因此，深入探讨高职院校师资岗位空缺与现有师资分布情况，具有重要的现实意义。

师资岗位空缺的现象在高职院校中普遍存在。许多高职院校在扩招学生时却没有同步增加相应的师资力量，导致师资岗位出现明显的空缺。这种现象不仅影响了教学质量，也对教师的工作负担造成了压力。在一些专业领域，特别是新兴产业相关的专业，合格的教师更是供不应求，这进一步加剧了师资岗位的空缺。

接下来，现有师资分布不均衡的问题也十分突出。一些高职院校存在教师资源集中在少数热门专业的情况，而其他专业则相对匮乏。这种不均衡的分布不仅影响了各专业的教学质量，也限制了学生在不同领域的全面发展。部分院校由于地理位置偏远或者办学条件有限，更难以吸引和留住优秀教师，进一步加剧了师资分布的不均衡问题。

专业教师的缺乏也是导致师资岗位空缺的重要原因。高职院校的教学内容通常需要紧密结合行业需求，因此教师不仅需要具备扎实的理论知识，还需要有丰富的实践经验。具备这种双重能力的教师往往十分稀缺。这种情况在技术更新快、行业变化大的专业尤为明显。例如，人工智能、大数据等新兴专业，市场对相关人才的需求量大，但能够胜任教学任务的教师却寥寥无几。

同时，待遇问题也是影响师资岗位填补的重要因素。高职院校的教师待遇普遍低于普通高校，这使得许多优秀人才不愿意选择职业教育领域。职业教育教师的职业发展通道相对狭窄，晋升空间有限，这也在一定程度上影响了师资队伍的稳定性。要解决这一问题，需要从制度上进行调整，提高高职院校教师的薪酬待遇和职业发展前景，吸引更多优秀人才加入职业教育。

仅仅关注待遇问题还不够，还需要改善高职院校的办学环境和教学条件。许多高职院校的硬件设施相对落后，实验室、实训基地等教学资源不足，这不仅影响了教学效果，也使得教师的教学工作难以开展。教师的工作条件和科研环境也亟待改善，只有在良好的工作环境下，教师才能充分发挥其教学和科研能力。

另外，职业教育的社会认可度也需要提升。当前社会对职业教育的认可度不高，许多人认为职业教育是普通高等教育的"替补选择"。这种观念不仅影响了学生的选择，也影响了教师的职业认同感。提高职业教育的社会地位，增强师生的自豪感和使命感，是解决师资岗位空缺的重要环节。

校企合作的深度和广度需要进一步加强。高职院校的教育目标是培养应用型人才，这就要求教学内容必须与企业需求紧密对接。通过加强校企合作，可以引入企业的先进技术和管理经验，提升教师的实践能力。企业也可以通过合作方式，培养符合自身需求的人才，达到双赢的效果。

二、高职院校师资队伍培训方案设计

（一）教育培训需求调查

在当今教育领域，高职院校的师资队伍建设显得尤为重要。随着职业教育的不断发展，教师的素质和能力直接影响到学生的培养质量。因此，对高职院校师资队伍进行教育培训需求的调查具有重要意义。

不容忽视的是，教师的专业素养是影响教学质量的关键因素之一。许多高职院校教师反映，他们在实际教学过程中经常遇到专业知识更新不及时的问题。随着各行业的快速发展，新技术和新知识不断涌现，这就要求教师不断学习和提升自己的专业素养。因此，定期的专业培训和学习显得尤为重要。

教学方法的创新也是高职院校教师关注的重点。传统的教学方法往往难以激发学生的学习兴趣。现代教育理念强调以学生为中心，注重培养学生的实践能力和创新思维。为了达到这一目标，教师需要掌握并应用多种教学方法和手段，如项目教学、案例教学等。因此，教师在这方面的培训需求也非常迫切。

高职院校教师在教学过程中面临的另一大挑战是学生管理。与普通高校相比，高职院校的学生更具多样性，他们的学习基础和兴趣爱好差异较大，这给教师的管理工作带来了很大困难。有效的学生管理不仅需要教师具备良好的沟通技巧，还需要他们了解学生的心理特点和行为规律。因此，针对学生管理的培训也是教师们亟须的。

不得不提的是，信息化教学技术的应用日益普及，对教师提出了新的要求。现代信息技术的发展为教育带来了新的机遇，也对教师的能力提出了更高的要求。许多教师在使用多媒体教学工具、在线教育平台等方面还存在不足，他们迫切需要系统的培训，以提高信息化教学的能力和水平。

教师职业发展的支持和规划也是培训需求中的一个重要方面。许多高职院校教师表示，他们希望学校能够提供更多的职业发展机会和平台，如参与国内外学术交流、参加各类专业培训和研讨会等。这样的机会不仅能提升教师的专业水平，还能激发他们的工作热情和积极性。

在此基础上，教师们还特别关注教学科研能力的提升。科研工作不仅是高职院校教师的一项重要职责，也是他们提高自身学术水平的重要途径。许多教师在科研选题、论文写作等方面还存在困难，他们需要通过培训来提高科研能力和水平，以更好地开展教学科研工作。

与此不容忽视的是，高职院校的教师队伍结构也需要进一步优化。当前，许多高职院校存在教师年龄结构不合理、学科分布不均衡等问题。这些问题直接影响到教学质量和学校的发展。为了应对这些挑战，学校需要通过各种培训和培养计划，优化教师队伍结构，提升整体教学水平。

教师的职业道德和职业素养教育同样不容忽视。职业道德是教师从事教育工作的基础，而职业素养则是教师在职业活动中所应具备的综合素质。高职院校教师不仅需要具备扎实的专业知识，还需要有良好的职业道德和素养，这样才能更好地引导和教育学生。因此，相关的职业道德和素养培训也是不可或缺的。

不可否认，教师的心理健康问题也日益受到关注。高职院校教师在教学、科研和学生管理等方面承受着巨大的压力，这对他们的心理健康构成了一定的挑战。心理健康问题如果得不到及时有效的解决，可能会影响教师的工作状态和教学效果。因此，学校应通过心理健康教育和心理咨询服务等方式，帮助教师缓解压力、保持良好的心理状态。

教师的实践教学能力也是培训需求的重要组成部分。高职院校的教学特点决定了教师不仅要有理论知识，还要具备较强的实践操作能力。许多教师表示，他们在实践教学中感到力不从心，希望能够通过培训提高实践教学能力，更好地指导学生进行实际操作和技能训练。

（二）培训内容与形式设计

在现代职业教育的背景下，高职院校师资队伍的培训显得尤为重要。随着职业教育的不断发展，高职院校的教师不仅需要具备扎实的专业知识，还需要不断提升自己的教学能力和实践技能。因此，如何设计有效的培训内容与形式，成为高职院校亟须解决的问题。

在内容设计上，培训内容应紧贴职业教育的特点与需求。高职院校的教师培训内容应包括职业教育理论、教育教学方法、专业知识更新以及实践技能训练等多个方面。职业教育理论方面的培训，可以帮助教师更好地理解职业教育的本质和使命，从而在教学过程中更有方向感；教育教学方法的培训，能够提升教师的教学技巧和课堂管理能力，使其能够更好地调动学生的积极性和参与度；专业知识的更新则是为了保证教师能够及时掌握行业的新动态、新技术，确保教学内容的前沿性和实用性；实践技能的训练，尤其重要，因为高职院校的教学不仅仅是理论讲授，更需要教师具备实际操作能力，以便在教学过程中为学生提供真实的职业技能训练。

从培训形式来看，应该多样化和灵活化。传统的讲座和课堂教学固然有其优势，但也存在着互动性不足、实践性不强的问题。因此，在设计培训形式时，应考虑到教师的实际需求和学习习惯。比如，可以采用案例教学法，通过实际案例的分析和讨论，让教师更直观地理解和掌握教学内容。在线培训也是一种有效的形式，尤其是在信息技术高速发展的今天，在线课程可以突破时间和空间的限制，让教师随时随地进行学习。模拟教学和工作坊也是值得推荐的培训形式，通过模拟真实的教学场景或工作环境，让教师在实际操作中提升自己的教学和实践能力。

培训还应注重个性化和差异化。不同教师的专业背景、教学经验和发展需求各不相同，因此在设计培训内容时，应该考虑到这一点。可以通过前期调研和需求分析，了解教师的实际情况和培训需求，从而有针对性地设计培训内容。比如，对于刚入职的青年教师，可以侧重于基本教学技能和职业教育理念的培训；对于有一定教学经验的教师，则可以更多地提供前沿专业知识和高级教学方法的培训；对于有管理经验的教师，则可以设计一些教育管理和领导力提升方面的培训内容。

高职院校的师资培训还应注重理论与实践的结合。职业教育本身就是一种理论与实践并重的教育形式，因此在教师培训中也应体现这一点。理论知识固然重要，但更重要的是如何将理论应用到实际教学中去。因此，培训内容设计时，应在理论讲授的基础上，增加实践环节，比如实地参观、企业实习、教学实践等。通过这些实践活动，教师可以更好地理解和掌握职业教育的内涵和实质，从而在实际教学中更好地运用所学知识和技能。

值得一提的是，培训效果的评估和反馈也是培训设计中不可忽视的一环。只有通过科学的评估，才能了解培训的实际效果和存在的问题，从而不断改进和优化培训内容和形式。评估可以采用多种方法，比如问卷调查、座谈会、教学观摩等，通过多渠道、多维度的反馈，全面了解教师对培训的满意度和建议。培训后的跟踪和支持也是非常重要的，培训结束后，可以通过建立教师学习共同体、定期组织教学研讨会等方式，持续支持教师的专业发展。

校企合作也是高职院校师资培训中非常重要的一环。职业教育的一个重要特点就是与产业界的紧密联系，因此，在教师培训中引入企业资源和实践，是提升教师实践能力和行业前沿知识的重要途径。可以通过与企业联合举办培训班、企业专家进校讲座、教师到企业挂职锻炼等方式，充分利用企业的资源和经验，提升教师的综合素质和教学能力。

第二节　高职院校师资队伍建设的职称评定

一、高职院校师资队伍建设的职称评定面临的主要问题

（一）科研成果的重视度

高职院校师资队伍在职称评定中对科研成果的重视程度引起了广泛关注。随着职业教育的发展，高职院校在培养技术技能型人才方面发挥着越来越重要的作用。师资队伍的职称评定中，科研成果的评价标准却成了一个颇具争议的话题。

高职院校在职称评定中对科研成果的重视度显著提升。以往，高职院校主要关注教师的教学能力和实际操作技能，但随着国家对教育质量的不断提升，高职院校开始强调教师的科研能力。科研成果不仅是教师个人学术水平的体现，更是学校整体科研水平和社会影响力的重要指标。

不仅如此，科研成果在职称评定中的权重也逐渐增加。高职院校为了提升自身的办学水平和社会影响力，纷纷在职称评定中提高了对教师科研成果的要求。教师发表高水平的科研论文、主持或参与重要科研项目、获

得各类科研奖励等，都成为职称评定的重要考量因素。这种变化促使教师更加重视科研工作，以提高自身的竞争力和学校的整体科研水平。

科研成果的重要性不仅体现在职称评定上，也直接影响教师的职业发展和收入水平。高职院校通过奖励科研成果的方式，激励教师积极参与科研工作。发表高质量的论文、申请专利、参与科研项目等，不仅有助于教师职称的晋升，还能获得相应的科研奖励。这种激励机制在一定程度上提高了教师参与科研工作的积极性和主动性。

高职院校在职称评定中对科研成果的重视，也促进了教学质量的提升。科研工作不仅是教师学术水平的体现，更是教学内容更新和教学方法改进的重要来源。通过科研工作，教师能够掌握最新的行业动态和技术前沿，将科研成果应用到教学中，提高教学的科学性和前沿性，从而培养出更加符合社会需求的技术技能型人才。

高职院校对科研成果的重视也带来了一些挑战。许多教师反映，在繁重的教学任务和科研要求之间，往往难以平衡。高职院校教师的工作特点决定了他们需要花大量时间在实践教学和学生管理上，这使得他们在科研方面的时间和精力相对有限。一些高职院校在科研资源和条件上与综合性大学存在较大差距，教师在科研工作中面临更多困难和压力。

尽管如此，高职院校依然在不断探索和改进职称评定中科研成果的评价机制。一些学校开始根据实际情况，设定不同类型的科研成果评价标准，避免一刀切的评价方式。例如，对于应用型科研成果、高水平的教学研究成果等，也给予相应的认可和奖励，以更全面地评价教师的科研能力和贡献。

高职院校也在加大对教师科研工作的支持力度。通过设立科研基金、提供科研平台、组织科研培训等方式，帮助教师提升科研能力，克服科研中的困难。特别是对于年轻教师和新入职教师，学校应提供更多的科研指导和资源支持，帮助他们尽快进入科研状态，取得科研成果。

不仅如此，高职院校还应加强与企业和科研机构的合作，推动产学研结合。通过与企业合作开展科研项目，教师不仅能获取更多的科研资源和实践机会，还能将科研成果直接应用到企业生产实践中，提升科研工作的实际价值和社会影响力。这种合作模式有助于提高教师的科研水平，增强学校的科研实力。

社会各界对高职院校科研工作的认知和支持也至关重要。高职院校的科研工作不仅是学校自身发展的需要，更是社会经济发展的重要组成部分。政府应加大对高职院校科研工作的政策支持和资金投入，社会各界也应积极参与和支持高职院校的科研工作，共同推动高职教育事业的发展。

（二）评审的公正性

高职院校的师资队伍职称评定评审公正性问题备受关注。职称评定不仅关系到教师的职业发展和薪酬待遇，也直接影响到教育教学质量和高职院校的整体发展水平。现实中存在的评审标准不透明、评审程序不规范等，严重影响了评审的公正性，亟须引起重视并加以改进。

评审标准的不透明性是影响职称评定公正性的一个重要因素。在很多高职院校，职称评定的标准和具体要求并未公开透明，导致教师在申请职称时无所适从。这种情况不仅让教师感到困惑和不满，也容易滋生暗箱操作和不公正的评审行为。为了提高评审的公正性，高职院校应该建立并公布透明的评审标准，使所有教师都能清楚地了解评审的具体要求和流程，从而确保评审的公开、公正。

评审程序的不规范也是职称评定过程中常见的问题之一。在一些高职院校，职称评定的程序存在不规范、不透明的情况。例如，有些评审委员会在评审过程中缺乏统一的标准，评审意见存在较大的主观性和随意性。这不仅影响了评审的公正性，也使得一些优秀的教师无法获得应有的职称。为此，高职院校应当规范评审程序，确保评审过程的公开、透明，并且建立完善的监督机制，杜绝评审过程中的不公行为。

同时，评审委员会的组成也对职称评定的公正性产生重要影响。在很多高职院校，评审委员会的成员多由校内领导和资深教师组成，这种内部评审模式容易导致人情关系和利益关系影响评审结果。为了提高评审的公正性，建议引入外部专家和同行评审机制，确保评审结果的客观、公正。应当避免评审委员会成员长期固定不变，定期更换评审成员，增加评审的透明度和公信力。

职称评定过程中存在的行政干预也是影响评审公正性的重要原因之一。在一些高职院校，行政领导在职称评定中拥有较大的话语权，这容易导致行政权力干预评审过程，使评审结果偏离客观、公正的原则。为了避免行政干预对评审公正性的影响，应当明确行政权力与评审权力的界限，确保评审委员会的独立性和自主性，使评审结果更加公正、客观。

教师的科研成果和教学业绩在职称评定中的权重分配也需要合理化。在高职院校，教师的主要职责是教学，但在职称评定中，科研成果往往被过分看重，而教学业绩则相对被忽视。这种评审标准的倾斜，不仅不利于教学质量的提升，也影响了教师的职业发展。因此，高职院校应当合理分配科研成果和教学业绩在职称评定中的权重，充分考虑教师的实际工作情况，确保评审标准的科学性和合理性。

职称评定中的学术评价也应当更加客观、公正。在一些高职院校，学术评价往往依赖于教师发表的论文数量和课题数量，而忽视了论文和课题的实际质量和影响力。这种评价标准容易导致教师在职称评定中追求数量而忽视质量，甚至出现学术不端行为。因此，高职院校应当建立更加科学、合理的学术评价体系，注重科研成果的实际质量和应用价值，确保学术评价的公正性。

同时，教师的职业道德和综合素质在职称评定中也应当受到重视。在当前的职称评定体系中，往往更多关注教师的科研成果和教学业绩，而忽视了教师的职业道德和综合素质。这种片面的评价标准，不利于教师队伍的全面发展和职业道德的提升。因此，高职院校在职称评定中应当更加重视教师的职业道德和综合素质，建立全面的评价体系，确保评审结果的全面性和公正性。

另外，教师的继续教育和培训也是提升职称评定公正性的重要途径之一。在高职院校，教师的专业发展和职业能力提升需要不断的继续教育和培训支持。许多教师由于各种原因，缺乏足够的继续教育和培训机会，影响了其职称评定的竞争力。为了提高职称评定的公正性，高职院校应当提供更多的继续教育和培训机会，帮助教师不断提升专业能力和教学水平，使评审结果更加公平公正。

二、高职院校师资队伍建设的职称评定的改进措施

（一）科学评价科研成果

在当前高等职业教育的背景下，师资队伍的职称评定是提高教师专业水平和教学质量的重要手段之一。特别是在科研成果的评价方面，科学、公正的评价机制尤为关键。这不仅关系到教师的个人发展，还直接影响到学校的科研水平和社会声誉。

不能忽视职称评定对教师科研成果的重要性。在高职院校中，科研成果是衡量教师学术能力和科研水平的重要指标。许多教师通过发表高质量的学术论文、承担科研项目等形式，不断提升自己的科研能力。现有的职称评定机制在评价科研成果时，往往存在片面和不科学的现象。例如，有些评定标准过于注重论文的数量，而忽视了论文的质量和实际影响力。

进一步而言，职称评定中对科研成果的评价应注重实际贡献和应用价值。高职院校的科研工作不同于综合性大学，更注重应用研究和技术开发。因此，评定标准应更加关注科研成果在实际生产和社会生活中的应用价值。例如，教师主持的科研项目是否解决了实际问题，技术成果是否实现了产

业化，都是评价科研成果的重要方面。这种评价机制不仅能够激励教师开展有实际意义的科研工作，还能促进科研成果的转化和推广。

同时，职称评定需要科学合理的评价体系来保障公平性。当前，有些高职院校在职称评定中存在评价标准不统一、评价程序不透明等问题，导致评价结果的公正性受到质疑。为了解决这些问题，学校应建立科学合理的评价体系，明确评价标准和程序，确保评价过程的透明公开。例如，可以引入第三方评审机制，由校外专家对科研成果进行独立评价，以提高评价的客观性和公正性。

不仅如此，科研成果的评价还应考虑学科特点和个体差异。在高职院校中，各学科的研究方向和评价标准存在较大差异，例如工程技术类学科更注重技术创新和应用，而人文社科类学科则侧重理论研究和社会影响。因此，职称评定中的科研成果评价应充分考虑各学科的特点，制定差异化的评价标准。还应尊重教师的个体差异，鼓励不同类型的科研成果，避免"一刀切"的评价方式。

在高职院校中，许多科研工作需要团队合作完成，而现有的职称评定机制往往只关注个人的科研成果，忽视了团队的集体贡献。为此，职称评定应更加重视团队科研成果的评价，鼓励教师之间的合作和共同发展。例如，可以设立团队科研奖项，表彰在团队合作中做出突出贡献的教师，促进科研团队的建设和发展。

在评价科研成果时，不仅要看论文的发表数量和影响因子，还要考察其对学术界和社会的实际影响。例如，科研成果是否被同行引用和认可，是否产生了广泛的社会影响，都是评价的重要指标。这种评价方式不仅能更全面地反映科研成果的实际价值，还能引导教师关注科研工作的实际意义和社会责任。

在高职院校中，科研工作不仅要解决当前的实际问题，还要有前瞻性和创新性，为未来的发展提供理论和技术支持。因此，职称评定应鼓励教师开展创新性研究，探索新领域和新方向。例如，可以设立创新奖项，奖励在科研创新方面做出突出贡献的教师，激发教师的创新热情和创造力。

随着高职教育的国际化发展，教师的科研工作也越来越具有国际视野和多样性。因此，职称评定应鼓励教师参与国际合作和交流，开展多样化的科研活动。例如，可以设立国际合作奖，表彰在国际合作研究中取得突出成果的教师，促进高职院校的国际化发展。

（二）公开评审结果

高职院校师资队伍的职称评定工作逐渐受到社会各界的广泛关注。职称评定作为教师职业生涯发展的重要环节，不仅关系到教师个人的职业发展和薪酬待遇，也直接影响到学校的教学质量和学术水平。因此，公开透明的评审结果对于保证评定工作的公正性和权威性具有重要意义。

公开评审结果有助于增强职称评定工作的透明度。职称评定工作涉及教师的切身利益，评定结果的公开能够使教师了解评审的具体过程和标准，从而对评审工作的公正性和合理性有更深的认识。公开透明的评审结果也能够减少评审过程中的不公正现象，提高教师对职称评定工作的信任度和认可度。

在职称评定过程中，教师之间的竞争是不可避免的。评审结果的公开，使得教师可以清楚地看到自己和其他教师的差距，从而激发教师提升自身能力和水平的动力。公开的评审结果也能够防止评审过程中出现的"关系户"现象，确保职称评定工作的公平性和公正性。

职称评定不仅仅是对教师工作业绩的认可，更是对教师职业道德和学术水平的检验。公开的评审结果可以让教师了解到职称评定的具体要求和标准，从而在日常工作中更加注重自身的职业道德和学术水平的提升。公开的评审结果也能够促进教师之间的学术交流和合作，共同提高教学和科研水平。

职称评定结果的公开，不仅仅是对评审工作的总结和反馈，更是对学校管理的一种监督和激励。通过公开评审结果，学校管理层可以全面了解教师队伍的整体水平和发展状况，从而为学校的发展规划和人才培养提供科学依据。公开的评审结果也能够促进学校管理的规范化和透明化，提高学校管理的公信力和权威性。

职称评定结果的公开，可以帮助学校发现和挖掘优秀教师，充分发挥其在教学和科研中的骨干作用。通过公开的评审结果，也可以让教师了解自身的不足和需要改进的地方，从而在今后的工作中更加有针对性地提升自己的能力和水平。公开的评审结果还能够促进学校和教师之间的良性互动，共同推动教师队伍的建设和发展。

高职院校作为职业教育的重要组成部分，其师资力量的强弱直接影响到学生的培养质量和学校的社会声誉。职称评定结果的公开，可以让社会各界了解高职院校教师的真实水平和工作业绩，从而增强对高职院校的信任和支持。公开的评审结果也能够吸引更多优秀的教师和学生，提升学校的办学质量和社会影响力。

进一步来看，公开评审结果还有助于推动教育公平。职称评定的公开透明，可以让所有教师都能平等地参与评审，避免评审过程中出现的地域、学科和个人背景等方面的偏见。通过公开的评审结果，教师可以公平竞争，获得与其能力和业绩相匹配的职称和待遇，从而推动教育公平的实现。公开的评审结果也能够为其他学校提供参考和借鉴，推动整个教育行业的公平和公正。

职称评定是教师评价体系的重要组成部分，通过公开的评审结果，可以不断完善和优化教师评价体系，使其更加科学和合理。公开的评审结果可以为教师评价体系提供大量的实际数据和案例，帮助学校和教育主管部门及时发现和解决评价体系中的问题，从而不断提升教师评价体系的科学性和有效性。

第三节 高职院校师资队伍建设的职业成长支持

一、当前高职院校师资队伍建设职业成长支持的形式

（一）培训与进修

高职院校师资队伍成长支持形式的培训与进修备受重视。随着职业教育的快速发展和社会对人才培养质量的要求不断提高，高职院校教师的专业素养和教学水平显得尤为重要。为了提升教师的教学能力、学科水平和职业发展，高职院校积极开展各种形式的培训与进修活动，为教师的成长提供了有力支持。

高职院校通过举办各类教师培训班，提供系统化的专业培训。这些培训班涵盖了教学理论、教学方法、教学技能等多个方面，旨在帮助教师提升教学水平和专业素养。培训内容丰富多样，不仅有专家学者的讲座和授课，还有案例分析、教学实践等形式，让教师能够系统地学习和掌握教学理论和实践技能。

针对不同学科和专业领域，学校组织开展各类学术研讨会、学科竞赛、学术交流等活动，为教师提供学术交流和学科研究的平台。通过与同行的交流和碰撞，教师能够不断拓宽学科视野，更新学术理念，提升学科水平和研究能力。

利用现代信息技术手段，学校建设了教育资源共享平台、网络教学平台等，为教师提供了随时随地的学习和培训机会。教师可以通过在线课程、网络研讨会、远程导师指导等方式，进行个性化学习和专业成长，提升自身的教学能力和信息化素养。

高职院校还重视教师实践能力的培养和提升。通过组织校外实习、企

业实训、产学合作项目等形式，让教师走出校园，深入到实际工作场景中，锻炼实践能力和解决问题的能力。这种实践型培训不仅有助于教师将理论知识应用到实际工作中，还能够促进学校与企业之间的紧密合作，提高教师的职业素养和实践能力。

通过建立教学团队、课题组等形式，鼓励教师之间开展教学合作和研究交流，共同探讨教学方法、教学资源开发等问题，提升教学效果和教学质量。学校还为教师提供了一定的科研经费和支持，鼓励他们积极参与科研项目，提升学校的科研水平和学术声誉。

除此之外，高职院校还注重建立健全教师评价和考核机制，为教师的成长提供有效保障。通过定期的教学评估、教学督导和教学反馈等方式，对教师的教学工作进行全面评估和指导，及时发现问题，促进教师不断改进和提高。学校还设立了教师奖励制度，对在教学、科研、管理等方面表现突出的教师给予相应的奖励和荣誉，激励他们继续努力。

（二）学术交流与合作

高职院校师资队伍的成长支持形式逐渐多样化，学术交流与合作成为其中重要的一部分。通过学术交流与合作，教师可以拓宽学术视野、提升教学水平、促进科研成果转化，并为高职院校师资队伍的成长提供了有力支持。

参加学术会议、学术讲座、研讨会等活动，教师可以与国内外同行进行面对面的交流与互动，分享教学与科研经验，了解最新的学术动态和研究成果。这种学术交流不仅有助于扩展教师的学术视野，还能激发教师的学术热情，提升其专业素养和教学水平。

学术合作为高职院校教师提供了广阔的发展平台。教师可以通过合作研究项目、共同发表论文、联合申请科研项目等方式与国内外优秀学者和机构展开合作，共同攻克科研难题，推动科研成果的转化应用。这种学术合作不仅有利于提升教师的学术影响力和竞争力，还能促进高职院校与其他高校、企业、科研机构之间的深度合作，推动校企合作与产学研结合。

教师可以通过参加国际学术会议、访问学者项目、海外学术交流等方式，走出国门，与国际学术界的顶尖人士和团队进行交流与合作，拓宽国际视野，提升国际影响力，促进国际合作与交流。这种国际化的学术交流与合作有助于高职院校教师在国际学术舞台上树立良好的形象，提升学校的国际声誉和影响力。

学术交流与合作为高职院校教师提供了丰富的教学资源与科研平台。通过与其他高校、企业、科研机构的合作，教师可以共享各方的教学资源和科研设施，开展联合教学项目和科研合作，丰富教学内容，提高教学质量。教师还可以借助合作平台开展创新创业教育、实践教学、产学研一体化实训等活动，促进科研成果的转化和应用，培养学生的实践能力和创新精神。

通过与其他高校、企业、科研机构的合作，教师可以拓展职业发展渠道，提升个人的学术声誉和影响力，增加职称评定和晋升的机会。合作项目的顺利实施和成果的取得也会为教师的职业发展提供有力支撑，助力其在职称评定、岗位晋升等方面取得更好的成绩。

二、当前高职院校师资队伍建设职业成长支持面临的主要问题

（一）培训资源不足

针对当前高职院校师资队伍成长支持面临的培训资源不足问题，亟须深入思考和有效应对。这一挑战不仅直接影响着教师个人的成长和发展，也制约着学校教学水平和办学质量的提升。因此，我们有必要对这一问题进行全面的分析和解决方案的探讨。

培训资源的不足主要体现在培训内容的单一和更新不及时。许多高职院校的培训内容主要集中在教学方法和课程设计等方面，而忽视了教师专

业知识和科研能力的提升。随着职业教育的不断发展和社会需求的变化，教师需要不断更新自己的专业知识和技能，以适应新形势下的教学需求。因此，培训资源的不足导致了教师在专业发展方面的空白和滞后，严重影响了教学效果和学校声誉。

当前，许多高职院校的培训形式主要以集中式培训和短期培训为主，而缺乏个性化和多样化的培训方式。这种单一的培训形式往往无法满足教师个性化的学习需求和时间安排，导致教师参与培训的积极性不高。缺乏灵活性的培训形式也限制了教师在工作期间进行持续学习和提升，难以实现教学和个人成长的有机结合。

培训资源的不足还表现在培训机构和师资队伍的匮乏。目前，许多高职院校缺乏专门的培训机构和教师培训基地，无法提供系统完善的培训服务。一些学校的师资队伍也存在结构不合理和水平参差不齐的问题，导致了培训资源的质量不稳定和可持续性不足。这种情况下，即使有一定的培训需求，也很难得到有效的满足和支持，从而影响了教师的成长和发展。

除此之外，培训资源的不足还体现在经费投入和政策支持的不足。当前，许多高职院校在教师培训方面的经费投入相对较少，无法满足培训的需求和教师的期望。缺乏相关政策的支持和引导，也限制了教师培训工作的开展和深入。例如，缺乏完善的教师培训激励机制和评价体系，难以激发学校和教师对培训工作的重视和参与。

（二）学术交流机会有限

当前，高职院校师资队伍成长支持所面临的挑战之一是学术交流机会的有限性。与综合性大学相比，高职院校的师资队伍在学术交流方面面临着更多的限制和困难。高职院校的师资队伍大多数是来自实践一线的行业专家，他们可能缺乏系统的学术背景和研究经验，因此在学术交流中的参与度较低。由于高职院校的教学任务较重，教师们往往需要投入大量的时间和精力在教学工作上，导致他们很少有机会参加学术会议、研讨会等学术活动。一些高职院校由于地域偏远、学校规模较小等原因，学术资源有限，难以为教师提供丰富多样的学术交流平台。因此，当前高职院校师资队伍的学术交流机会存在着明显的不足和局限。

在当前形势下，高职院校师资队伍的成长支持面临着学术交流机会的极大挑战。高职院校的教师普遍缺乏学术交流的机会，这不仅影响到他们的学术水平和研究能力的提升，也制约了学校教学科研水平的进一步提高。因此，有必要采取有效措施，为高职院校师资队伍提供更多、更广泛的学术交流机会，从而促进教师的个人成长和学校整体发展。

第六章　高职院校师资队伍建设的学科建设

第一节　高职院校师资队伍建设的学科结构

一、高职院校师资队伍建设的现状

（一）高职院校师资队伍建设的总体概况

高职院校师资队伍建设的重要性日益凸显。这些院校承担着培养应用型技术人才的重任，因此，具备高水平的师资队伍是其能否成功实现教育目标的关键。为了确保教育质量，高职院校必须在师资队伍的数量和质量两方面下大力气。

高职院校师资队伍的数量是一个重要的考量因素。随着职业教育需求的增加，各院校都在努力扩充教师队伍，以应对不断增长的学生人数。高职院校通过多种途径，如公开招聘、引进高层次人才等，积极增加师资数量。鼓励企业工程师、技师到校兼职授课也是一种有效的扩充师资的方法。这不仅可以解决教师数量不足的问题，还可以提高教学的实用性和针对性。

教师的质量也是师资队伍建设的核心内容。高职院校必须重视教师的专业素质和教学能力。为了提升教师的专业水平，许多高职院校积极组织教师参加各种专业培训、学术交流和进修活动。鼓励教师参与实际生产和科研项目，以增强其实践能力和科研水平。一些院校还与企业合作，开展校企联合培养计划，既可以提升教师的实践技能，也有助于学校和企业之间的互动和合作。

教师的职业道德和教育理念建设是不可忽视的两个方面。高职院校在师资队伍建设中，除了注重教师的专业技能外，还非常重视教师的职业道德教育。通过开展师德师风教育活动，加强教师队伍的思想政治建设，提升教师的职业荣誉感和责任感。这不仅有助于教师树立正确的教育理念，也能进一步提高教师的教学水平和教育质量。

为了适应现代职业教育的发展趋势，高职院校还注重师资队伍的多元化建设。教师队伍的多样性不仅包括年龄和性别的多样化，还包括学历背景、专业领域等方面的多样化。这样的多元化能够带来不同的教学视角和方法，有助于丰富教学内容和提高教学质量。院校还通过引进外籍教师、邀请国际专家讲学等方式，提升教育的国际化水平，拓宽学生的国际视野。

在师资队伍建设过程中，完善的激励机制是不可或缺的。高职院校通过建立健全教师激励机制，激发教师的工作积极性和创造力。例如，通过实施绩效工资制度、评选优秀教师、设立教学科研奖励等方式，鼓励教师在教学、科研和服务社会等方面不断进取。这些激励措施不仅能够提升教师的工作积极性，还能够吸引更多优秀人才加入教师队伍。

高职院校还需要为教师提供良好的职业发展平台和晋升通道。通过完善教师的职称评审制度，设立不同层次的教师发展平台，帮助教师在职业生涯中不断进步和提升。例如，一些高职院校设立了"青年教师培养计划""名师工程"等项目，为青年教师提供更多的学习和发展机会。鼓励教师在教学之外参与科研、出版专著、指导学生创新创业等多方面的工作，全面提升教师的综合素质。

（二）高职院校学科专业设置与师资配置的匹配度

随着高等职业教育的快速发展，高职院校在学科专业设置与师资配置的匹配度上面临着重要挑战。高职教育作为培养应用型、技能型人才的关键环节，其学科专业设置是否合理、师资配置是否到位直接关系到人才培养质量。为了更好地适应社会经济发展的需要，高职院校必须在这两个方面做出有效的改进和优化。

高职院校的学科专业设置需要紧密结合社会经济发展的实际需求。目前，许多高职院校在专业设置上存在着与市场需求脱节的问题。一些专业由于缺乏社会需求而招生困难，导致资源浪费；而另一些专业则因为市场需求旺盛而招生过于饱和，无法提供高质量的教育。因此，高职院校在进行学科专业设置时，应当充分调研市场需求，动态调整专业设置，以提高毕业生的就业率和就业质量。

高职院校在学科专业设置过程中，应当注重跨学科专业的融合发展。随着科技进步和产业结构的调整，传统的学科界限变得越来越模糊，许多新兴行业需要具备跨学科知识和技能的人才。例如，人工智能、大数据、物联网等新兴领域都需要信息技术与其他学科的深度融合。因此，高职院校在专业设置时，可以考虑开设一些跨学科专业或交叉学科课程，培养适应新兴产业发展需要的复合型人才。

同时，师资配置的合理性是高职院校教育质量的重要保证。高职院校应当重视教师队伍的建设，确保教师的专业背景与所教授的课程相匹配。一些高职院校在师资配置上存在教师专业不对口、教学能力不足的问题，影响了教学效果。为了解决这一问题，高职院校应加强教师的培训和进修，提高教师的专业素养和教学能力，确保教师能够胜任所教授的课程。

师资队伍的数量和结构同样是影响高职院校教育质量的重要因素。高职院校在师资配置上不仅要考虑教师的专业背景，还应关注教师队伍的年龄结构、学历结构和职称结构。一个合理的教师队伍结构应当包括一定比例的中青年教师、具有硕士或博士学位的高学历教师以及具有高级职称的资深教师。这样才能保证教学的连续性、创新性和高质量。

高职院校应当积极引进企业专家和行业精英参与教学。由于高职教育的培养目标是应用型人才，因此，具有丰富实践经验的企业专家和行业精英可以为学生提供更贴近实际需求的教学内容和案例分析，提高教学的实用性和针对性。高职院校可以通过聘请兼职教师、开展校企合作等方式，将企业专家和行业精英引入课堂，丰富教学资源，提升教学效果。

进一步来说，校企合作是提高高职院校学科专业设置与师资配置匹配度的重要途径。高职院校可以通过与企业合作，共同开发课程、制定培养方案，以确保专业设置符合企业的实际需求。通过校企合作，可以为教师提供更多的实践机会，使教师能够及时了解行业发展的最新动态和需求，从而在教学中更好地传授实用技能。

高职院校在学科专业设置与师资配置过程中，还应当注重国际交流与合作。通过与国外知名院校和企业的合作，高职院校可以引进国际先进的教育理念、教学方法和课程内容，提升自身的教学水平和国际化程度。通过派遣教师出国进修、邀请国外专家讲学等方式，可以开阔教师的国际视野，提高教师的专业素养和教学能力。

政府和教育主管部门在提高高职院校学科专业设置与师资配置匹配度方面应当发挥积极作用。政府可以通过政策引导、资金支持等方式，鼓励高职院校优化专业设置、加强师资队伍建设。教育主管部门可以组织专业认证、教学评估等活动，督促高职院校提高专业设置的科学性和师资配置的合理性，从而提升高职教育的整体水平。

二、高职院校师资队伍建设的优化策略

（一）调整学科布局

在高职院校师资队伍建设中，调整学科布局是一个重要的策略。优化学科布局不仅可以提高教学质量，还能更好地满足社会和市场的需求。明

第六章　高职院校师资队伍建设的学科建设

确学科发展的方向和目标至关重要。高职院校应根据区域经济的发展和行业需求，制定科学合理的学科发展规划，确保学科设置与社会需求紧密对接。例如，在某些地区，制造业、服务业或信息技术产业可能占据重要地位，高职院校应重点发展与这些产业相关的专业，培养能够直接进入这些行业的高素质技能型人才。

同时，优化学科布局还需要加强对现有学科的评估与调整。通过对各专业的办学效益、就业率、社会认可度等指标进行全面评估，高职院校可以及时发现并淘汰一些不再适应社会需求的专业，同时加大对优势学科的投入和建设力度。这种动态调整机制能够确保学科设置的灵活性和适应性，使得高职院校在激烈的教育市场竞争中保持优势地位。

加强学科间的交叉融合也是优化学科布局的有效途径。现代社会的发展趋势是多学科交叉融合，许多新兴领域和职业需要具备多学科知识和技能的人才。高职院校可以通过设置跨学科的课程和专业，鼓励教师进行跨学科的教学和科研合作，培养学生的综合素质和创新能力。例如，在信息技术和医疗护理两个领域，可以探索设立健康信息管理专业，既教授学生信息技术知识，又传授医疗护理技能，以适应智慧医疗的需求。

优化学科布局还需重视国际化视野的引入。高职院校应积极开展国际合作与交流，引进国外先进的教育理念和教学资源，推动本土学科建设的国际化进程。例如，通过与国外知名院校合作办学，设立中外合作办学项目，引进国际认可的课程和教材，提升学科的国际化水平。鼓励教师和学生参加国际学术交流，拓宽他们的国际视野和知识面，从而提高整个师资队伍的综合素质和竞争力。

更进一步来说，优化学科布局需要注重教师队伍的专业发展。高职院校应通过多种途径提升教师的教学能力和科研水平，如提供进修培训机会、支持教师参与行业实践、鼓励教师进行科研创新等。通过这些措施，不仅可以提高教师的专业素养和教学水平，还能为学科发展提供强有力的师资保障。

充分利用信息技术和现代教育技术手段，也是优化学科布局的重要策略。高职院校应积极探索"互联网+教育"的模式，通过线上线下相结合的方式，提高教学效果和学生的学习体验。例如，建设智慧校园，利用大数据、人工智能等技术手段，分析学生的学习行为和效果，提供个性化的教学服务，促进学科教学质量的提升。

同时，优化学科布局还需要建立健全学科发展的评价和反馈机制。高职院校应定期对学科建设情况进行评估，总结经验，发现问题，及时调整和改进。通过设立学科评估委员会，邀请行业专家和校内外学者参与评估，确保评价的客观性和科学性。充分听取学生和用人单位的反馈，了解他们对各专业教学质量和毕业生能力的评价和建议，作为学科调整的重要参考依据。

（二）加强教师队伍管理

为了提升高职院校的整体教育水平，优化师资队伍建设显得尤为重要。高素质的教师队伍不仅是教学质量的保证，更是学校竞争力的重要体现。因此，加强教师队伍管理是高职院校发展的关键一环。

必须建立健全教师招聘机制。高职院校应当严格按照高标准进行教师招聘，确保招聘过程的公平公正和透明。要引入多元化的考核方式，除了传统的笔试、面试，还应增加试讲、科研能力评估等环节，以全面考察候选人的综合素质和实际教学能力。还应注重从企业引进具有丰富实践经验的专业人才，增强教师队伍的实践教学能力。

接下来，教师的职业发展规划需要得到重视。高职院校应为教师制定清晰的职业发展路径，提供多样化的进修和培训机会。通过开展定期的专业技能培训、学术交流活动和实践教学研讨，提高教师的专业素养和教学水平。鼓励教师参与国内外学术交流，开阔视野，了解行业最新动态，从而不断更新教学内容和方法。

第六章 高职院校师资队伍建设的学科建设

进一步来说，教师绩效考核制度的优化是必不可少的。高职院校应建立科学合理的绩效考核体系，明确评价标准和考核指标。考核应包括教学质量、科研成果、社会服务等多方面内容，以全面评估教师的工作表现。为了提高考核的公平性和公正性，还应引入第三方评价机制，听取学生和同行的反馈意见，确保考核结果的客观性和权威性。

教师的激励机制也是教师队伍管理的重要内容。高职院校应建立完善的激励机制，激发教师的工作热情和创造力。可以通过实施绩效工资、设立教学科研奖励基金、提供住房补贴等方式，增强教师的工作动力。对在教学、科研等方面表现突出的教师，应给予表彰和奖励，以树立榜样，激励其他教师不断进取。

在此基础上，教师的工作环境和条件也需要不断改善。高职院校应为教师提供良好的办公条件和教学设备，确保他们能够在舒适的环境中工作和学习。还应注重教师的心理健康，通过开展心理辅导和团队建设活动，帮助教师缓解工作压力，提升工作满意度。

与此相关的是，教师团队的协作与交流机制需要进一步加强。高职院校应鼓励教师之间的合作与交流，促进教学经验和科研成果的共享。可以通过设立教研组、开展教学研讨会、组织联合科研项目等方式，增强教师团队的凝聚力和协作精神，从而提升整体教学质量和科研水平。

值得一提的是，教师的职业道德和师德建设也是教师队伍管理的重点。高职院校应加强对教师的职业道德教育，培养教师的敬业精神和责任意识。通过组织师德培训、树立优秀教师典型、开展师德评比活动，营造良好的师德氛围，促使教师自觉遵守职业道德规范，做学生的良师益友。

教师的管理制度需要不断完善。高职院校应建立健全各项教师管理制度，明确教师的职责和权利，规范教师的工作行为。要加强对教师日常工作的监督和管理，及时发现和解决问题，确保教师队伍的稳定和高效运转。还应注重教师的参与感和归属感，通过建立教师代表大会等机制，让教师参与学校管理和决策，增强他们的主人翁意识。

第二节　高职院校师资队伍建设的学科评估

一、高职院校师资队伍建设学科评估的概念

（一）学科评估的定义

在高职院校的师资队伍建设过程中，学科评估起着至关重要的作用。学科评估不仅是衡量一个学科发展水平的重要手段，也是推动高职院校教学质量提升和学科建设的重要抓手。通过科学合理的学科评估，可以发现问题、总结经验，为师资队伍建设提供有力支持。

学科评估的定义需要从其基本内涵入手。学科评估是一种系统性、综合性的评价方法，旨在通过多维度、多层次的评价指标，对学科的发展状况、学术水平、师资力量等方面进行全面的评估。通过学科评估，可以了解学科的现状和优势，找出存在的问题和不足，从而为学科建设和师资队伍的发展提供指导和参考。

学科评估的实施过程涉及多方面的内容和步骤。一般来说，学科评估包括准备阶段、实施阶段和总结阶段。在准备阶段，评估机构和学校需要制定详细的评估方案，确定评估指标和标准，收集相关数据和资料；在实施阶段，评估团队通过问卷调查、实地考察、座谈交流等方式，全面了解学科的发展状况，进行深入的分析和评价；在总结阶段，评估团队撰写评估报告，提出具体的改进建议和措施，供学校和学科参考。

在具体的评估指标方面，学科评估通常涵盖了多个维度。例如，师资队伍的数量和质量是重要的评估指标之一。通过对教师的学历结构、职称结构、科研成果、教学水平等方面的评估，可以全面了解师资队伍的整体

水平。学科的科研能力和学术水平也是评估的重要内容。通过评估学科的科研项目、学术论文、专利成果等，可以衡量学科的科研创新能力和学术影响力。教学质量和学生培养效果也是学科评估的关键指标。通过对课程设置、教学方法、学生就业率等方面的评估，可以了解学科的教学水平和学生的培养质量。

（二）学科评估的重要性

高等职业教育的发展速度日益加快，高职院校在人才培养方面扮演着越来越重要的角色。在这一背景下，师资队伍建设成为提升教育质量的关键因素，而学科评估则是确保师资队伍建设质量的重要手段。通过科学的学科评估，能够有效地反映出师资队伍建设的实际状况，进而指导和推动师资队伍的优化和提升。

许多高职院校在师资建设过程中缺乏系统的评估机制，导致教师队伍建设的随意性较大，效果不理想。而通过学科评估，可以建立起一套科学、客观的评价标准，对教师的专业素质、教学能力、科研水平等进行全面考察，为学校改进师资队伍建设提供数据支持和参考依据。

学科评估有助于发现和解决师资队伍建设中存在的问题。通过评估，可以识别出教师队伍中存在的薄弱环节，如教师专业背景与学科不匹配、教学水平参差不齐、科研能力不足等问题。针对这些问题，高职院校可以采取相应的措施，如加强教师培训、引进高水平人才、优化教师结构等，从而逐步提升师资队伍的整体水平。

在学科评估过程中，教师的教学成果、科研成果和专业发展都会受到全面考察，这对教师而言是一种鞭策和激励。通过评估结果的反馈，教师能够清晰地了解自己的优势和不足，进而在日常教学和科研工作中不断改进和提升，追求更高的专业水平和教学质量。

通过评估，可以全面了解各学科师资队伍的现状和需求，为学校在师资配置方面提供科学依据。学校可以根据评估结果，合理配置教师资源，如在师资短缺的学科增加教师编制，引进紧缺专业的高水平人才等，以保证各学科的师资力量能够满足教学和科研的实际需要。

评估过程中发现的问题和不足，往往需要通过系统的培训来解决。高职院校可以根据评估结果，制订有针对性的培训计划，如组织教师参加专业进修、教学研讨会、科研培训等，提升教师的专业素养和教学科研能力。通过评估，也可以了解教师对培训的需求，从而提供更加符合实际需要的培训内容和形式。

高职院校可以借助评估结果，了解自身在国际化师资建设方面的不足，如外籍教师比例较低、教师国际交流与合作机会不足等问题。针对这些问题，学校可以采取相应措施，如加大引进外籍教师力度、鼓励教师出国进修、加强国际合作与交流等，从而提升师资队伍的国际化水平，增强学校的国际竞争力。

学科评估不仅可以发现和解决师资队伍建设中的问题，还可以推动学校在教学、科研、管理等方面的全面改进。评估结果的公开和透明，也能够增加社会对高职院校的了解和信任，提升学校的社会声誉和影响力。

同样重要的是，学科评估能够为政府和教育主管部门提供决策依据。通过评估数据，政府和教育主管部门可以全面了解各高职院校师资队伍建设的实际情况，从而在政策制定和资源配置方面做出科学决策。例如，可以根据评估结果，确定哪些学校需要重点扶持，哪些学科需要重点发展，从而更好地引导高职教育的发展方向。

通过评估，高职院校可以清楚地了解到自身与其他院校在师资队伍建设方面的差距，从而激发改进的动力。评估也为学校之间的合作提供了依据，学校可以通过交流和学习借鉴其他院校的成功经验，提升自身的师资队伍建设水平。

二、高职院校师资队伍建设学科评估的基本方法

（一）定量评估方法

在高职院校的师资队伍建设中，学科评估是一个至关重要的环节。为了保证评估的科学性和客观性，采用定量评估方法是必要的。定量评估通过具体的数据和指标，对学科的各个方面进行全面衡量。教师的科研成果是定量评估的重要指标之一。通过统计教师发表的学术论文数量、出版的专著和教材、获得的科研项目和经费等，可以直观地反映出教师的科研能力和学术水平。这些数据不仅能够展示教师的学术贡献，也为学科发展提供了有力的支持。

同时，教学质量评估也是定量评估方法的核心内容。教学质量的高低直接影响到学生的学习效果和毕业后的职业发展。高职院校可以通过学生评教、毕业生跟踪调查、用人单位反馈等多种途径，收集关于教师教学质量的定量数据。例如，学生评教可以通过问卷调查的形式，量化教师在课堂教学中的表现；毕业生跟踪调查可以收集学生在职场中的表现数据，评估教学对职业发展的影响；用人单位反馈则可以提供毕业生在实际工作中的能力评价，从而反映教师的教学效果。

高职院校应统计教师的授课时数、指导学生实习和毕业设计的情况、参与课程改革和教材编写的工作量等。通过这些量化数据，可以了解教师的教学投入程度和工作负荷，确保教师的工作量与教学质量之间的平衡。例如，过高的教学工作量可能影响到教师的科研和职业发展，需要通过合理的工作分配和支持措施加以调整。

接下来，教师的职业发展和继续教育情况也是定量评估的重要方面。高职院校应关注教师参与各类专业培训、学术交流、行业实践等活动的频次和效果。这些活动不仅能够提升教师的专业素养和教学能力，也有助于

他们紧跟学科前沿和行业发展趋势。通过定量评估教师的继续教育和职业发展情况，可以了解他们的成长轨迹和发展潜力，从而制定更有针对性的培养和支持计划。

高职院校需要统计学科在基础设施、实验设备、教学资源等方面的投入情况，以及这些资源的利用效率。例如，实验设备的使用率、教学资源的共享情况等，都是衡量资源利用效率的重要指标。通过这些数据，可以了解学科建设的投入是否合理，资源利用是否高效，从而指导后续的资源配置和管理。

学生的学习成果和就业情况也是评估的重要指标。学生的学习成果可以通过考试成绩、技能竞赛成绩、项目作品等量化数据进行评估；就业情况则可以通过就业率、就业质量、薪资水平等数据进行衡量。这些数据不仅反映了教师的教学效果和学科的培养质量，也为高职院校的学科调整和发展提供了重要参考。例如，较高的就业率和优质的就业质量，可以证明该学科的培养方案和教学模式是有效的，从而进一步推动学科的发展和优化。

高职院校可以通过统计教师参与跨学科项目、联合科研、学术交流等活动的数据，评估学科间的合作与互动情况。跨学科的合作不仅能够促进知识和资源的共享，也有助于创新教学和科研模式，提高学科的整体竞争力。通过定量评估学科间的协作情况，可以了解学科的开放性和融合度，从而推动学科间的协同发展。

与此同时，教师的国际化水平也是定量评估的重要内容。高职院校应关注教师参与国际学术交流、合作研究、留学进修等情况，通过统计这些活动的数据，评估教师的国际视野和跨文化交流能力。国际化水平的提高不仅能够引进先进的教育理念和教学方法，也有助于提升学科的国际影响力和竞争力。例如，通过统计教师在国际会议上的发言次数、参与国际合作项目的数量等，可以了解教师在国际学术界的活跃程度和影响力。

教师参与行业协会、企业咨询、技术服务等社会服务活动的情况，可以通过量化数据进行评估。这些活动不仅能够提升教师的行业经验和社会影响力，也有助于推动学科与行业的紧密对接。例如，通过统计教师参与行业项目的数量、担任行业协会职务的情况等，可以了解教师在行业中的影响力和贡献，从而提升学科的社会服务能力。

虽然职业道德和工作态度较难量化，但通过学生和同事的评价、教学纪律的遵守情况、教学事故的记录等，可以一定程度上反映教师的职业素养和工作态度。例如，教师的出勤率、准时完成教学任务的情况、学生投诉的数量等，都是评估教师职业道德和工作态度的重要数据。通过这些定量评估，可以确保教师队伍的整体素质和教学风气的纯正。

（二）定性评估方法

在高职院校的师资队伍建设中，学科评估是一个至关重要的环节。定性评估方法能够全面、深入地了解教师队伍的整体素质和教学效果，从而为学科建设和师资队伍优化提供重要参考。

定性评估强调对教师个人素质的全面了解。通过个别访谈和深度交流，评估者可以详细了解教师的教育背景、教学理念、职业发展目标以及日常教学中的具体做法。这种方式不仅能够获取第一手的真实资料，还能通过与教师的互动发现其教学中的闪光点和存在的问题，为后续的改进提供依据。

与此同时，课堂观察是定性评估的重要手段之一。通过直接进入课堂观察教师的教学过程，评估者能够真实、直观地了解教师的教学方法、课堂管理能力以及师生互动情况。课堂观察不仅可以评估教师的专业能力和教学效果，还能发现学生的学习状态和反馈，从而为教学改进提供有力支持。

进一步说，学生反馈在定性评估中占据重要位置。学生作为教学的直接受益者，其对教师教学的评价具有重要参考价值。通过问卷调查、座谈会等方式收集学生对教师教学的意见和建议，可以全面了解教师在教学过程中的优缺点。学生反馈不仅能反映教师的教学效果，还能揭示教学中的潜在问题，帮助教师改进教学方法。

同行评价是定性评估的重要组成部分。教师的同行特别是同专业的教师，能够从专业角度对其教学和科研能力进行客观评价。通过教学研讨、专业评议等形式，评估者可以收集到同行对教师教学水平、科研能力以及学术贡献的综合评价。同行评价不仅有助于发现教师的专业优势和不足，还能促进教师之间的交流与学习，提升整体教学水平。

在此基础上，教学材料的审查也是定性评估的重要环节。通过对教师教学大纲、教案、课件、教学视频等材料的审查，评估者可以全面了解教师的教学准备情况、教学内容的科学性和系统性、教学方法的多样性以及教学资源的利用情况。教学材料的审查不仅能评估教师的教学能力，还能发现教学过程中的问题，提供改进建议。

同时，科研成果的评估也是定性评估的关键内容。高职院校教师不仅需要具备扎实的教学能力，还需要在科研方面有所建树。通过对教师科研成果的审查，包括论文、专著、科研项目、获奖情况等，评估者可以了解教师的科研能力和学术水平。这不仅有助于提升教师的科研素养，还能促进教学与科研的良性互动，提高教学质量。

进一步来看，教育教学成果的展示和评估也是定性评估的重要内容。教师在教育教学中的创新成果，如教学改革项目、教学竞赛获奖情况、学生实践项目等，都是评价其教学水平的重要依据。通过展示和评估这些成果，评估者可以全面了解教师的教学创新能力和教育成效，激励教师不断追求教学创新和质量提升。

值得一提的是，教师个人发展规划的评估在定性评估中也不可忽视。教师的职业发展规划不仅体现了其个人发展目标和追求，也反映了其对自身职业生涯的规划和定位。通过评估教师的个人发展规划，评估者可以了解教师的职业目标、发展方向和自我提升的动力，从而为教师的职业发展提供指导和支持。

与此相关的是，教师的职业道德和师德建设在定性评估中同样重要。高职院校教师不仅要具备专业知识和教学能力，还应具备良好的职业道德和师德。通过对教师职业道德和师德的评估，可以了解其在教育教学中的行为规范、责任意识和敬业精神。这不仅有助于提升教师的职业素养，还能营造良好的教育环境和师生关系。

第三节 高职院校师资队伍建设的学科发展策略

一、优化高职院校师资队伍结构

（一）增加高层次人才引进

高职院校在师资队伍建设和学科发展中面临着诸多挑战，而引进高层次人才已成为破解这些难题的重要途径。高层次人才不仅能够带来先进的知识和技能，还能够提升学校的科研水平和教学质量。因此，增加高层次人才的引进力度，是高职院校实现高质量发展的关键之一。

高职院校的教学质量不仅仅取决于教学设备和教学资源，更多地依赖于教师的专业素质和教学能力。高层次人才通常具有丰富的教学经验和较高的学术水平，他们能够将最新的学术成果和先进的教学方法引入课堂，提升教学的深度和广度。高层次人才的引进还可以促进教师队伍的整体提升，通过"传帮带"的方式，带动其他教师不断进步，从而提高整个学校的教学质量。

科研是高职院校发展的重要组成部分，高层次人才在科研能力和科研成果方面具有明显的优势。他们不仅能够带来高水平的科研项目，还能够通过指导和合作，提升其他教师的科研能力和水平。通过引进高层次人才，高职院校可以组建高水平的科研团队，开展前沿研究和技术创新，提升学校的科研影响力和学术声誉。这不仅有助于学校的学科发展，还能够为地方经济和社会发展提供技术支持和智力保障。

学科建设是高职院校提升办学水平和教育质量的重要环节。高层次人才在学科建设中发挥着重要作用，他们不仅能够带来新的学术思想和研究方向，还能够引领学科的发展趋势，推动学科的创新和发展。例如，通过引进在某一领域具有较高影响力的专家和学者，可以迅速提升该学科的研究水平和教学质量，打造学科特色，形成学科优势，从而在激烈的高等教育竞争中占据有利地位。

高职院校的办学目标是培养高素质的应用型人才，而校企合作和产教融合是实现这一目标的重要途径。高层次人才通常具有丰富的行业背景和广泛的社会资源，他们能够搭建学校与企业之间的桥梁，推动校企合作的深入开展。例如，通过引进具有企业工作经验的专家，可以开展校企联合培养项目，推动企业实际问题的研究和解决，提升学生的实践能力和就业竞争力。高层次人才的引进也有助于吸引更多的企业资源和社会资金，促进学校的发展。

为了更好地引进高层次人才，高职院校需要在政策和环境方面进行积极的调整和优化。学校应制定明确的人才引进政策，提供具有吸引力的薪酬待遇和工作条件。例如，通过提供高水平的科研平台、宽松的科研环境、丰富的学术资源等，吸引高层次人才加入学校。学校还应提供良好的生活保障和发展空间，例如解决住房问题、提供优质的教育资源和医疗服务等，解除高层次人才的后顾之忧，使他们能够全身心地投入到教学和科研工作中。

高职院校还应加强人才引进的机制和制度建设。建立健全人才引进机制，有助于提高人才引进的效率和质量。例如，可以通过设立人才引进专项基金，提供科研启动经费和项目支持，吸引高层次人才加盟。建立科学的评估和激励机制，通过定期考核和评价，激励高层次人才不断提高工作绩效和科研水平。学校还应注重人才引进的持续性和稳定性，通过长期的引才计划和人才储备，确保学校的可持续发展。

在高层次人才引进过程中，校际合作和国际交流也发挥着重要作用。通过与国内外知名高校和科研机构的合作，可以拓宽人才引进的渠道，吸引更多优秀的高层次人才。例如，通过开展联合培养、合作研究、学术交流等活动，可以吸引国际一流的学者和专家到校任教和科研，提升学校的国际化水平和学术影响力。学校还可以通过与其他高校的合作，分享人才资源和科研成果，实现资源的优化配置和效益最大化。

（二）优化年龄和学历结构

在高职院校师资队伍建设中，优化年龄和学历结构是提升教学质量和科研水平的重要举措。科学合理的年龄和学历结构不仅能够保证教学的连续性和创新性，还能够促进教师之间的交流和合作，形成良好的学术氛围和团队精神。通过优化师资队伍的年龄和学历结构，高职院校可以为培养高素质应用型人才提供有力的支持。

优化师资队伍的年龄结构对高职院校的发展至关重要。一个合理的年龄结构应当包括一定比例的中青年教师和资深教师。中青年教师通常具有较强的学习能力和创新精神，他们在教学中能够引入新的理念和方法，推动教育改革和创新。而资深教师则具有丰富的教学经验和深厚的学术积淀，他们在教学中能够起到示范和指导作用。因此，高职院校应当通过合理的招聘和晋升机制，保持师资队伍的年龄结构平衡，促进各年龄段教师之间的相互学习和共同进步。

师资队伍的学历结构同样是影响高职院校教学质量的重要因素。拥有较高学历的教师通常具有较强的科研能力和学术水平，他们能够在教学中融入最新的科研成果，提升课程的学术深度和广度。因此，高职院校应当注重引进具有硕士或博士学位的高学历人才，同时鼓励在职教师通过进修和深造提高学历水平。通过优化师资队伍的学历结构，可以为高职院校的学科发展提供有力的学术支持。

二、提升高职院校教师专业水平

（一）设立专项培训计划

在高职院校师资队伍的学科发展中，设立专项培训计划是至关重要的一环。这样的计划不仅有助于提升教师的专业水平和教学能力，还能够促进学科建设的深入发展。制定明确的培训目标是专项培训计划的首要任务之一。高职院校应该根据学科发展的实际需求和发展方向，确定培训计划的具体目标和重点内容。例如，针对新兴学科的教学方法和课程设置，可以设立相关的教学培训项目；针对学科前沿领域的科研技能和实验技术，可以开展专业的科研培训课程。通过明确的培训目标，可以更好地引导教师的学习和发展，提高培训的针对性和有效性。

建立多层次、多形式的培训体系是专项培训计划的关键之一。高职院校可以通过举办专题讲座、学术研讨会、实践教学活动等形式，为教师提供多样化的培训机会。例如，邀请业界专家和学科领域内的知名学者来校进行学术交流和讲座，组织教师参观科研实验室和企业实践基地，开展教学案例分析和教学设计等活动，以丰富教师的培训内容和形式，激发他们的学习兴趣和创新思维。通过多层次、多形式的培训体系，可以满足不同层次、不同需求的教师的培训需求，提高培训的覆盖面和实效性。

高职院校应该成立专门的培训管理部门或委员会，负责培训计划的组织、协调和执行工作。培训管理机构可以根据学科发展的需要和教师的培训需求，制订详细的培训计划和安排，统筹资源、协调各方，确保培训活动的顺利开展和实效达成。建立健全培训评估和反馈机制，定期对培训效

第六章　高职院校师资队伍建设的学科建设

果进行评估和总结，收集教师的反馈意见和建议，及时调整和改进培训内容和方式，提升培训的针对性和有效性。

可以鼓励教师参加各类学术会议、研讨会和培训班，自主选择适合自己发展需求的培训项目，积极参与学科建设和教学改革。例如，建立专门的教师学习平台和资源库，为教师提供学术期刊、教学资料、在线课程等学习资源，激发他们的学习动力和创新能力。高职院校还可以设立专项奖励机制，鼓励教师参与学习和培训，提高他们的积极性和参与度。

高职院校可以与行业企业建立合作关系，共同开展专业技能培训、实习实训和项目合作等活动，为教师提供更加实践和实用的培训机会。例如，邀请行业专家来校进行技术培训和实践指导，组织教师赴企业实习和调研，开展产学研合作项目和技术转移活动，促进教学和科研与行业需求的紧密对接。通过与行业企业的合作和交流，可以丰富教师的培训内容和实践经验，提高他们的专业素养和实践能力。

（二）鼓励教师继续教育

在高职院校的师资队伍建设中，鼓励教师继续教育是促进学科发展的重要举措。教师作为教育教学的主体，其继续教育不仅有助于提升个人素质和专业水平，更能够推动学科的不断进步和发展。

持续学习是教师职业生涯中必不可少的一部分。通过参加各种形式的培训课程、学术会议和研讨会，教师可以及时了解最新的教育理念、教学方法和学科前沿知识。这不仅有助于拓宽教师的知识视野，还能够提升其教学能力和科研水平，为学科的创新和发展注入新的活力。

随着社会的不断发展和进步，教育教学领域也在不断变化和更新。通过参加相关培训和学习，教师可以了解到最新的教学资源、教材和技术工具，从而为教学内容和方法的更新和改进提供有力支持，提高教学效果和教学质量。

教师通过参加各类培训和学习，不仅可以提升自己的专业水平和教学能力，还能够获取相应的学历证书和职称资格。这不仅有助于提升教师的职业竞争力，还能够为其未来的职业发展打下坚实的基础，实现个人价值和职业目标。

继续教育可以促进教师的教学研究和科研创新。教师通过参加学术会议、研讨会和科研项目，可以与同行交流学术思想、分享教学经验，激发科研创新的灵感和想法。这不仅有助于提高教师的科研水平和学术影响力，还能够促进学科的不断创新和发展，推动学科的进步和壮大。

教育是一个不断学习、不断进步的过程，教师作为教育的传递者和引导者，更需要不断提升自己的知识和能力，以适应时代的发展和教育的变革。通过参加继续教育活动，教师可以培养起终身学习的习惯和意识，不断丰富自己的知识储备，提升自己的综合素质和竞争力。

进一步来看，继续教育可以促进教师之间的交流与合作。教师通过参加各类培训和学习活动，不仅可以结识更多的同行和专家，还能够与他们分享教学经验、交流学术思想，促进教学研究和教学改进。这种交流与合作不仅有助于提升教师的教学水平和科研能力，还能够促进学科之间的跨界合作和创新发展。

教师作为社会的一员和教育事业的参与者，应该肩负起培养人才、传播知识、推动社会进步的使命。通过参加各类培训和学习，教师可以了解到社会的需求和发展趋势，提升自己的社会责任感和使命感，为社会的发展和进步作出更大的贡献。

第七章　高职院校师资队伍建设的教学改革

第一节　高职院校师资队伍建设的教学改革方向

一、高职院校师资队伍建设教学改革的具体方向

（一）课程体系改革

高职院校的师资队伍建设和教学改革密不可分，而课程体系改革是教学改革的重要组成部分。通过对课程体系的深入改革，可以促进教学内容的更新与优化，提高教学质量和教育效果。因此，高职院校应当重视课程体系改革，不断探索创新，推动教学改革迈上新的台阶。

课程体系改革意味着对教学内容和教学方法的全面调整和优化。传统的课程体系往往过于注重理论知识的传授，缺乏与实际需求紧密结合的实践内容。因此，高职院校需要通过课程体系改革，强化实践教学和技能培养，提高学生的实际操作能力和应用能力。例如，可以引入项目化教学、工程实践、实习实训等形式，使学生在课堂上学习理论知识的同时能够通过实际操作掌握技能和解决问题，增强就业竞争力。

随着社会的发展和科技的进步，单一学科的知识已经难以满足复杂多变的社会需求。因此，高职院校应当通过课程体系改革，促进不同学科之

间的交叉融合，开设综合性课程，培养学生的综合素质和跨学科能力。例如，可以设置"项目管理""创新创业"等跨学科课程，引导学生跨越学科界限，进行综合性学习和实践，培养创新意识和团队合作能力，提升综合素质。

随着信息技术的发展，传统的教学模式已经无法满足学生的学习需求。因此，高职院校应当通过课程体系改革，借助信息技术手段，推动教学内容的数字化、网络化和个性化。例如，可以引入在线课程、远程教育、虚拟仿真实验等教学资源，拓展学生的学习渠道和学习空间，提高教学的灵活性和互动性，激发学生的学习兴趣和创造力。

传统的课程设置往往存在教学资源分散、利用效率低下的问题，导致资源浪费和教学质量下降。因此，高职院校应当通过课程体系改革，建立统一的教学资源平台，整合和共享教学资源，提高资源的利用效率和教学的质量。例如，可以建设课程资源库、实验教学中心、数字图书馆等教学平台，为教师和学生提供丰富多样的教学资源和服务，支持教学改革和教学创新。

高职院校的办学宗旨是培养应用型人才，因此课程设置应当紧密贴合产业需求和社会发展的实际情况。通过与企业合作、产学研结合，高职院校可以了解行业的发展动态和人才需求，调整课程设置，开设符合市场需求的专业课程，培养适应市场需求的高素质人才。例如，可以根据行业需求和技术发展趋势，开设新兴专业课程，如人工智能、大数据、云计算等，培养符合时代要求的高端技术人才，推动高职院校与产业的深度融合和共同发展。

课程体系改革需要注重学生的主体地位和个性化发展。传统的课程设置往往过于注重教师的教学计划和教学方式，忽视了学生的学习需求和个性发展。因此，高职院校应当通过课程体系改革，注重学生的主体地位，尊重学生的选择和发展，为学生提供个性化的学习空间和发展平台。例如，可以实行选修课制度、自主学习制度等，让学生根据自己的兴趣和能力选择课程，发挥自己的特长和潜能，实现个性化的学习和发展。

（二）教学方法创新

1. 引入现代教学技术

在当今信息化迅速发展的时代，现代教学技术的引入成为高职院校师资队伍建设和教学改革的重要举措。高职院校作为培养技能型人才的教育机构，其教学方法和教学手段直接影响到学生的学习效果和职业素养。随着现代信息技术的不断进步，传统的教学模式已无法满足新时期的教育需求，因此，利用现代教学技术进行教学改革成为必要之举。

多媒体教学手段的应用丰富了课堂教学内容，使得教学过程更加生动、直观。例如，教师可以通过 PPT 演示、视频播放、动画展示等方式，将复杂的理论知识和实际操作过程形象化地呈现在学生面前，帮助学生更好地理解和掌握。虚拟仿真实训系统的使用，能够让学生在虚拟环境中进行模拟操作，弥补实际操作场地和设备不足的问题，提升学生的实践能力。

教师在使用现代教学技术的过程中，需要不断学习和掌握新的教学工具和教学方法，这一过程本身就是一种专业发展的过程。例如，通过参加各种信息技术培训、学习如何制作和应用多媒体课件，教师的教学能力和信息素养都能得到提高。现代教学技术还提供了更多的教学资源和教学平台，教师可以利用网络资源进行备课和教学设计，丰富教学内容，优化教学方案。

现代教学技术的引入有助于实现个性化教学。传统的课堂教学往往是以教师为中心，教学内容和教学进度统一，难以照顾到每个学生的个体差异。而借助现代教学技术，教师可以根据学生的学习情况和个体需求，制订个性化的教学计划和学习方案。例如，通过学习管理系统，教师可以实时跟踪和分析学生的学习数据，了解学生的学习进度和薄弱环节，针对性地进行辅导和调整，真正实现因材施教。

传统的课堂教学中，师生之间的互动往往比较有限，学生的参与积极性不高。而通过现代教学技术，如在线讨论区、实时互动平台、课堂答题系统等，教师可以引导学生积极参与课堂讨论，及时反馈学习问题，增加师生之间的交流和互动。这不仅可以激发学生的学习兴趣，增强学习主动性，还能帮助教师及时了解教学效果，调整教学策略。

教师不仅是知识的传授者，更是学习的引导者和资源的提供者。在现代教学技术环境下，教师需要转变教学观念，适应新的教学方式，充分利用各种教学资源和技术手段，创造一个良好的学习环境。例如，教师需要掌握网络教学平台的使用方法，了解如何在网络环境中组织和管理教学活动，如何利用在线资源进行教学设计和教学评估。

高职院校需要加大信息化基础设施的建设力度，提供必要的技术支持和保障，确保现代教学技术在教学中的顺利实施。例如，建立完善的校园网络系统，提供稳定的网络连接和充足的带宽；购置和维护现代化的教学设备，确保教学设备的正常运行；建立专业的技术支持团队，为教师提供及时的技术服务和培训。

高职院校应通过制订科学合理的师资培训计划，提升教师的现代教学技术应用能力。例如，定期组织信息技术培训，开展教学经验交流和研讨活动，鼓励教师进行教学创新和研究；建立健全教师评价和激励机制，激发教师应用现代教学技术的积极性和创造性。

2. 项目式学习

项目式学习在教学改革中的重要性不言而喻。随着社会经济的快速发展和产业结构的调整，高职教育面临着新的挑战和机遇。要适应这一变化，高职院校必须不断加强师资队伍建设，通过教学改革提高教育质量和办学水平。项目式学习作为一种有效的教学方法，已被广泛应用于高职教育领域，成为提升教师专业素养和教学能力的重要途径。

项目式学习强调实际操作和理论知识的结合，这种教学方法能够极大地激发学生的学习兴趣和主动性。通过参与具体的项目，学生不仅可以将所学知识应用于实际问题的解决，还能培养团队合作和沟通能力。对于高职院校的教师来说，项目式学习同样具有重要意义。教师在设计和实施项目的过程中，需要不断更新自己的专业知识，掌握最新的行业动态和技术发展。这不仅有助于提升教师的专业水平，也能使教学内容更贴近实际需求，从而提高教学效果。

在传统的教学模式中，教师往往是知识的传授者，学生则是被动的接受者。项目式学习打破了这一界限，通过共同参与项目，教师和学生成了合作伙伴。在这个过程中，教师可以更好地了解学生的兴趣和需求，及时调整教学策略，提高教学的针对性和有效性。学生也能在教师的指导下，获得更多的实践经验和专业技能，为今后的职业发展打下坚实的基础。

高职院校的教学改革不仅需要更新教学内容和方法，还需要进行深入的教学研究，以探索更加科学有效的教育模式。通过项目式学习，教师可以在教学过程中发现和总结教学中的问题和经验，开展相应的研究和探讨。这种实践与研究相结合的方式，有助于推动教学改革的深入发展，提高教师的科研能力和教学水平。

在高职院校，教师不仅需要具备扎实的专业知识，还需要具有较强的实践操作能力和教学创新能力。项目式学习要求教师在教学过程中，综合运用各种教学资源和手段，设计和实施具有实际应用价值的项目。这一过程不仅考验教师的专业素养和教学能力，还能提升教师的组织管理和协调能力。通过不断的实践和反思，教师可以不断完善自己的教学方法和策略，逐步形成具有自身特色的教学风格。

从长远来看，项目式学习对高职院校师资队伍的建设和发展具有重要的推动作用。随着高职教育的不断发展，对教师的要求也在不断提高。只有不断学习和创新，教师才能适应新的教学要求和挑战。项目式学习为教师提供了一个不断提升自我的平台，通过不断参与项目，教师可以不断更新自己的知识体系，提升自己的教学能力和水平。项目式学习还可以促进教师之间的交流和合作，形成良好的教学研究氛围，共同推动高职教育的进步和发展。

二、高职院校师资队伍建设的教学改革的措施

（一）开展国际合作

高职院校在师资队伍建设的教学改革中，应当重视国际合作的重要性。国际合作不仅可以拓宽教师的视野，还可以引进先进的教育理念和教学方法。高职院校可以通过与国外知名院校和教育机构建立合作关系，开展教师交换项目和联合培训，提升教师的国际化水平。例如，邀请国外专家来校讲学，派遣教师出国进修，参加国际学术会议等，都是提升教师国际化水平的有效途径。

国际合作还可以帮助高职院校引进优质的教学资源。国外一些高水平的职业教育机构在课程设置、教学方法和教学设备方面都有着丰富的经验，高职院校可以通过合作，引进这些先进的资源，提升自身的教学水平。比如，与国外院校合作开发课程，共享教学资源，或者借鉴国外成功的教学模式，改进自己的教学方法。

另外，高职院校在开展国际合作时，应当注重本土化和国际化的结合。在引进国外优质资源和先进理念的同时应当充分考虑本土的实际情况，将其与国内的教育需求和文化背景相结合，形成适合自身特点的教学模式。这不仅有助于提高教学质量，也有助于形成具有特色的职业教育体系。

通过国际合作，高职院校可以吸引更多具有国际背景的优秀教师，丰富师资队伍的多样性。也可以通过派遣教师出国进修和交流，提升教师的跨文化交流能力和开阔国际视野，进而更好地应对全球化带来的挑战。

高职院校在开展国际合作的过程中，还应当注重长效机制的建立。国

际合作不是一时之计，而是一个持续的过程。高职院校应当通过制度化的安排，确保国际合作的常态化和可持续性。比如，建立长期的合作伙伴关系，定期开展国际合作项目，设立专门的国际合作办公室等，都是保障国际合作顺利进行的重要措施。

（二）增强实践教学环节

职业教育在现代教育体系中占据着重要位置，高职院校作为职业教育的核心载体，其师资队伍的建设和发展显得尤为关键。为了更好地培养高素质的技术技能型人才，高职院校的教学改革势在必行，其中，增强实践教学环节是改革的重中之重。

从当前的教育现状来看，高职院校必须紧跟行业发展的步伐，加强与企业的合作，切实提高实践教学的效果。通过校企合作，教师可以深入企业一线，了解最新的技术应用和行业动态，并将这些宝贵的实践经验带回课堂。这不仅能够使学生接触到前沿技术，还能增强教学的实用性和针对性，真正实现"学以致用"。

考虑到高职教育的实践性特点，课程设置必须紧密结合行业需求，突出实践教学的重要性。传统的理论教学模式已无法满足职业教育的需求，高职院校应当加大实践课程的比例，增加实验、实训和实习的时间和次数。通过这种方式，学生不仅能够巩固所学知识，还能在实际操作中发现问题、解决问题，培养动手能力和创新思维。

为了确保实践教学的顺利进行，高职院校还需投入更多资源，建设和完善实践教学设施和条件。现代化的实验室、实训室以及校内外实习基地的建设，是提高实践教学质量的基础保障。院校应当积极争取政府和企业的支持，增加资金投入，购买先进设备，模拟真实工作环境，为学生提供优质的实践教学平台。

不仅如此，教师的实践能力也是影响实践教学效果的重要因素。高职院校应当建立一套完善的教师培训和进修机制，定期组织教师到企业挂职锻炼或参加专业培训，提升他们的实际操作技能和行业认知。只有教师具备了扎实的实践能力，才能更好地指导学生进行实践学习，达到预期的教学效果。

与此同时，高职院校还可以引进"双师型"教师，提升师资队伍的整体实践水平。"双师型"教师既具备丰富的理论知识，又有较强的实际操作能力，他们在教学中可以结合理论和实践，为学生提供更具针对性和实用性的指导。院校应当制定政策，鼓励和支持教师考取职业资格证书，积极培养和引进"双师型"教师。

进一步来看，高职院校应当建立健全实践教学的考核评价体系。实践教学不仅要注重过程，更要注重结果，通过科学合理的考核评价，全面检验学生的实践能力和综合素质。院校可以通过项目作业、实际操作考核、企业评价等多种形式，对学生的实践学习进行全面评估，及时发现和改进教学中的问题，持续提升实践教学质量。

同时，学生的实践学习离不开良好的指导和监督。高职院校应当为每个实践项目配备专业指导教师，负责指导和监督学生的实践过程，确保实践教学的规范和有效进行。院校还可以邀请企业专家、工程师等参与实践教学，提供专业的技术指导和行业见解，帮助学生更好地理解和掌握实践技能。

在实践教学过程中，创新教学方法和手段也是提高教学效果的关键。高职院校可以运用现代教育技术，结合虚拟现实、增强现实等先进技术，模拟真实工作场景，提供沉浸式的实践体验。这不仅可以提高学生的学习兴趣和积极性，还能突破时间和空间的限制，提供更加灵活和多样化的实践教学模式。

高职院校还可以通过开展各类校内外竞赛、项目比赛等活动，激发学生的创新精神和实践能力。竞赛不仅是对学生实践能力的检验，更是一个展示和交流的平台，能够激发学生的竞争意识和团队合作精神。院校应当鼓励学生积极参加各类竞赛，并为他们提供必要的指导和支持，帮助他们在竞赛中取得优异成绩。

为了进一步提升实践教学的效果，高职院校还应当建立校企合作的长效机制，与企业共同开发实践教学项目。企业作为用人主体，能够提供最新的行业需求和技术动态，而院校则可以根据这些需求，定制化培养人才。通过这种方式，学生在校期间就能接触到真实的工作环境和任务，为毕业后顺利进入职场打下坚实基础。

第二节 高职院校师资队伍建设的创新教育方法

一、高职院校师资队伍建设创新教育方法的理论基础

（一）教育心理学理论

在现代高职院校的师资队伍建设中，创新教育方法至关重要。而教育心理学理论的应用能够为这一创新提供坚实的理论基础和科学指导。教育心理学研究学习者的心理活动和行为规律，为教育实践提供指导，因此，高职院校在师资队伍建设过程中应充分运用教育心理学理论，提升教育效果。

建构主义学习理论强调学习是学习者主动建构知识的过程。高职院校应当鼓励教师在教学中注重学生的主动性和参与性，让学生通过实际操作、项目实践等方式，自主发现问题、解决问题。教师的角色不再是知识的传递者，而是学习过程的引导者和促进者，通过提供丰富的学习资源和指导，帮助学生在实践中建构知识，形成深刻的理解。

认知发展理论指出，个体的认知能力随着年龄和经验的增长而发展。高职院校的学生年龄较大，具备一定的生活和工作经验，教师应当根据学

生的认知发展水平设计教学内容和方法。采用适应学生认知特点的教学策略，如任务驱动、情境教学等，可以有效提升学生的学习效果。通过设置与现实工作情境相似的任务，让学生在真实情境中应用所学知识，促进他们的认知发展。

动机理论在教育心理学中占有重要地位。学生的学习动机直接影响其学习效果。高职院校应当注重激发学生的内在学习动机，帮助他们树立明确的学习目标和职业发展规划。教师可以通过设定有挑战性的任务，提供积极的反馈和奖励机制，激发他们的学习兴趣和热情，帮助学生认识到学习与未来职业发展的关系，增强他们的学习动力。

（二）教育技术理论

随着现代社会的快速发展，高职院校在培养技能型人才方面扮演着至关重要的角色。随着教育理念的更新与科技的进步，高职院校师资队伍建设亟须创新教育方法，以适应时代的需求。教育技术理论作为创新教育方法的基础，为高职院校师资队伍建设提供了新的思路和方法。

现代教育技术理论强调教育过程的信息化和智能化。这种理论主张通过信息技术手段，提升教学质量和教育效率。具体而言，教师可以利用多媒体技术、网络技术、虚拟现实技术等新型教育技术手段，丰富教学内容，增强学生的学习兴趣。例如，利用虚拟现实技术进行实践操作训练，使学生能够在虚拟环境中模拟真实工作场景，从而提高实际操作能力。这不仅能够提升学生的学习效果，还能够培养学生的创新思维和实践能力。

另外，教育技术理论强调以学生为中心的教学模式。传统的教学模式往往是以教师为中心，学生被动接受知识。而现代教育技术理论则提倡学生自主学习，通过信息技术手段，提供个性化学习资源和学习支持。教师在这种模式下，更多的是扮演引导者和协助者的角色，帮助学生找到适合自己的学习方法。例如，利用大数据技术分析学生的学习行为和学习效果，为每个学生量身定制学习方案，提高学习效果和效率。

教育技术理论还强调教学过程的互动性和协作性。通过信息技术手段，教师和学生之间，学生和学生之间，可以实现更加频繁和有效的互动与交流。例如，通过在线讨论平台，学生可以随时随地进行学术讨论和交流，分享学习经验和学习资源。教师也可以通过这些平台，及时了解学生的学习进度和学习困难，给予针对性的指导和帮助。这种互动和协作，不仅能够提高学生的学习积极性，还能够培养学生的团队合作能力和沟通能力。

在师资队伍建设方面，教育技术理论同样发挥着重要作用。教师是教育的核心，教师素质的高低直接影响到教育质量的好坏。通过信息技术手段，可以对教师进行系统的培训和继续教育，提升教师的专业水平和教学能力。例如，通过在线培训平台，教师可以随时随地进行学习，掌握最新的教育理念和教育技术。通过网络教学资源共享平台，教师可以共享教学经验和教学资源，互相学习和借鉴，提高整体教学水平。

另外，教育技术理论还强调教师的创新能力和科研能力。教师不仅要掌握扎实的专业知识，还要具备一定的科研能力和创新能力。通过信息技术手段，可以为教师提供丰富的科研资源和科研工具，帮助教师进行科研创新。例如，通过大数据技术和人工智能技术，教师可以进行教育数据的分析和研究，探索新的教育方法和教育模式。通过在线科研合作平台，教师可以与国内外的同行进行交流和合作，共同进行科研攻关，推动教育科研的发展。

教育技术理论在高职院校师资队伍建设中的应用，不仅提升了教师的教学能力和科研能力，还促进了教育模式的创新和教育质量的提高。通过信息技术手段，高职院校可以构建一个开放、共享、互动的教育生态系统，实现教育资源的优化配置和高效利用。例如，通过在线教育平台，高职院校可以实现优质教育资源的共享，缩小不同地区、不同学校之间的教育差距。通过教育数据的分析和利用，可以为教育决策提供科学依据，推动教育管理的科学化和精细化。

二、高职院校师资队伍建设创新教育方法的实践

（一）推行虚拟实验

在当前教育改革的浪潮中，高职院校肩负着培养高素质技能型人才的重要使命。为了实现这一目标，师资队伍建设和教学方法的创新至关重要。推行虚拟实验教学方法，不仅能有效提升教学质量，还能为学生提供更为丰富的学习体验。虚拟实验作为一种现代化的教学手段，其独特的优势使其在高职院校的教育改革中具有重要的应用价值。

虚拟实验为高职院校提供了一种突破传统教学模式的新途径。传统的实验教学受到时间、空间和资源的限制，无法满足日益增长的教育需求。而虚拟实验通过计算机技术和模拟软件，能够在虚拟环境中呈现各种复杂的实验场景，让学生可以随时随地进行实验操作。这种灵活性不仅提高了教学效率，也大大扩展了实验教学的范围和内容。

在许多高职院校，实验设备和场地有限，无法满足大规模学生的实验需求。虚拟实验通过计算机模拟和仿真技术，可以在虚拟环境中提供无限次的实验机会，避免了设备损耗和资源浪费。虚拟实验可以模拟各种极端条件和危险场景，让学生在安全的环境中进行实验，减少实验风险，提高实验教学的安全性。

虚拟实验提供了一个开放的实验平台，学生可以自主选择实验项目和实验参数，进行自主探究和创新实验。这种自主性和灵活性激发了学生的学习兴趣和积极性，有助于培养学生的自主学习能力和创新思维。虚拟实验的交互性和可视化特点，使得实验过程更加直观和生动，帮助学生更好地理解和掌握实验原理和操作技能。

教师往往难以及时了解和掌握每个学生的实验进展和学习情况。而虚拟实验通过数据记录和分析，可以实时监控学生的实验操作和学习表现，

提供详细的实验报告和反馈。教师可以根据这些数据，针对每个学生的具体情况，进行个性化的指导和帮助，及时发现和解决学生在实验中遇到的问题，提高教学效果。

高职院校应当积极组织教师进行虚拟实验技术的培训和学习，提高教师对虚拟实验平台的操作能力和应用水平。教师不仅需要掌握虚拟实验软件的使用，还需要了解虚拟实验的教学设计和实施方法，将虚拟实验有效融入日常教学中，充分发挥其教学效果。

（二）推动产学研结合

高职院校在现代职业教育体系中扮演着至关重要的角色，师资队伍的建设对教育质量的提升至关重要。为了更好地适应社会经济发展的需求，高职院校需要不断创新教育方法，推动产学研结合，实现教学与科研、产业的有机融合。

当前，高职院校的教育方法亟须创新，以应对快速变化的行业需求和技术进步。传统的教育模式已经不能满足现代职业教育的要求，高职院校必须积极探索新型教学方法，引入先进的教育理念和技术手段，提升教学质量。比如，采用项目教学法、案例教学法等，以实践为导向，增强学生的实际操作能力和解决问题的能力。

教师不仅需要具备扎实的专业知识，还需要不断更新自己的知识体系，掌握最新的行业动态和技术应用。院校应当建立系统的教师培训机制，定期组织教师参加专业培训和学术交流，提高他们的教学能力和科研水平，从而为教育方法的创新提供保障。

产学研结合是高职院校推动教育方法创新的重要途径。通过与企业和科研机构的紧密合作，高职院校可以将最新的科研成果和技术应用引入教学过程中，提升教学的实效性和前瞻性。校企合作不仅可以提供真实的工作环境和实践机会，还能为学生提供更多的就业和发展空间，使他们更好地适应职场需求。

在推动产学研结合的过程中，高职院校应当积极建设和完善实践教学平台。现代化的实验室、实训室以及校内外实习基地是实现实践教学的重要保障。院校应当加大资金投入，建设和完善这些教学设施，为学生提供优质的实践教学平台，使他们能够在真实的工作环境中积累经验，提升技能。

鼓励教师参与科研活动也是推动产学研结合的重要措施。高职院校应当为教师创造良好的科研环境，提供必要的科研经费和支持，鼓励他们积极参与科研项目，并将科研成果应用到教学中。通过这种方式，教师不仅能够提高自身的科研能力，还能将最新的科研成果带入课堂，提升教学质量和效果。

进一步来看，高职院校还可以通过引进和培养"双师型"教师，提升师资队伍的整体水平。"双师型"教师既具备扎实的理论知识，又有丰富的实践经验，他们在教学中可以结合理论和实际，为学生提供更具针对性和实用性的指导。院校应当制定政策，鼓励和支持教师考取职业资格证书，积极培养和引进"双师型"教师，推动产学研结合的深入开展。

通过建立长期的合作伙伴关系，定期开展合作项目，院校可以不断更新教学内容和方法，保持教学的先进性和实效性。例如，定期邀请企业专家和科研人员来校讲学，组织教师和学生到企业实习和调研，都是加强产学研结合的有效途径。

第三节 高职院校师资队伍建设的教育资源整合

一、高职院校师资队伍建设教育资源整合的概念和特点

（一）高职院校师资队伍建设教育资源整合的概念

高职院校师资队伍建设中的教育资源整合，是指在高职教育体系中，将各种教育资源进行有机结合与优化配置，以最大化其利用效率，提高教

学质量和效果的过程。这一过程涉及教学资源、师资力量、科研资源、校企合作资源以及国际教育资源等多个方面的整合。

（二）高职院校师资队伍建设教育资源整合的特点

高职院校的师资队伍建设在教育资源整合方面具有独特的特点，这些特点对于提升教育质量和办学水平具有重要意义。随着社会的发展和教育需求的不断变化，教育资源的整合变得越来越重要。高职院校作为培养技能型人才的重要基地，如何整合教育资源，以优化教学效果和提升教育质量，是一个值得深入探讨的课题。

高职院校教育资源整合注重实用性。高职教育的目标是培养适应社会需求的应用型人才，因此，教育资源的整合必须紧密结合实际，注重资源的实用性和有效性。具体来说，高职院校在整合教育资源时，应优先考虑那些能够直接提升学生实践能力和职业素养的资源。例如，校企合作资源的整合，通过与企业建立长期稳定的合作关系，引入企业的实际项目和生产线，进行校企联合培养，使学生能够在校期间就接触到真实的工作环境和业务流程，提升就业竞争力。

高职院校的学生来源广泛、背景多样，因此，教育资源的整合必须多元化，以满足不同学生的需求。具体表现为，课程资源的整合要涵盖不同专业领域，不同学科门类，提供丰富的课程选择。学习资源的整合也应多样化，包括传统的纸质教材、电子教材、在线课程、实训设备等，形成一个多层次、多维度的资源体系。高职院校还应积极引入国内外的优质教育资源，借鉴先进的教育理念和教学方法，提升教育水平和国际竞争力。

高职院校教育资源整合讲求协同效应。教育资源的整合不仅仅是简单的资源叠加，更要注重资源之间的协同效应。通过资源的优化配置和有效整合，形成资源互补、优势互补的局面，实现1+1>2的效果。例如，师资力量的整合，可以通过引入外部专家、企业导师，与校内教师共同组成教学团队，发挥各自的专业特长和实践经验，提升教学效果。教学设施的整合，通过共享实训室、实验室等教学资源，提高资源利用率，减少重复投入，提升办学效益。

在信息化时代，教育资源的整合离不开信息技术的支持。高职院校应加快信息化建设步伐，通过建立现代化的教育资源管理平台，实现资源的数字化、网络化和智能化。具体来说，可以通过教育资源管理系统，对课程资源、师资资源、实训资源等进行统一管理和调配，提升资源管理效率。利用大数据技术，对教育资源的使用情况进行分析，为教育资源的优化配置提供科学依据。信息化建设不仅提高了教育资源整合的效率和水平，还为师生提供了便捷的学习和教学环境。

在教育资源整合过程中，应始终坚持可持续发展的原则，确保资源的长期有效利用。具体措施包括，建立完善的教育资源维护和更新机制，定期对教育资源进行检查和评估，及时更新陈旧资源，补充新的优质资源。应积极倡导和实践绿色教育理念，推广节能环保的教育资源使用方式，减少资源浪费，保护生态环境。例如，推进无纸化办公和教学，减少纸张使用，推广电子教材和在线课程，节约资源，保护环境。

与此同时，高职院校教育资源整合还要注重开放共享。教育资源的开放共享是提升教育质量和办学水平的重要手段。高职院校应积极推动教育资源的开放共享，通过建立区域性、行业性教育资源共享平台，实现资源的共建、共享和共用。例如，与区域内其他高职院校、企业、科研机构等建立教育资源共享联盟，共享优质课程、师资力量、实训设备等，形成资源互通、优势互补的格局。应积极参与国家和地方教育资源共享平台的建设，利用互联网技术，实现优质教育资源的广泛传播和共享，提升教育质量和办学水平。

教育资源的整合不仅需要技术手段的支持，更需要制度的保障。高职院校应建立健全教育资源整合的相关制度和机制，明确资源整合的目标、原则和措施，确保资源整合的规范化和制度化。例如，制定教育资源整合的实施方案和工作计划，明确各部门的职责和任务，形成分工明确、责任到位的工作机制。应建立教育资源整合的评估和激励机制，对资源整合效果进行定期评估，奖励在资源整合中做出突出贡献的单位和个人，激发师生参与资源整合的积极性和创造性。

二、教育资源整合对高职院校师资队伍建设的作用

（一）拓宽教育资源获取渠道

教育资源获取渠道的拓宽，对高职院校师资队伍建设具有深远的影响。高职院校在优化教育资源配置方面取得了一定的成绩。这种拓宽不仅指外部资源的引进，还包括内部资源的整合和利用。通过多渠道获取教育资源，高职院校能够更好地满足教师的专业发展需求，提高师资队伍的整体水平。

拓宽教育资源的获取渠道，能够丰富高职院校教师的教学资源。这不仅包括传统的教材和参考资料，还涵盖了多种形式的在线课程、教学案例和教学软件。这些资源为教师提供了更多样化的教学手段和方法，有助于提升教学效果。例如，利用在线课程，教师可以接触到最新的教学理念和方法，提升自身的教学水平。丰富的教学资源还能帮助教师更好地应对教学中的挑战，如如何设计更具吸引力的课程内容、如何运用新技术增强学生的学习体验等。

拓宽教育资源的获取渠道，使教师能够更便捷地获取到最新的学术研究成果和动态，这为他们的科研工作提供了丰富的参考资料和启发。例如，通过访问国际数据库，教师可以了解全球范围内的研究趋势和前沿技术，从而为自己的科研工作提供新的视角和思路。这不仅提升了教师的科研能力，还促进了他们在科研领域的学术影响力。

通过多样化的资源获取，教师能够不断提升自身的专业素养和能力。这种职业发展不仅表现在教学和科研上，还体现在职业晋升和职称评定中。

例如，通过参加国内外的学术会议和培训班，教师可以开阔眼界，了解最新的教育理念和教学方法，从而不断完善自身的教学和科研能力。通过访问学者项目和交流计划，教师可以到其他高职院校或企业进行实地考察和交流，获得第一手的行业和教育信息，提升自身的综合能力。

在师资队伍建设方面，拓宽教育资源的获取渠道，能够有效提升高职院校的师资培训效果。多样化的培训资源为教师提供了更多的学习和提升机会。例如，利用网络学习平台，教师可以参加各种在线培训课程，不受时间和地域的限制，灵活安排学习时间。这种方式不仅提高了培训的灵活性，还使得教师可以根据自己的实际需要，选择适合的培训内容，从而实现个性化的职业发展。线上线下结合的培训方式，进一步丰富了教师的学习体验，使他们能够更好地将理论与实践结合，提升培训效果。

多样化的教育资源为教师提供了丰富的教学案例和方法，激发了他们的教学创新思维。例如，通过学习国内外先进的教学模式和方法，教师可以借鉴和应用于自己的教学实践中，不断探索新的教学手段和方法，提高课堂教学的吸引力和效果。通过与其他院校教师的交流和学习，教师可以获得宝贵的教学经验和资源，进一步提升自己的教学能力和水平。

从另一个角度来看，拓宽教育资源的获取渠道，也为高职院校的教师队伍引进和保留优秀人才提供了保障。丰富的教育资源能够吸引更多的优秀教师加入高职院校，并为他们的职业发展提供支持和保障。例如，通过与国内外知名高校和研究机构的合作，高职院校可以引进更多高水平的教师和专家，提高学校的教学和科研水平。通过提供丰富的学习和发展资源，学校可以为教师提供更多的职业发展机会，增强他们的职业归属感和满意度，从而有效地保留优秀的师资力量。

在全球化背景下，高职院校需要培养具有国际视野的教师队伍。通过拓宽教育资源的获取渠道，教师能够更好地了解国际教育发展的趋势和动态，提升自身的国际化水平。例如，通过参与国际合作项目和学术交流，教师可以获取到最新的国际教育资源和信息，提高自己的学术水平和国际竞争力。通过参加国际培训和学习，教师可以不断提升跨文化交流能力和开阔全球视野，为学校的国际化发展做出贡献。

通过多样化的学习和发展资源，教师能够不断提升自身的知识水平和专业能力。这种个人成长不仅体现在教学和科研上，还包括职业素养和综合能力的提升。例如，通过参加各种培训和学习活动，教师可以不断更新自己的知识结构，提升自己的综合素质，从而在教学和科研工作中取得更大的成绩。通过参与各种学习和交流活动，教师还可以建立广泛的学术和行业网络，为自己的职业发展提供更多的机会和支持。

（二）提高教育资源利用效率

提升教育资源利用效率，对高职院校师资队伍建设有着显著的促进作用。在当前资源有限的背景下，如何高效利用已有的教育资源，已成为高职院校提升师资队伍水平的关键。这不仅关系到教育资源的优化配置，还直接影响教师的教学质量、科研水平以及职业发展。

在资源有限的前提下，最大化利用教育资源，可以显著提升高职院校教师的教学水平。通过合理配置和使用资源，教师可以在有限的条件下获得最佳的教学效果。例如，高效利用在线教学平台，教师可以获取丰富的教学资料和案例，结合实际教学需要，灵活设计课程内容。这种方式不仅提升了教学的灵活性，还使得课堂更加生动有趣，从而提高了学生的学习兴趣和效果。通过对现有教学资源的深入挖掘，教师可以不断改进教学方法，提升课程质量，进而促进教学水平的提升。

教育资源的有效利用，不仅包括教材和实验设备的高效使用，还涵盖了学术资料、科研数据的合理配置和共享。例如，通过图书馆资源和科研数据库的优化使用，教师可以更便捷地获取最新的科研信息和数据，支持他们的科研工作。这种资源的高效利用，能够缩短科研周期，提升科研效率，从而促进教师在科研领域的成果产出和学术影响力。

从另一个角度看，提高教育资源的利用效率，也能够支持高职院校教师的职业发展。在教育资源有限的情况下，如何高效利用现有资源，为教师提供更多的学习和发展机会，成为高职院校的重要任务。通过合理规划和利用培训资源，学校可以为教师提供多样化的培训课程和学习机会，使他们能够不断提升自身的专业水平。例如，利用在线学习平台，教师可以参加各种线上培训，不受时间和地点的限制，灵活安排学习时间，从而更好地平衡教学和学习。

教育资源的高效利用，为教师提供了丰富的教学案例和工具，支持他们在教学中不断探索新的方法和手段。例如，通过合理使用数字化教学资源，教师可以引入多媒体教学、虚拟实验等新型教学手段，提升课堂的互动性和趣味性。这种教学创新，不仅提高了教学效果，还能够激发学生的学习热情，提升教学质量。通过对现有资源的深度挖掘和合理整合，教师可以不断丰富自己的教学经验，探索更加高效的教学模式。

通过合理配置和使用培训资源，学校可以为教师提供更加系统和实用的培训内容，帮助他们提升教学和科研能力。例如，通过整合校内外的培训资源，学校可以为教师提供多层次、多形式的培训课程，使他们能够在不同阶段得到相应的培训支持，从而不断提升自己的专业能力和水平。通过线上线下结合的培训方式，学校可以更好地满足教师的培训需求，提升培训效果。

通过合理利用和分配资源，教师能够更好地提升自己的专业知识和能力，实现个人成长。例如，通过高效使用科研资源，教师可以更便捷地进行学术研究，提升自己的科研水平。通过合理利用学习资源和培训机会，教师可以不断更新自己的知识结构，提升综合素质，从而在教学和科研工作中取得更大的成绩。

通过合理利用国际教育资源，教师可以更好地了解国际教育的最新动态和发展趋势，提升自己的国际化水平。例如，通过高效使用国际学术数据库和在线学习平台，教师可以获取到最新的国际学术成果和教育资源，提高自己的学术水平和国际竞争力。通过合理规划和利用国际合作项目及学术交流机会，教师可以不断提升跨文化交流能力和开阔全球视野，为学校的国际化发展做出贡献。

在教育资源有限的情况下，通过合理配置和高效利用资源，学校可以更好地推进教育改革，提升教育质量。例如，通过优化使用教学设施和资源，学校可以更好地实施新型教学模式，提高教学效果。通过合理配置和利用科研资源，学校可以支持教师进行教育研究，不断探索和创新教育方法，提升教育质量，从而推动教育改革的深入发展。

第八章　高职院校师资队伍建设的质量保障机制

第一节　高职院校师资队伍建设的质量评估

一、高职院校师资队伍建设质量评估的理论基础

（一）教育评估理论

在高职院校的师资队伍建设过程中，教育评估理论提供了重要的指导作用。这些理论不仅帮助确定师资队伍建设的目标和标准，还提供了评价师资队伍建设质量的工具和方法。不同的评估理论各有侧重，它们的共同目标是提升教育质量、促进教师专业发展，并最终提高学生的学习成效。

教育评估理论强调目标导向性。这意味着在进行师资队伍建设评估时，必须明确建设的具体目标，包括教师的专业水平提升、教学能力增强以及科研能力的发展等。目标的明确性使得评估具有方向性和可操作性，能够有效指导评估过程的展开。清晰的目标也有助于在评估后提供具体的改进建议，使得师资队伍建设更加有的放矢。

在高职院校的师资队伍建设中，评估标准应该涵盖教学质量、科研水

平、教师职业道德等多个方面。评估标准的设定应基于实际需求，既要符合教育政策的要求，又要反映出高职教育的特点。科学合理的评估标准是高质量评估的基础，它能够确保评估结果的有效性和可信度。

从系统性视角来看，教育评估理论强调评估过程的全面性。师资队伍建设质量评估不应仅局限于某一方面而应从教师的多维度发展进行综合评估。这包括对教师的教学方法、课程设计、课堂管理、科研活动等各个方面的评估。全面的评估视角能够更全面地反映出教师的发展状态，有助于找出建设中的薄弱环节，制定更为有效的改进策略。

在评估方法上，教育评估理论提倡多样性和灵活性。在实际操作中，高职院校可以采用量化和质性相结合的方法。例如，通过问卷调查、课堂观察、教师自评等方法获取量化数据，同时结合访谈、案例分析等质性研究手段进行深入分析。这种多样化的评估方法能够充分反映出师资队伍建设的实际情况，为改进提供有力支持。

另一个重要的方面是反馈机制在教育评估理论中的作用。在高职院校师资队伍建设的评估过程中，反馈是促进持续改进的关键环节。通过定期反馈，评估结果能够及时反映到师资队伍建设的各个层面，使管理者和教师能够了解自身的优势和不足，从而制定有针对性的改进措施。有效的反馈机制不仅能提高评估的效率，还能增强教师的参与感和认同感。

在高职院校师资队伍建设中，评估不应仅仅是管理层的职责，教师自身的参与同样重要。通过参与评估，教师可以更加深入地了解评估的标准和方法，从而提升自身的教育水平。教师的参与也能够提供更多的实践视角，使得评估过程更加贴近实际，评估结果更加客观公正。

从持续改进的角度看，教育评估理论认为评估是一个动态的过程。高职院校的师资队伍建设评估不仅是对当前状态的评价，更是对未来发展的规划。因此，在评估过程中应注重对改进措施的追踪和评估，以确保建设目标的持续达成。通过不断的评估和反馈，高职院校的师资队伍建设能够形成良性循环，促进教师队伍的不断发展和提高。

教育评估理论还强调文化因素对评估过程的影响。在高职院校的师资队伍建设评估中，必须考虑到不同地区和文化背景对评估的影响。这包括对教育理念、师生关系、教学风格等方面的差异进行适应和调整。只有在充分考虑文化因素的情况下，评估结果才能真正反映出教师队伍建设的实际效果，为后续的改进提供可靠依据。

（二）师资评估标准

在高职院校师资队伍建设中，评估标准的制定至关重要。高质量的师资评估不仅是提升教学水平的基础，也是推动高职教育改革与发展的重要途径。应综合考量教师的学术背景与专业素养。这包括教师所获得的最高学历、专业领域的研究成果，以及其参与的学术活动和项目。教师的学术背景反映了其在教学和科研方面的能力，为高职教育提供了坚实的理论支持。教师的专业素养则体现了其在专业领域内的实践能力，这对于培养学生的职业技能具有重要意义。

在另一个维度上，教师的教学能力也是评估的重要标准。教学能力不仅包括教师在课堂上的讲授技巧和知识传递的效果，还涉及教学方法的创新和多样化。有效的教学不仅依赖于教师对课程内容的熟悉程度，还需关注其如何通过各种教学方法，如案例教学、实验教学等，来激发学生的学习兴趣和思考能力。高职院校作为应用型教育机构，更加注重教学与实际应用的结合，因此教师在实际教学过程中展现的能力直接影响到学生的学习效果和职业发展。

尽管高职院校的重点在于应用型人才的培养，但科研能力的提升对教师的整体素质和教育水平有着积极作用。科研能力评估包括教师在各类学术期刊上发表的论文数量与质量、参与的科研项目，以及所获得的科研奖励等。科研活动不仅能够提升教师自身的学术水平，还可以为教学内容的更新和教学质量的提高提供新思路和新方法。

高职院校教师不仅承担着教育教学的重任，还肩负着育人的使命。因此，教师在工作中的敬业精神、责任心以及对学生的关怀度，是影响其教学质量的重要因素。高尚的职业道德和积极的工作态度不仅有助于构建良好的教学环境，还能通过潜移默化的方式对学生产生积极影响，培养他们的职业道德和社会责任感。

进一步而言，教师的教育创新能力也是评估的一部分。高职教育的发展需要不断适应社会经济的变化，教育创新能力即教师在教学方法、课程设计和教育技术应用上的创新实践。教师的教育创新能力直接关系到高职教育能否与时俱进，满足社会和企业对人才的需求。教育创新能力的评估可以通过教师参与的教学改革项目、开发的新课程以及采用的新教学技术和工具等方面来体现。

在高职院校师资评估中，教师的国际视野和跨文化交流能力也是衡量的重要标准。随着全球化的不断深入，具备国际视野的教师能够引入全球先进的教育理念和教学方法，提升教育质量。评估教师的国际视野可以通过其参加的国际学术会议、在国外院校的学习经历，以及参与的国际合作项目等方面来体现。这种评估不仅反映了教师自身的国际化程度，也为学校的国际化发展提供了有力支持。

教师的职业发展和继续教育情况也是评估中的重要环节。教师是否持续参与职业发展培训、进修学习和教学技能提升活动，是其保持教学水平和与时俱进的重要保障。通过对教师继续教育情况的评估，可以了解其在职业生涯中的成长轨迹，确保教师队伍的整体素质不断提升。

从学生的反馈和教学评价角度来看，学生对教师教学效果的评价也是师资评估的重要参考。学生作为教学活动的直接受益者，其反馈意见能够真实反映教师在课堂上的表现和教学质量。通过系统化的学生反馈机制，学校可以获得关于教师教学效果的第一手资料，为教师改进教学提供依据，也为学校整体教育质量的提升提供方向。

二、高职院校师资队伍建设评估体系的设计

（一）评估标准的制定

在高职院校，建立有效的师资队伍建设质量评估体系是提升教学质量的关键步骤。这一体系的制定涉及多维度的评估标准，这些标准需要科学、合理且具有实际可操作性。一个全面的评估标准应包含教育教学能力、科研水平、师德师风、职业发展和团队建设等方面。

教育教学能力是师资队伍质量评估的核心之一。这包括教师的教学设计、课堂管理、教学方法、教学效果等具体指标。高职院校的教师不仅要掌握专业知识，还需具备将复杂知识简单化、实用化的能力。教学质量可以通过学生反馈、教学评价、课程完成率等方式进行评估。

与此同时，科研水平同样是衡量教师综合素质的重要标准。教师的科研能力不仅体现在发表的学术论文数量和质量上，还包括科研项目的数量和类型、研究成果的社会影响力、教师在学术界的地位和声誉。高职院校应鼓励教师积极参与科研活动，并为教师提供必要的科研支持。

师德师风是评估师资队伍建设质量的道德基础。教师应具备良好的职业道德，包括对教育事业的热爱、对学生的责任感和公平公正的教学态度。师德师风可以通过教师的日常行为、师生关系，以及对学校文化、社会责任的认同和践行进行评估。

职业发展是教师个人与学校共同关注的重点。一个高效的评估体系应关注教师的职业发展路径，包括晋升机制、继续教育机会、职业技能培训等方面。教师的职业发展不仅有助于个人成长，还能提升整体教学质量和学校的学术水平。

除此之外，团队建设在高职院校师资评估中占有重要地位。教师之间的合作与团队精神对学校的教学和科研工作有着直接的影响。评估标准应

包括团队合作的频率和质量、跨学科协作的情况，以及团队项目的成果。

在评估高职院校师资队伍建设质量时，绩效考核机制的合理性也是重要因素。有效的绩效考核机制应能够客观、全面地反映教师在教学、科研、师德、职业发展等方面的表现，确保考核结果的公平公正。这一机制需要结合学校的具体情况制定，并在实施过程中不断优化和完善。

校内外培训和进修也是提升教师队伍建设质量的重要途径。教师应被鼓励并支持参加各种形式的培训，包括国内外研讨会、专题培训、职业资格认证等。这些培训不仅能提高教师的专业能力，还能拓宽他们的学术视野和教学思路。

在建立师资队伍质量评估体系时，学生反馈也是不可忽视的一部分。学生作为教学的直接受益者，他们的反馈能够真实反映教师的教学效果和教育水平。学校可以通过定期的学生满意度调查、匿名反馈等形式获取学生的意见，以便及时发现和改进教学中的不足之处。

同时，学校管理层的支持和引导在师资队伍建设中起到至关重要的作用。学校应制定明确的师资发展战略，提供充分的资源支持，并通过有效的管理手段促进教师队伍的整体提升。这包括建立健全激励机制，鼓励教师积极进取，不断提升自身的专业水平。

除了内部评估外，引入外部评价机制也是提升师资队伍质量的有效途径。高职院校可以邀请行业专家、教育界人士等进行独立评估，从外部角度对教师的教学和科研水平进行客观评价。这有助于发现内部评估中未能察觉的问题，并为改进提供建设性意见。

建立科学合理的师资队伍评估标准还需注重可持续发展。评估标准应具有前瞻性，能够适应高职教育的发展趋势和社会需求的变化。学校应根据社会发展和教育需求，定期对评估标准进行修订和完善，以确保其时效性和实用性。

在实施评估体系时，透明公开的评估过程也是保障公平公正的重要手段。学校应确保评估过程的透明度，让教师清楚了解评估标准和流程，并能对评估结果质疑和反馈。这不仅提高了评估的公信力，也增强了教师的参与感和认可度。

高职院校应注重评估结果的应用和反馈。评估结果不仅用于教师的考核和晋升，还应为教师的发展提供参考和支持。学校可以根据评估结果制订有针对性的培训计划和发展措施，帮助教师不断提升教学水平和科研能力。

（二）评估工具的选择

在高职院校师资队伍建设质量评估体系中，评估工具的选择至关重要。这些工具直接影响评估结果的准确性和可操作性，从而决定了整个评估过程的有效性。选用合适的评估工具能够全面、客观地反映出师资队伍的建设水平，有助于制定科学合理的改进策略。

考虑到不同评估目标的多样性，评估工具的选择需要体现出灵活性。高职院校师资队伍建设涉及教学质量、科研水平、职业道德等多方面内容，不同方面的评估目标需要不同的工具来实现。例如，在评估教学质量时，课堂观察和教学反馈问卷等工具可以提供直接的数据支持，而科研水平的评估则可能需要引入文献计量分析等工具。这种灵活选择能够确保评估工具的针对性和有效性。

综合性的评估工具在高职院校师资队伍建设质量评估中扮演着关键角色。为了全面了解教师的教学和科研能力，评估工具应能够整合多维度的信息来源。这包括问卷调查、课堂观察、教师自评、学生反馈等多种形式的评估手段。综合性的评估工具能够为师资队伍建设提供全景式的视角，使得评估结果更具代表性和指导性，有助于全面了解教师的各项能力和表现。

同时，量化评估工具的应用也不容忽视。量化工具能够为师资队伍建设提供明确的数据支持，如通过教学效果量表、科研成果统计等工具来量化教师的工作成果。这些数据不仅可以直观地反映教师在各项建设中的表现，还能够为后续的绩效考核提供客观依据。量化评估工具的优势在于其高效性和可比性，有助于提高评估工作的效率和透明度。

在选择评估工具时，还需考虑工具的科学性和规范性。评估工具的设计必须基于科学的评估方法，确保其能够准确反映师资队伍建设的实际情况。规范化的评估工具能够减少评估过程中的主观偏差，提高评估结果的可靠性。例如，在设计问卷调查时，应确保问题设置的科学性和合理性，以获取有效的反馈信息。

质性评估工具如访谈、焦点小组讨论、案例分析等，能够深入挖掘教师在教学和科研中的实际问题和挑战。这类工具可以提供量化数据无法捕捉的细节信息，帮助管理者了解教师的真实感受和工作环境中的细微变化，从而制定更有针对性的改进措施。

现代技术的发展为评估工具的选择提供了更多可能性。高职院校可以借助信息技术手段，如教学管理系统、在线评估平台等，提高评估工作的效率和精确度。这些技术手段能够自动收集和分析评估数据，减少人为因素的干扰，提升评估结果的客观性。例如，通过在线教学评估系统，可以及时获取学生对教师的反馈，帮助教师快速了解自身的教学效果并进行调整。

考虑到评估工具的可操作性，对于高职院校来说，评估工具的使用应尽量简便易行。这不仅有助于提高评估工作的效率，也能减轻教师和学生的负担，使他们更愿意参与到评估过程中来。简化的评估工具如简短的在线问卷、快速反馈表等，可以在不影响评估效果的前提下，提升参与度和积极性。

从评估工具的适应性角度来看，选择适合不同院校特点的工具尤为重要。高职院校的师资队伍建设评估需要考虑到学校的实际情况和教师的特定需求。评估工具的设计应结合院校的专业特点、办学目标以及教师的个体差异，确保评估能够切实反映出师资建设的实际情况。针对不同院校的具体情况，定制化的评估工具能够提供更有针对性的评价结果。

为了确保评估工具能够提供准确的反馈信息，在选择和使用评估工具时，应不断进行测试和验证。通过试点测试、反馈收集等方式，可以调整和优化评估工具，确保其适应实际评估需求。有效的评估工具不仅能够提高评估的准确性，也能增强评估结果的可信度和应用价值。

高职院校的师资队伍建设评估需要整合来自不同渠道的数据，如教学评价、科研成果、职业发展等多个方面。评估工具应具备强大的数据整合能力，能够将各类评估数据进行系统性整理和分析，以便于管理者全面了解师资建设情况，并据此制定科学的管理决策。

第二节　高职院校师资队伍建设的教育质量提升

一、高职院校师资队伍建设的教育质量提升挑战

（一）师资数量与教学需求的不匹配

在高职院校师资队伍建设中，师资数量与教学需求的不匹配是一个普遍存在的问题。这种不匹配导致了一系列教学管理上的困难和教学质量的下降，严重影响了高职院校的教学效果和教育质量。

在高职院校，教师不仅需要承担教学任务，还需要参与科研活动、学生管理等工作。如果师资数量不足，教师将面临巨大的工作压力，无法有效完成教学任务。这不仅会影响教师的工作积极性和教学质量，还会增加学生的学习负担，导致教学效果不佳。

在资源有限的情况下，师资数量不足会导致部分课程无法得到足够的教学资源支持，影响教学质量和教学效果。教学资源的不均衡也会导致教

学内容的单一化，无法满足学生多样化的学习需求，影响教学质量和教学效果。

在教师数量不足的情况下，高职院校可能会出现教师结构不合理的问题，如高级职称教师过少、青年教师比例偏低等。这种结构不合理会影响教师队伍的整体素质和教学水平，从而影响教学质量和教学效果。

教学创新需要有足够的师资支持，只有拥有足够的教师数量和高水平的教师队伍，高职院校才能够开展各种形式的教学创新活动，提高教学质量和教学效果。但是，师资数量不足会限制教学创新的发展，影响高职院校的教学水平和教育质量。

（二）教师职业发展瓶颈

在高职院校师资队伍建设中，教师职业发展面临着一些瓶颈和挑战。教师在职称评定上存在不公平现象。由于高职院校对教师的职称评定标准和程序不够明确，导致评定结果存在主观性和随意性，容易造成一些教师的职称晋升受阻。一些高职院校在职称评定中更加重视学历和职称证书，而忽视教师的实际教学和科研成果，这也给一些有实力的教师造成了职业发展的障碍。

高职院校的教学资源相对匮乏，教学设备和教材更新不及时，教学条件不够完善，这给教师的教学工作带来了一定的困扰。一些高职院校在教师培训和职业发展支持上也不够到位，缺乏系统的培训计划和长期的职业发展规划，使得教师的职业发展受到限制。

教师在科研支持和激励机制方面存在问题。高职院校对教师的科研工作重视程度不够，科研项目和成果的评价标准不明确，科研经费不足，这导致一些教师缺乏科研动力和热情。一些高职院校在科研成果的激励机制上存在不足，无法有效地激励教师积极参与科研活动，这也成为教师职业发展的瓶颈之一。

高职院校的学术氛围相对薄弱，学术交流和合作机会有限，缺乏与其他高校和科研机构的深入合作，这影响了教师学术水平和学术声誉的提升。一些高职院校在学术交流和合作的支持上也存在不足，未能为教师提供良好的学术交流平台和合作机会，限制了教师学术成就的发展。

教师在职业发展规划和管理方面存在一定的不足。一些高职院校缺乏系统的职业发展规划和管理机制，导致教师在职业发展中缺乏清晰的方向和目标，容易迷失在职业生涯中。一些高职院校在教师职业发展的管理上也存在不足，缺乏有效的激励机制和评价体系，使得教师的职业发展缺乏有效的引导和支持。

二、提升高职院校教育质量的师资队伍建设策略

（一）制订科学的师资引进计划

高职院校教育质量的提升离不开科学的师资引进计划。这一计划的制订需要考虑多方面因素，包括学校的发展需求、师资队伍的结构与数量，以及引进方式和标准等。一个科学的师资引进计划应当具备前瞻性、系统性和可操作性，以确保引进的师资能够有效支撑学校的教育教学工作和发展目标。

师资引进计划应该结合高职院校的发展规划和需求。学校应该明确自身的定位和发展目标，确定未来的教育教学重点和方向。在此基础上，制订师资引进计划，明确需要引进的专业和学科方向，确保引进的师资能够与学校的发展需求相匹配。

学校需要根据现有师资队伍的情况和学科结构，合理确定引进的数量和比例。引进的师资应该具备与现有师资互补的特长和优势，确保整个师资队伍的结构合理，能够支撑学校的教学和科研工作。

学校可以通过公开招聘、委托引进、校企合作等方式引进师资。不同的引进方式适用于不同的情况，学校应根据实际情况确定最适合的引进方

式。引进的师资应符合学校的招聘标准和要求，具备相应的学历、资质和经验，能够胜任所需岗位。

除了以上几点，师资引进计划还应考虑到引进师资的培训和发展。引进的师资可能需要适应新的工作环境和教学模式，学校应为他们提供必要的培训和支持，帮助他们尽快适应工作并发挥应有的作用。学校还应为引进师资提供良好的职业发展机会和晋升通道，激励他们不断提升自身的教学水平和科研能力。

学校需要根据引进师资的工作经验、学术水平和市场行情，合理确定他们的薪酬和福利待遇，确保其能够在学校获得应有的认可和回报。良好的待遇和福利不仅能够吸引高水平的师资加入，还能够留住优秀的师资，为学校的长远发展奠定基础。

（二）稳定和优化教师队伍

在提升高职院校教育质量的过程中，教师队伍的稳定和优化是至关重要的。教师是教育的灵魂，他们的专业素质和职业稳定性直接影响着教育质量的高低。为了确保教师队伍的稳定和优化，高职院校需要从多个方面入手，全面提升教师的职业素养和教学水平。

提升教师的职业素养是一个重要的任务。职业素养不仅包括教师的专业知识和教学技能，还包括他们的职业道德和教育理念。高职院校可以通过开展各种培训和进修活动，提高教师的专业素质和教育水平。例如，定期举办教学研讨会和专题讲座，邀请国内外知名教育专家和学者来校交流，帮助教师更新教育理念和教学方法。学校还可以鼓励教师参加国内外的学术交流和研修项目，拓宽他们的视野，提升他们的教学能力。

优化教师队伍需要注重教师的职业发展和晋升机制。高职院校应建立科学合理的教师评价体系和职业晋升机制，为教师提供明确的职业发展路径和晋升空间。通过设立多元化的评价标准，全面考查教师的教学能力、科研水平和服务质量，激励教师不断提升自我，追求卓越。学校还可以通过设立专项奖励基金，鼓励教师积极参与科研和创新活动，提高他们的学术水平和科研能力。

高职院校还应注重教师的工作环境和福利待遇。良好的工作环境和合理的福利待遇是吸引和留住优秀教师的重要因素。学校可以通过改善教学设施和办公条件，为教师提供舒适的工作环境，减轻他们的工作压力。学校还应关注教师的身心健康，定期组织健康检查和心理疏导活动，帮助教师保持良好的身心状态。合理的薪酬和福利待遇也是教师职业满意度的重要保障，学校应根据教师的工作表现和贡献，及时调整薪酬和福利待遇，激励教师全身心投入教育事业。

在提升教师队伍稳定性的过程中，高职院校还应注重教师的职业安全感和归属感。教师职业安全感和归属感是教师稳定性的重要保障。学校可以通过建立完善的教师管理制度和职业保障机制，确保教师的职业安全和合法权益。例如，签订长期聘用合同，明确教师的权利和义务，保障教师的职业稳定性和工作积极性。学校还应通过开展丰富多彩的校园文化活动，增强教师的归属感和团队凝聚力，营造和谐融洽的校园氛围。

进一步来说，教师的科研能力和学术水平对提升高职院校教育质量也具有重要作用。高职院校应注重教师的科研能力培养和学术水平提升，鼓励教师积极参与科研和创新活动。学校可以通过设立科研基金和创新项目，为教师提供科研经费和平台，支持他们开展高水平的科研工作。学校还应鼓励教师参与国内外学术会议和学术交流活动，提升他们的学术影响力和知名度。

除了上述措施，高职院校还应注重教师的教学方法和教育技术的应用。教学方法和教育技术的创新是提升教育质量的重要途径。学校可以通过开展教学方法培训和教育技术应用培训，帮助教师掌握现代教育技术和创新教学方法。例如，推广信息化教学手段，利用互联网和多媒体技术，提高教学的互动性和生动性，增强学生的学习兴趣和效果。学校还应鼓励教师进行教学改革和教学创新，探索适应高职教育需求的教学模式和方法。

1. 完善教师的职业发展通道

高职院校教育质量的提升，离不开教师职业发展通道的完善。教师是高职院校教育质量的直接影响者，他们的教学水平和专业素养决定了学生的学习效果和未来发展。为了提高教学质量，必须为教师提供明确的发展方向和途径。

高职院校应制定科学合理的教师职业发展规划。通过明确的职业发展目标和阶段性任务，帮助教师逐步提升教学技能和学术水平。这不仅有助于教师自身的成长，还能带动整个学校教育质量的提升。

教师的职业发展离不开系统的培训和继续教育。高职院校可以通过与企业和科研机构合作，开展多种形式的培训项目，提高教师的专业素养和实践能力。培训内容应结合行业发展趋势和学校教学需求，确保教师能够将最新的理论和技术应用到教学中。

同时，建立完善的教师评价和激励机制也是提升教师职业发展的重要环节。通过科学、公正的评价体系，激励教师不断进取，提高教学和科研水平。学校应设立多种激励措施，如教学成果奖、科研奖励等，鼓励教师在各自领域取得更大成绩。

不仅如此，教师职业发展还需要良好的工作环境和氛围。高职院校应注重教师的身心健康，提供良好的办公条件和合理的工作安排，帮助教师减轻压力，增强工作积极性。建立和谐的师生关系和同事关系，促进教师之间的交流与合作，也是提升教师职业发展的重要方面。

通过职业规划咨询、导师制度等方式，帮助教师明确职业发展方向，制订合理的职业发展计划。定期组织职业发展研讨会，分享成功经验和发展策略，为教师提供更多的发展机会和平台。

高职院校应加强教师的职业道德教育，引导教师树立正确的职业观、价值观和道德观，增强教师的责任感和使命感。只有具有高尚职业道德和职业精神的教师，才能真正为学生的成长和学校的发展做出贡献。

国际化视野的培养也是教师职业发展的重要方面。高职院校应鼓励教师参与国际学术交流，了解国际教育发展趋势和先进教育理念，提高国际化教育水平。通过引进国外优秀教育资源和教学方法，提升教师的教学水平和国际竞争力。

同样重要的是，教师职业发展还需注重科研能力的提升。高职院校应鼓励教师参与科研项目，进行课题研究，发表高质量的学术论文。通过科研工作，教师可以不断更新知识，提高专业水平，并将科研成果应用到教学中，丰富教学内容，提升教学效果。

除了以上几点，建立教师职业发展档案也是一个重要措施。通过记录教师的职业发展轨迹、教学科研成果等信息，为教师的职业发展提供参考依据。有助于学校全面了解教师的职业发展状况，制定更有针对性的职业发展规划和措施。

教师职业发展通道的完善，还需要政策支持和资金投入。政府和学校应加大对教师职业发展的投入，提供充足的经费支持，保障各项职业发展措施的顺利实施。通过政策引导，鼓励教师不断提升自身素质，为学校和社会培养更多优秀人才。

从长远来看，教师职业发展通道的完善，不仅能提升高职院校的教育质量，还能吸引更多优秀人才加入教师队伍，形成良性循环。通过不断完善教师职业发展通道，高职院校才能在激烈的竞争中立于不败之地，实现可持续发展。

2. 提升教师的薪酬和福利待遇

为了提升高职院校的教育质量，完善教师的薪酬和福利待遇是至关重要的。当前，高职院校面临的一个主要挑战就是如何吸引和留住高素质的教师。完善教师的薪酬和福利待遇不仅可以增强教师的职业满意度，还能激励他们在教学和科研中投入更多的时间和精力，从而提升教育质量。

提供有竞争力的薪酬是吸引优秀教师的重要手段。教师的薪酬水平直接影响他们的工作动力和工作满意度。如果高职院校能够提供与其他教育机构相媲美甚至更高的薪酬，将有助于吸引那些具有丰富教学经验和科研能力的教师加入，从而提升整个学校的教学水平。

不仅如此，福利待遇的提升同样不可忽视。良好的福利待遇不仅包括基本的医疗保险、住房公积金等，还应包含更多关怀教师个人发展和家庭生活的内容。例如，提供子女教育补助、提供教师继续教育机会等，都能显著提高教师的职业幸福感和归属感。

提高教师的工作环境也是提升教育质量的关键因素之一。舒适、安全的工作环境不仅能够提升教师的工作效率，还能让他们更加专注于教学和科研活动。高职院校应积极改善教学设施，提供先进的教学设备和丰富的教学资源，为教师提供一个良好的工作环境。

与此同时，学校还应注重教师的职业发展和培训。通过定期组织教师培训、学术交流和研讨会，可以帮助教师不断提升自己的专业能力和教学水平。特别是针对新进教师，学校应提供系统的职业发展规划和指导，帮助他们快速适应并融入教学工作。

激励机制的建立也是提高教师工作积极性的重要手段。高职院校可以通过设立教学奖、科研奖等方式，表彰和奖励在教学和科研中表现突出的教师。这样的激励措施不仅能够提升教师的工作热情，还能营造一种积极向上的校园文化氛围。

高职院校还可以考虑为教师提供更多的学术研究机会和资源支持。教师在教学之外，如果能够参与到更多的科研项目中，不仅可以提升自身的学术水平，还能将最新的科研成果和技术应用到教学中，进一步提升教育质量。

在改善教师薪酬和福利待遇的同时学校也应注重提升教师的社会地位和职业尊严。通过加强与政府、社会各界的合作，积极宣传和推广教师在职业教育中的重要作用，可以提高教师的社会认同感和自豪感。

学校管理层还应重视与教师的沟通和交流。通过建立定期的沟通机制，了解教师的需求和建议，及时解决他们在工作中遇到的问题，可以提升教师对学校管理的满意度，增强他们的工作动力。

第三节 高职院校师资队伍建设的质量保障实践

一、高职院校师资队伍建设的质量保障的目标与原则

（一）以提高教育教学质量为核心目标

要以提高教育教学质量为核心目标，高职院校必须高度重视师资队伍建设。高职教育的独特性决定了其教学质量与教师素质密切相关，因此，围绕这一核心目标展开多方面的措施显得尤为重要。

提高教师的专业素养是提升教育教学质量的首要任务。教师的专业素养不仅仅体现在他们的知识和技能上，还包括他们对教育事业的热爱和奉献精神。高职院校应通过系统的职业培训和继续教育，提升教师的专业知识和技能。例如，定期组织教师参加国内外学术交流和培训，了解行业最新动态和技术前沿，不断更新教学内容，确保教学质量的提高。

进一步来看，优化教师队伍结构对于提升教学质量至关重要。高职院校应注重引进高水平的行业专家和学术人才，丰富教师队伍的多样性和专业性。通过合理的教师流动机制，避免教师队伍的单一化和僵化，保持教学队伍的活力和创新力。学校应鼓励教师在教学过程中结合实际案例和行业需求，提升教学的实践性和应用性。

教师的职业发展和晋升机制也是确保教育教学质量的重要因素。建立科学合理的教师评价体系，全面考查教师的教学能力、科研水平和社会服务能力，是促进教师职业发展的关键。通过设立明确的职业晋升通道和奖

第八章　高职院校师资队伍建设的质量保障机制

励机制，激励教师不断提升自我，追求卓越。学校还应为教师提供多元化的职业发展机会，如参与项目研究、担任企业顾问等，提升教师的职业满意度和归属感。

提高教师的工作环境和福利待遇是提高教育教学质量的基本保障。高职院校应提供良好的工作环境和充足的教学资源，减轻教师的工作压力。例如，改善教学设施和实验设备，为教师提供更多的教学支持和服务。合理的薪酬和福利待遇也是教师职业满意度的重要因素，学校应根据教师的工作表现和贡献，及时调整和提高教师的薪酬和福利，增强教师的工作积极性。

不仅如此，教师的心理健康和职业幸福感也是提升教学质量的重要方面。高职院校应关注教师的心理健康，通过定期的心理疏导和团队建设活动，帮助教师缓解工作压力，保持良好的心理状态。例如，定期组织教师进行健康体检和心理咨询，提供必要的心理支持和帮助。通过丰富多彩的文体活动，增强教师的团队凝聚力和归属感，营造和谐的校园氛围。

从另一个角度看，提升教师的科研能力和学术水平也是提高教育教学质量的重要途径。高职院校应鼓励教师积极参与科研和创新活动，通过设立科研基金和创新项目，支持教师开展高水平的科研工作。例如，学校可以组织教师参与企业的技术研发和项目合作，提升教师的科研实践能力和创新意识。通过加强与国内外学术机构和企业的合作，拓展教师的学术交流和合作渠道，提升教师的科研水平和学术影响力。

教学方法和教育技术的创新是提升教育教学质量的重要手段。高职院校应注重现代教育技术的应用，推广信息化教学手段，提高教学的互动性和生动性。例如，通过引入多媒体教学、在线课程和虚拟实验室等，提升教学效果和学生的学习兴趣。学校应鼓励教师进行教学改革和创新，探索适应教育需求的教学模式和方法，不断提升教学质量。

（二）遵循科学规范原则

高职院校要建设一支高素质的师资队伍，必须遵循科学规范的原则。

教师队伍的建设需要科学合理的规划和设计。通过详细的师资队伍建设规划，高职院校可以明确教师队伍发展的方向和目标，确保师资队伍的建设符合学校的发展战略和教育目标。

高职院校应当严格按照科学规范的招聘标准和程序进行教师招聘。通过严格的招聘流程，确保选拔出的教师具备高水平的专业素养和良好的职业道德。这样不仅可以提升教学质量，还能为学校培养更多优秀人才奠定坚实的基础。

教师的培养和培训是高职院校师资队伍建设的重要环节。学校应当根据教师的不同发展阶段，制订相应的培训计划和内容，确保教师能够不断提升自己的专业水平和教学能力。通过系统的培训，教师可以及时更新自己的知识储备，掌握最新的教学方法和技术。

科学、公正的评价体系，对教师的教学、科研、社会服务等各方面工作进行全面考核，及时发现和解决问题，激励教师不断提高自己的工作水平和质量。评价结果应与教师的职称评定、绩效工资等挂钩，形成良好的激励机制。

不仅如此，高职院校还应注重教师的职业发展和晋升渠道建设。通过建立完善的职业发展体系，为教师提供明确的发展方向和多样化的发展路径。无论是教学型、科研型还是管理型教师，都应当有相应的发展渠道和晋升空间，确保每位教师都能在自己的职业生涯中不断进步和提升。

通过设立科研项目、提供科研经费支持等方式，鼓励教师积极参与科研工作，提升科研水平。科研能力的提升不仅可以增强教师的学术水平和专业素养，还能推动学校的学科建设和科研发展，为学校的发展提供有力支撑。

进一步来说，教师的职业道德和职业素养也是师资队伍建设的重要方面。高职院校应加强对教师的职业道德教育，培养教师的责任感和使命感，引导教师树立正确的职业观和价值观。只有具有高尚职业道德和职业素养的教师,才能真正为学生的成长和学校的发展贡献力量。

通过引进具有丰富教学经验和科研成果的高层次人才,可以带动学校整体师资水平的提升,促进学科建设和教育质量的提高。引进高层次人才的同时还应注重对现有教师的培养和提升,形成良好的师资梯队。

同样重要的是,教师队伍的建设还需要良好的工作环境和氛围。高职院校应为教师提供良好的工作条件和舒适的办公环境,关注教师的身心健康,帮助教师减轻工作压力,增强工作积极性。建立和谐的师生关系和同事关系,促进教师之间的交流与合作,也是提升师资队伍建设的重要方面。

高职院校还应注重教师的国际化视野培养。通过组织教师参加国际学术交流、引进国际先进教育理念和教学方法等方式,提升教师的国际化水平和竞争力。国际化视野的培养,不仅可以提升教师的教学和科研水平,还能为学生提供更多的国际化教育资源和学习机会。

教师队伍的建设还需要政策支持和资金投入。政府和学校应加大对师资队伍建设的投入,提供充足的经费支持,保障各项建设措施的顺利实施。通过政策引导,鼓励教师不断提升自身素质,为学校和社会培养更多优秀人才。

(三)强调动态优化原则

高职院校的师资队伍建设至关重要,强调动态优化原则能够有效提升教育质量和学校竞争力。动态优化原则意味着在教师队伍的建设和管理过程中,不断适应变化、及时调整,以保证师资队伍的活力和专业水平。这样的管理方式不仅能够应对外部环境的变化,还能够满足教育改革和发展的需求。

动态优化原则需要高职院校保持对外部环境和内部需求的敏感性。教育领域的变化迅速,新技术、新方法层出不穷,学校必须及时跟进这些变化,调整教师队伍的结构和能力。通过定期开展市场调研、行业分析和教育趋势研究,学校可以了解当前和未来的需求,从而有针对性地进行教师培训和引进。

教师的专业发展和职业成长也需要动态优化。每位教师都有不同的职业发展需求和成长路径，学校应当提供个性化的职业发展支持。通过制订灵活的培训计划、提供多样化的学习资源和发展机会，学校可以帮助教师不断提升自己的专业能力和教学水平，适应新的教育环境和教学要求。

学校在引进新教师时也应注重动态优化。招聘过程中不仅要考虑当前的教学需求，还要考虑未来的发展方向。通过建立科学的人才引进机制，综合评估候选人的专业背景、教学能力和发展潜力，学校可以为师资队伍注入新鲜血液，保持队伍的活力和竞争力。

同时，动态优化原则要求学校在教师管理上保持灵活性和前瞻性。教师的工作表现和发展情况应当得到持续关注和评估，及时发现问题并进行调整。例如，针对某些教学岗位的特殊需求，可以灵活调整教师的工作安排，优化资源配置，确保每位教师都能够在最适合的位置上发挥最大作用。

在教师的激励机制上，动态优化也发挥着重要作用。通过不断完善和调整激励措施，学校可以激发教师的工作热情和积极性。激励机制不应只是静态的物质奖励，还应包括精神激励、职业发展支持和社会认可。通过建立动态的激励体系，学校可以更好地调动教师的积极性，提升整体教学水平。

动态优化还要求学校在教师评价体系上不断改进。传统的评价体系往往过于单一和静态，无法全面反映教师的工作表现和发展需求。学校应当建立多元化、动态化的评价体系，综合考虑教师的教学能力、科研成果、职业道德和发展潜力，从多个维度对教师进行全面评估，帮助他们不断改进和提升。

学校在教师培训方面同样需要动态优化。培训内容和形式应根据实际需求不断调整，避免一成不变的培训模式。通过引入最新的教育理念和教学方法，结合实际教学情况，设计灵活多样的培训课程，学校可以帮助教师不断更新知识、提升技能,适应快速变化的教育环境。

动态优化还体现在教师的团队合作和协同发展上。高职院校应当鼓励教师之间的合作交流,建立跨学科、跨专业的合作机制,促进知识共享和共同进步。通过组织教学研讨会、学术交流活动和合作项目,学校可以增强教师团队的凝聚力和协同创新能力,推动整体教学质量的提升。

学校在管理和服务教师方面也应坚持动态优化原则。通过建立高效的管理机制和优质的服务体系,及时响应教师的需求和问题,提供全面的支持和帮助,学校可以营造一个良好的工作环境,提升教师的工作满意度和归属感。

动态优化原则要求学校在师资队伍建设上保持持续的改进和创新。教育环境和需求不断变化,学校必须保持开放的心态,积极引进和应用新理念、新方法,不断优化教师队伍的结构和能力。通过坚持动态优化原则,高职院校可以不断提升师资队伍的整体水平,推动教育质量的持续提升,满足社会和学生的需求。

二、提升高职院校师资队伍质量保障的实践路径

(一)构建科学的师资选聘体系

要提升高职院校师资队伍质量,构建科学的师资选聘体系至关重要。选聘体系的科学性直接影响教师的整体素质和教学质量。因此,建立一套全面、科学、合理的师资选聘体系成为高职院校亟待解决的问题。

明确师资选聘的标准和要求是构建科学选聘体系的基础。高职院校应根据自身办学定位和发展需求,制定详细的选聘标准和要求。选聘标准应涵盖教师的学历背景、专业素质、教学能力、科研水平和职业道德等多个方面。例如,应优先选聘具有硕士及以上学历、丰富行业经验和较强教学能力的教师。选聘过程中应注重教师的职业道德和教育理念,确保选聘的

教师具有较高的职业素养和敬业精神。

在选聘过程中，科学合理的选聘程序和方法是保证选聘质量的关键。高职院校应建立规范的选聘程序，包括发布招聘信息、初审简历、面试考核、试讲评估和综合考查等环节。通过严格的选聘程序，全面考查应聘者的综合素质和教学能力，确保选聘的教师符合学校的要求。例如，在面试环节，可以通过情景模拟和教学演示等方式，考查应聘者的课堂教学能力和应变能力。试讲评估环节可以邀请校内外专家共同参与，确保选聘的公平性和科学性。

高职院校应根据不同学科和专业的特点，灵活运用多种选聘方法，确保选聘的教师具有多元化和专业化的背景。例如，在选聘工程类专业教师时，可以重点考查应聘者的行业经验和实践能力；在选聘人文学科教师时，可以注重应聘者的学术研究和教学创新能力。学校应通过引进高层次人才、海外归国人才和行业专家，丰富教师队伍的多样性和专业性，提升师资队伍的整体水平。

除了选聘过程中的程序和方法，选聘后的培训和考核也是构建科学选聘体系的重要环节。高职院校应建立完善的教师培训和考核机制，通过系统的岗前培训和在职培训，帮助新聘教师尽快适应教学岗位，提高教学水平。例如，可以组织新聘教师参加教学研讨会和教学技能培训，提升他们的教学能力和教育理念。学校应通过定期考核和评价，全面了解新聘教师的工作表现和教学效果，及时发现和解决问题，确保教师的教学质量不断提升。

建立科学的选聘体系还需要完善的激励和保障机制。高职院校应通过合理的薪酬待遇和职业发展机会，吸引和留住优秀教师。例如，可以设立专项奖励基金，奖励在教学和科研方面表现突出的教师，激励他们不断追求卓越。学校应为教师提供多元化的职业发展机会，如参与项目研究、担任企业顾问等，提升他们的职业满意度和归属感。学校还应关注教师的身心健康，通过定期的健康检查和心理疏导，帮助教师保持良好的身心状态，确保他们全身心投入教育事业。

在构建科学选聘体系的过程中，还应注重学校与企业和行业的合作。通过校企合作，共同制定选聘标准和要求，确保选聘的教师符合行业需求和岗位要求。例如，可以邀请企业专家和行业代表参与选聘过程，共同考查应聘者的实践能力和职业素养。学校还可以通过与企业和行业的合作，提供更多的实习和实践机会，提升教师的实践能力和应用水平。

从另一个角度看，选聘体系的科学性还需要信息化手段的支持。高职院校应充分利用现代信息技术，提升选聘过程的透明度和效率。例如，可以通过建立在线招聘平台和数据库，简化选聘流程，提高信息的共享和交流。通过信息化手段，可以实现对教师选聘全过程的跟踪和管理，确保选聘过程的规范性和科学性。

学校领导和管理部门应高度重视师资选聘工作，积极推动选聘体系的建设和完善。例如，可以成立专门的师资选聘工作组，负责制定选聘政策和标准，组织和协调选聘工作。学校应通过多种渠道，广泛宣传和推广科学选聘的理念和方法，营造全校共同参与和支持的良好氛围。

（二）推动教师职业发展的长效机制

提升高职院校师资队伍质量，推动教师职业发展的长效机制是一个复杂而关键的任务。教师是高职院校的核心资源，他们的专业素养和教学能力直接影响着教育质量。因此，必须建立系统化、科学化的教师职业发展机制，以确保教师能够持续提升自身素质。

建立完善的教师职业发展规划是推动教师职业发展的基础。高职院校应制定详细的发展目标和路线图，为教师提供明确的职业发展方向和阶段性任务。通过科学合理的职业发展规划，教师可以有序地提升自己的教学和科研水平，从而全面提高教育质量。

教师职业发展的长效机制离不开系统的培训和继续教育。高职院校应定期组织各类培训项目，帮助教师掌握最新的教育理论和教学方法。培训内容应结合行业发展趋势和学校教学需求，确保教师能够将新知识和新技术有效应用于教学实践。

与此同时，建立科学、公正的教师评价机制也是提升教师职业发展的重要环节。通过全面、客观的评价体系，对教师的教学、科研和社会服务等各方面工作进行考核，激励教师不断提高自身水平。评价结果应与教师的职称评定、绩效工资等挂钩，形成良好的激励机制。

不仅如此，高职院校还应为教师提供多样化的职业发展路径。无论是教学型、科研型还是管理型教师，都应有相应的发展渠道和晋升空间。通过建立多元化的职业发展体系，满足不同类型教师的发展需求，确保每位教师都能在自己的职业生涯中不断进步。

进一步来说，教师职业发展的长效机制需要良好的工作环境和氛围。高职院校应提供良好的办公条件和合理的工作安排，帮助教师减轻工作压力，增强工作积极性。建立和谐的师生关系和同事关系，促进教师之间的交流与合作，也是提升教师职业发展的重要方面。

教师的职业道德和职业素养建设也是推动教师职业发展的关键。高职院校应加强教师的职业道德教育，引导教师树立正确的职业观和价值观，增强教师的责任感和使命感。只有具有高尚职业道德和职业素养的教师，才能真正为学生的成长和学校的发展做出贡献。

高职院校还应重视教师的科研能力提升。通过设立科研项目、提供科研经费支持等方式，鼓励教师积极参与科研工作，提升科研水平。科研能力的提升不仅可以增强教师的学术水平和专业素养，还能推动学校的学科建设和科研发展，为学校的发展提供有力支撑。

同样重要的是，国际化视野的培养是教师职业发展的重要方面。高职院校应鼓励教师参与国际学术交流，了解国际教育发展趋势和先进教育理念，提高国际化教育水平。通过引进国外优秀教育资源和教学方法，提升教师的教学水平和国际竞争力。

　　教师职业发展的长效机制还需政策支持和资金投入。政府和学校应加大对教师职业发展的投入，提供充足的经费支持，保障各项职业发展措施的顺利实施。通过政策引导，鼓励教师不断提升自身素质，为学校和社会培养更多优秀人才。

　　从长远来看，教师职业发展的长效机制，不仅能提升高职院校的教育质量，还能吸引更多优秀人才加入教师队伍，形成良性循环。通过不断完善教师职业发展的长效机制，高职院校才能在激烈的竞争中立于不败之地，实现可持续发展。

　　高职院校还应建立教师职业发展档案，通过记录教师的职业发展轨迹、教学科研成果等信息，为教师的职业发展提供参考依据。有助于学校全面了解教师的职业发展状况，制定更有针对性的职业发展规划和措施。

第九章　高职院校师资队伍建设的国际合作

第一节　高职院校师资队伍建设的国际合作模式

一、国际合作在高职院校师资队伍建设中的必要性

（一）引进先进教育理念

国际合作在高职院校师资队伍建设中扮演着重要角色，引进先进教育理念更是其核心内容之一。通过国际合作，高职院校可以获取来自世界各地的先进教育理念和经验，借鉴国际先进教育理念，不断提升师资队伍的水平和教学质量。

国际合作为高职院校引进先进教育理念提供了重要平台。通过与国外高等教育机构开展合作交流，高职院校可以了解到国际上最新、最前沿的教育理念和教学模式。例如，可以邀请国外专家来校交流讲学，开展国际研讨会和学术交流活动，促进教师与国际同行的交流与合作。通过这种方式，高职院校可以及时了解到国际教育界的最新动态，吸收国际先进教育理念，为师资队伍建设提供新的思路和方向。

不同国家和地区的教育体系和教育理念各具特色，通过与多个国家和地区的高等教育机构进行合作，高职院校可以获取到不同的教育理念和教

学方法。例如，可以引进西方国家的创新教育理念和教学模式，借鉴日本、韩国等亚洲国家的职业教育经验，结合国内实际情况，形成适合高职院校发展的多元化教育理念。这种多元化的教育理念有助于丰富师资队伍的教学方法和手段，提高教学质量和教育水平。

通过参与国际合作项目和交流活动，高职院校的教师可以接触到国际化的教育环境和教学方式，开阔国际视野和提升跨文化交流能力。例如，可以组织教师参加国际学术会议和教育培训项目，派遣教师到国外高校进行访问交流和合作研究。通过这种国际化的教师发展模式，可以培养更多具有国际竞争力和国际合作意识的教师，推动高职院校师资队伍的国际化发展。

国际合作还可以为高职院校师资队伍建设提供更广阔的发展空间。国际合作不仅包括教育理念和教学模式的引进，还包括人才培养模式、教育管理经验和课程设计等方面的合作。例如，可以与国外高校合作开展双学位项目、交换生项目和联合培养项目，共同培养具有国际视野和全球竞争力的高素质人才。通过这种方式，不仅可以拓展师资队伍的发展空间，还可以提升高职院校的国际影响力和竞争力。

在国际合作项目中，不同学科的教师和研究人员可以进行深入的交流与合作，促进跨学科知识和经验的共享和融合。例如，可以组织跨学科的国际研讨会和学术论坛，开展跨学科的合作研究项目，探索跨学科教学模式和课程设置。通过这种跨学科合作，可以促进高职院校教育教学的创新和发展，提高师资队伍的综合素质和能力。

在国际合作项目中，不仅可以邀请国外专家来校交流讲学，还可以招聘国外教师和研究人员来校任教或合作研究。通过引进国外教师，可以丰富师资队伍的结构和层次，提高教师的国际化水平和教学质量。也可以为本校教师提供国际化的职业发展机会，拓展教师的国际交流和合作渠道。

（二）提升师资队伍素质

在高职院校师资队伍建设中，国际合作扮演着重要角色。国际合作可以引进海外优秀教育资源和先进教学理念，促进师资队伍素质的提升。通过与国外知名高校建立合作关系，高职院校可以借鉴其教学模式和管理经验，丰富教师的教学方法和教育理念，提高教师的教学水平和教育质量。

参与国际学术交流和合作项目，教师可以拓宽国际视野，了解国际教育前沿动态，增强自身的学术素养和竞争力。国际化的职业发展路径不仅有助于教师的个人成长，还能为学校带来更多国际化的教育资源和合作机会。

国际合作可以促进教师之间的交流与合作，形成良好的师资团队合作氛围。通过与国外教师进行学术交流和合作研究，教师可以分享教学经验和教育成果，相互借鉴、互相促进，共同推动教育教学的发展。这种跨国界的合作不仅能提升教师的专业水平，还能为学校带来更多创新和发展动力。

参加国际学术会议、访问交流等活动，教师可以接触到最新的教育理念和教学技术，拓展自己的教育视野，提升自身的教学能力和科研水平。这种国际化的培训和交流机会，有助于教师不断更新知识储备，拓展教学方法，提高教学质量。

国际合作还可以为教师提供广阔的科研合作平台和项目合作机会。通过与国外教育机构和科研团队合作，教师可以参与国际合作项目，开展跨国界的科研合作，共同攻克科学难题，推动学科发展。这种国际化的科研合作有助于提升教师的科研水平和创新能力，为学校的学科建设和科研发展注入新的活力。

与国外教师和学生的交流互动，教师可以深入了解不同文化背景下的教育特点和教学方法，拓展自己的跨文化视野，提高跨文化交流能力。这种国际化的交流体验，有助于培养教师的国际化意识和国际化素养，为教育教学工作提供更加广阔的发展空间。

通过合作办学项目、联合研究中心等形式，教师可以共享国际一流的教育资源和研究平台，提高教学质量和科研水平。这种国际化的教育资源和平台，有助于吸引更多国际化的优秀教师加入学校，提升师资队伍的整体素质和竞争力。

（三）扩展国际视野

在高职院校师资队伍建设方面，国际合作扮演着至关重要的角色。通过与国际伙伴的合作，可以为教师提供更广阔的国际视野，从而提升他们的教学水平和科研能力。这种合作不仅可以促进知识的交流与分享，还可以为教师提供参与国际项目和学术会议的机会，从而丰富其教学与科研经验。

在高职院校师资队伍建设中，开展国际合作可以为教师提供与国际同行合作的平台。通过与国外优秀学府的合作交流，教师们可以深入了解国际先进教育理念和教学方法，拓宽自己的教学思路，提升教学质量。与国际同行合作还可以促进科研成果的共享和学科交叉融合，推动高职院校教育的国际化发展。

参与国际合作项目，教师可以结识来自不同国家和地区的优秀教育专家，拓展人脉资源，为自己的职业发展打下坚实基础。国际合作还可以为教师提供赴海外交流访问的机会，拓宽他们的视野，提升国际化背景下的教学和科研能力。

在高职院校师资队伍建设中，国际合作有助于促进教师的跨文化交流与融合。通过与国际合作伙伴的交流合作，教师们可以更加深入地了解不同国家和地区的教育文化，提升自己的跨文化沟通能力和跨文化教学能力，为培养具有国际竞争力的应用型人才打下坚实基础。

通过与国际合作伙伴的联合科研，教师们可以深入开展国际合作研究项目，共同攻克科研难题，取得重要科研成果。这不仅有助于提升高职院校的学术声誉和影响力，还可以为教师们个人的学术发展和职业晋升提供有力支撑。

二、高职院校师资队伍建设在国际合作中的模式

（一）合作办学

高职院校师资队伍建设在国际合作中的合作办学模式一直是教育领域的重要议题。随着全球化进程的加快，各国之间的教育合作愈加频繁。国际合作不仅能够提升教学质量，还能促进教育资源的共享与优化。在这种背景下，高职院校通过合作办学模式，积极引进国际先进的教育理念和教学方法，培养高素质的师资队伍。

通过与国外知名院校和教育机构合作，高职院校可以借鉴国际先进的教学经验和课程体系。这种资源共享不仅有助于提升教师的专业素质，还能为学生提供更加多样化的学习机会。国际合作也促进了学术交流和科研合作，为教师提供了广阔的发展平台。

国际合作办学模式为高职院校师资队伍建设提供了全新的视野和思路。通过与国外高校的合作，高职院校可以了解和掌握最新的教育动态和发展趋势。这种信息的交流和互通，不仅拓宽了教师的视野，还促使他们不断更新和完善自己的教学方法和理念。国际化的教育环境，使教师能够更加开放和包容，从而更好地适应现代教育的发展需求。

许多高职院校通过国际合作，组织教师赴国外进修和培训，学习先进的教育理论和实践经验。这种国际化的培训模式，不仅提高了教师的专业水平和教学能力，还增强了他们的国际竞争力和合作意识。通过与国外教师的交流与合作，国内教师能够更好地了解和适应国际教育标准，提升自己的职业素养。

进一步而言，国际合作办学模式有助于提升高职院校的办学质量和声誉。通过与国外知名院校的合作，高职院校可以引进高水平的师资力量和先进的教育资源，从而提高教学质量和学生的就业竞争力。国际合作也为

高职院校的品牌建设和国际化发展提供了重要的支持和保障。高职院校在国际合作中的积极表现，有助于提升其在国际教育领域的地位和影响力。

与国外高校的合作，高职院校可以借鉴和引进先进的课程体系和教学方法，不断丰富和完善自己的课程设置。这种课程的国际化和多样化，不仅满足了学生多样化的学习需求，还促进了教学内容和方法的不断创新。国际合作为高职院校的课程改革注入了新的活力和动力，推动了教育教学质量的全面提升。

国际合作办学模式促进了高职院校师生的国际交流与互动。通过各种形式的国际交流活动，高职院校的师生可以直接参与到国际教育交流中，体验不同国家和地区的教育文化和教学方法。这种国际化的交流与互动，不仅有助于提升师生的跨文化沟通能力，还能开阔国际视野和增强合作意识。国际合作为高职院校的师生提供了广阔的发展空间和机会，促进了教育的全面和谐发展。

高职院校可以参与到国际前沿的科研项目中，分享和利用国际先进的科研资源和技术。这种科研合作不仅有助于提升教师的科研能力和水平，还推动了高职院校科研成果的国际化传播和应用。国际合作为高职院校的科研工作提供了重要的支持和保障，促进了科研水平的不断提高。

合作办学模式还为高职院校的国际化管理和服务提供了借鉴和参考。通过与国外高校的合作，高职院校可以学习和借鉴国际先进的管理理念和服务模式，不断优化和完善自己的管理和服务体系。这种管理和服务的国际化，不仅提升了高职院校的管理水平和服务质量，还增强了其国际化办学的竞争力和吸引力。国际合作为高职院校的管理和服务提供了重要的支持和借鉴，推动了学校管理和服务水平的不断提升。

高职院校可以引进和培养一批具有国际视野和竞争力的高水平师资力量。这种师资队伍的国际化，不仅提升了高职院校的教学质量和科研水平，还增强了其国际化办学的竞争力和吸引力。国际合作为高职院校的师资队伍建设提供了重要的支持和保障，促进了师资队伍的不断发展和壮大。

通过与国外高校的合作，高职院校可以组织学生赴国外交流和学习，体验不同国家和地区的教育文化和教学方法。这种国际化的合作和交流，不仅丰富了学生的学习经历和生活体验，还提升了他们的跨文化沟通能力和国际竞争力。国际合作为高职院校的学生提供了广阔的发展空间和机会，促进了学生的全面发展和成长。

（二）教师交流项目

高职院校在国际合作中的教师交流项目，已经成为提升教育质量和拓展国际视野的重要手段之一。随着全球化进程的加快，高职院校必须加强师资队伍建设，积极参与国际教师交流项目，从而提升自身的教育水平和竞争力。

国际合作中的教师交流项目模式，旨在通过教师互派、联合培养、学术交流等方式，促进不同国家和地区之间的教育合作与文化交流。高职院校可以通过这些项目，引进国外先进的教育理念和教学方法，为教师提供更多的学习和发展机会。

教师交流项目不仅有助于提升教师的专业素养，还能增强他们的国际化意识。在交流过程中，教师可以接触到不同的教育体系和文化背景，从而拓宽视野，丰富教学内容，提高教学质量。教师们还能通过与国外同行的交流，了解最新的学术动态和研究成果，为高职院校的发展提供新的思路和借鉴。

高职院校在参与国际教师交流项目时，应该注重项目的科学规划和合理安排。学校应明确交流项目的目标和任务，制定详细的实施方案。应根据教师的专业背景和发展需求，选择合适的交流对象和交流形式。还要注重交流项目的跟踪和评估，确保项目的有效性和可持续性。

在实际操作中，高职院校可以通过多种途径开展国际教师交流项目。例如，与国外知名院校建立合作关系，开展教师互派项目，双方教师可以在对方学校进行一定期限的教学和研究工作。通过这种方式,不仅可以促进教师之间的交流与合作,还能为学生提供更多的国际化学习机会。

联合培养项目也是高职院校开展国际教师交流的一种重要模式。通过与国外院校共同制定课程和教学计划,双方教师可以在合作中互相学习、共同进步。联合培养项目不仅可以提升教师的教学能力,还能为学校的课程改革和教学创新提供有力支持。

学术交流是国际教师交流项目的重要组成部分。高职院校可以通过组织国际学术会议、研讨会和工作坊等形式,为教师提供更多的学术交流平台。在这些活动中,教师可以分享自己的研究成果,了解国际学术前沿动态,促进学术交流与合作。

高职院校还可以通过国际交流访问、短期培训等方式,提升教师的国际化水平。通过这些交流活动,教师不仅可以开阔眼界,还能学到国外先进的教学方法和管理经验,为学校的发展提供新的动力。

为了保障国际教师交流项目的顺利开展,高职院校需要制定相应的政策和措施。学校应加大对教师交流项目的投入,提供必要的经费支持。应建立完善的教师交流管理体系,对交流项目进行科学管理和合理安排。还要注重交流项目的宣传和推广,提高教师参与的积极性和主动性。

在国际教师交流项目的实施过程中,高职院校应注重文化差异的处理。不同国家和地区的教育文化存在很大差异,教师在交流过程中需要尊重和理解对方的文化背景,做到平等交流、相互学习。学校也应为教师提供必要的文化培训,帮助他们更好地适应和融入交流环境。

国际教师交流项目的成功实施,离不开各方面的支持和配合。高职院校应积极与政府部门、行业协会等机构合作,争取政策支持和资源保障。应加强与国外合作院校的沟通和协调,建立长期稳定的合作关系,为教师交流项目的顺利开展提供有力保障。

教师是高职院校教育质量的重要保证,国际教师交流项目为教师提供了宝贵的学习和发展机会。通过这些项目，教师可以不断提升自身的专业素养和国际化水平，为学校的发展和学生的成长贡献力量。高职院校应充分利用国际教师交流项目，提升师资队伍的整体素质，推动学校向国际化、现代化的方向发展。

（三）国际培训计划

在全球化的背景下，高职院校师资队伍建设变得越来越重要。国际合作和交流已成为提升师资队伍素质的重要途径。特别是通过国际培训计划，高职院校教师不仅可以提升专业知识和技能，还能开阔国际视野，增强跨文化交流能力。

谈及高职院校的师资队伍建设，国际培训计划无疑是其中的核心部分。通过引进国外先进的教学理念和方法，教师们能够在实践中不断提高自身的教学能力。这不仅有助于提升教育质量，还能推动学校的整体发展。

高职院校在开展国际培训计划时，通常会与国外知名大学和教育机构合作。这种合作形式不仅为教师提供了宝贵的学习机会，还促进了中外教育文化的融合。教师们通过参与国际研讨会和工作坊，能够直接接触到国际前沿的教育理论和实践。

在设计国际培训计划时，高职院校通常会根据教师的实际需求和专业背景制定个性化的培训方案。这样的定制化培训模式，能够最大限度地发挥培训效果，使教师在短时间内获得显著的进步。通过多样化的培训内容，教师们可以在不同领域不断拓宽自己的知识面。

国际培训计划不仅注重理论知识的传授，还强调实践操作能力的提升。高职院校教师在国外培训期间，通常会有机会参与实际教学和科研项目。这种实践性培训，不仅能够提高教师的实际操作能力，还能为他们日后的教学工作提供宝贵的经验和灵感。

在国际培训计划中，高职院校还会鼓励教师积极参与跨文化交流活动。通过与来自不同国家和地区的教育工作者交流，教师们可以更好地理解和

第九章　高职院校师资队伍建设的国际合作

尊重多样化的文化背景,从而在教学中更好地运用跨文化沟通技巧。这对于培养具有国际视野的学生也有着重要的意义。

高职院校还注重利用信息技术和网络平台开展国际培训。通过在线课程和虚拟交流平台,教师们可以方便地获取国际最新的教育资源和信息。这种灵活的培训方式,不仅能够节约时间和成本,还能让更多的教师受益。

为了确保国际培训计划的顺利实施,高职院校通常会建立专门的管理团队,负责协调和监督各项培训活动。管理团队不仅要与国外合作伙伴保持密切联系,还要及时解决培训过程中出现的问题和挑战,从而确保培训计划的质量和效果。

同时,高职院校还会定期对国际培训计划进行评估和总结。通过对培训效果的反馈和分析,学校可以不断改进和优化培训方案,使其更加符合教师的需求和学校的发展目标。这种持续改进的机制,确保了国际培训计划的长效性和可持续性。

在国际培训计划的支持下,高职院校师资队伍的整体素质得到了显著提升。教师们不仅在专业知识和技能上有了显著进步,还能开阔国际视野和提升跨文化交流能力。这对于学校的国际化发展和教育质量的提升,都起到了积极的推动作用。

国际培训计划还促进了高职院校与国外教育机构的深入合作。通过共同开展科研项目和学术交流活动,双方不仅实现了资源共享,还为教师和学生提供了更多的学习和发展机会。这种合作模式,为高职院校的国际化发展奠定了坚实的基础。

在实施国际培训计划时,高职院校还注重培养教师的创新能力。通过接触国际前沿的教育理论和实践,教师们能够在教学中大胆尝试新的方法和技术,从而不断创新教学模式和手段。这不仅有助于提升教育质量,还能激发学生的学习兴趣和创造力。

高职院校在推进国际培训计划的过程中,也面临着一些挑战。例如,如何合理安排培训时间，确保教学工作不受影响；如何选择合适的培训机构和项目，确保培训效果最大化；如何有效管理培训经费，确保资源的合理利用。这些问题都需要学校在实际操作中不断摸索和解决。

第二节　高职院校师资队伍建设的国际化趋势

一、国际化趋势对高职院校师资队伍建设的影响

（一）引进外籍教师比例增加

高职院校师资队伍的建设在国际化趋势下面临着新的挑战和机遇。随着全球化进程的加速，高职院校需要适应国际化的发展需求，不断引进和培养具有国际视野和专业能力的教师队伍。在这一背景下，增加外籍教师的比例成为了一个重要的探索方向。

国际化趋势对高职院校师资队伍建设提出了新的要求。作为教育领域的重要组成部分，高职院校需要具备国际化的师资队伍，以适应全球化的教育发展。因此，增加外籍教师的比例成了提升教育质量和拓展国际影响力的重要举措之一。

引进外籍教师可以为高职院校带来多重好处。外籍教师具有丰富的国际教育经验和先进的教学理念，可以为学校带来新的教育理念和教学方法。外籍教师的加入可以促进学校的国际化发展，增强学校在国际上的知名度和影响力。外籍教师还可以为学生提供更广阔的国际视野和学习机会，促进他们的全面发展。

高职院校在增加外籍教师比例时，需要注重科学规划和合理安排。学校应根据自身的发展需求和教育特点，确定引进外籍教师的数量和专业领域。要建立完善的外籍教师引进机制，包括招聘流程、培训计划和管理机

制等。还要注重外籍教师与本地教师的合作与交流，促进双方共同成长和发展。

在实际操作中，高职院校可以通过多种途径增加外籍教师比例。例如，可以与国外知名院校建立合作关系，引进优秀的外籍教师进行长期或短期教学交流。还可以通过国际招聘、海外人才引进项目等方式，吸引更多优秀的外籍教师加盟学校。通过这些举措，可以有效提升学校师资队伍的国际化水平和教育质量。

（二）国际化对师资队伍素质的要求

高职院校在国际化的浪潮中，面临着新的挑战和机遇。这不仅体现在课程设置、教学方法的变革上，更重要的是对师资队伍素质的要求提出了更高的标准。在全球化背景下，培养具有国际视野和跨文化沟通能力的学生，离不开一支高素质的师资队伍。高职院校的教师不仅需要掌握专业知识，还需具备国际化的教育理念和技能，这对于教师的培养提出了全新的课题。

高职院校教师需要具备较高的外语能力。随着全球化进程的加快，越来越多的教学资源和学术研究都以英文为主。因此，教师掌握外语不仅能够更好地利用这些资源，还能够在国际学术交流中展示自我。高职院校与国际高校和企业的合作日益频繁，这也要求教师能够用外语进行无障碍交流，推动合作项目的顺利进行。

在信息化时代，教师还需熟练掌握信息技术，才能在教学中灵活应用各类现代化教学工具。在线教育平台、虚拟现实技术、多媒体教学资源等，已经成为现代教育的重要组成部分。教师如果不能熟练使用这些技术，不仅会在教学中落后，还会错失许多提升教学质量的机会。因此，高职院校需要加大对教师信息技术能力的培训，提高他们的数字素养。

跨文化能力也是高职院校教师的重要素质之一。在国际化教育环境中，教师需要理解和尊重不同文化背景的学生，才能更好地进行教学。在跨文化交流中，教师不仅是知识的传递者，更是文化的桥梁。因此，教师需要具备跨文化的敏感性和适应能力，能够在多元文化的课堂中游刃有余地进行教学，促进学生的全面发展。

同时，高职院校的教师还需具备国际视野。教师只有拥有广阔的国际视野，才能在教学中引入最新的国际动态和前沿知识，培养学生的全球化思维。为了开阔教师的国际视野，高职院校应鼓励和支持教师参加国际学术交流和研讨会，访问国外高校，甚至进行海外研修。这不仅有助于教师了解国际教育的最新趋势，还能积累丰富的教学经验。

在高职院校国际化过程中，教师的科研能力也显得尤为重要。教师不仅是教育者，也是研究者。高水平的科研能力能够帮助教师在教学中引入最新的科研成果，提高教学的深度和广度。教师的科研成果也是高职院校国际竞争力的重要体现。因此，高职院校应鼓励教师开展国际合作研究，提升科研水平，增强学术影响力。

在此基础上，教师还需具备创新精神。创新是推动教育发展的动力源泉，尤其是在高职教育中，教师的创新能力直接关系到教育质量的提升。教师需要不断探索新的教学方法和模式，适应快速变化的教育环境。高职院校也应营造支持创新的氛围，鼓励教师大胆尝试和创新，为教育改革注入新动力。

高职院校的教师还应具备较强的实践能力。高职教育的特点在于其职业导向性，教师不仅要教授理论知识，还要指导学生进行实际操作。因此，教师需要具备丰富的实践经验，了解行业发展动态，才能在教学中做到理论与实践相结合，培养出适应市场需求的高素质人才。

在国际化背景下，教师的职业道德也备受关注。教师不仅是知识的传授者，更是学生的榜样。教师的言行举止对学生有着深远的影响。因此，教师需要具备良好的职业道德，尊重学生，公平对待每一位学生，注重学生的全面发展。高职院校也应加强对教师职业道德的教育，树立良好的师德风范。

为了适应国际化的要求，高职院校还需重视教师的职业发展。教师职业发展不仅关乎教师个人的成长，更关系到整个学校的教学质量和国际竞争力。高职院校应为教师提供多样化的职业发展路径，如继续教育、专业培训、职称晋升等，帮助教师不断提升自身素质和能力。

团队合作精神也是高职院校教师必备的素质之一。在国际化教育环境中，团队合作显得尤为重要。教师需要与其他学科的教师、国际合作伙伴以及企业界人士紧密合作，共同推进教育项目和科研项目。因此，教师需要具备良好的团队合作能力，能够在多元团队中高效工作。

1. 提高教师的语言和文化素养

国际化对高职院校师资队伍素质的提升有着深远的影响。高职院校作为培养技术型人才的重要基地，教师的素质直接关系到学生的学习效果和未来的发展。而随着全球化进程的加快，国际化成了提升高职院校师资队伍素质的一个重要手段。这不仅仅表现在知识的更新和教学方法的改进上，还体现在教师语言和文化素养的提升方面。

当今世界，国际交流日益频繁，各国之间的联系日趋紧密。高职院校的教师需要具备较高的语言能力，才能在国际化的背景下更好地完成教学任务。语言能力不仅仅指英语能力，还包括其他主要语言的掌握。这要求教师在日常教学中不断学习和提升自己的语言水平。通过参加国际学术交流、外派学习等方式，教师能够更直接地接触到最新的国际教育动态和前沿技术，从而不断提升自己的语言能力和专业素养。

教师的文化素养在国际化进程中也显得尤为重要。不同国家和地区有着各自独特的文化背景和价值观念。教师只有了解并尊重这些文化差异，才能在跨文化教学中做到得心应手。文化素养的提高不仅可以帮助教师更好地理解和融入国际化的教育环境，还能增强他们在跨文化交流中的自信心和适应能力。高职院校可以通过开展跨文化培训、邀请国外专家讲座等方式，帮助教师提升文化素养。

国际化背景下的高职院校师资队伍建设还涉及教学方法和教育理念的更新。教师需要了解并掌握国际上先进的教学理念和方法，以更好地应对国际化带来的挑战。通过与国外院校的合作交流，教师可以借鉴国外的先进经验，并将其运用到实际教学中，从而提升教学效果。教师还需要具备较强的国际视野，能够从全球角度看待问题，这有助于他们在教学中培养学生的国际化思维。

值得注意的是，教师的国际化素质不仅体现在个人能力的提升上，还需要学校提供相应的支持和保障。高职院校应建立健全师资培训体系，为教师提供更多的学习和交流机会。学校可以通过与国外院校建立合作关系，开展联合培养、教师互访等活动，促进师资队伍的国际化发展。学校还应注重营造良好的国际化氛围，鼓励教师积极参与国际交流与合作，不断提升自己的国际化素质。

信息技术的发展为高职院校师资队伍的国际化建设提供了新的机遇。通过互联网，教师可以更加便捷地获取国际教育资源，参加在线课程和学术交流，从而不断提升自己的国际化水平。学校应积极利用现代信息技术，搭建国际化教育平台，促进教师的国际化发展。

在实际教学中，教师的语言和文化素养不仅影响着他们的教学效果，也直接关系到学生的学习体验和成才之路。高职院校的学生大多来自不同的背景，他们在学习过程中会遇到各种各样的文化冲突和适应问题。教师只有具备较高的文化素养，才能在教学中更好地帮助学生克服这些问题，培养他们的跨文化交际能力和国际化视野。

同时，国际化进程中的师资队伍建设还需要重视教师的职业发展和心理健康。国际化带来的压力和挑战不可避免地会对教师的工作和生活产生影响。高职院校应关注教师的心理健康，提供必要的支持和帮助，帮助他们应对国际化带来的各种压力和挑战。通过营造良好的工作环境和提供职业发展机会，学校可以帮助教师更好地适应国际化进程，不断提升他们的职业素养和工作积极性。

教师的国际化素质不仅对高职院校的发展有着重要影响，也对整个教育体系和社会的发展起着关键作用。国际化背景下的教育需要更多具有国际化素质的教师，他们不仅要具备较高的专业能力，还要具有广阔的国际视野和深厚的文化素养。高职院校应高度重视师资队伍的国际化建设，通过多种途径不断提升教师的语言和文化素养，为培养具有国际竞争力的技术型人才奠定坚实的基础。

2. 培养教师的国际化教育观念

培养教师的国际化教育观念，不仅仅是为了提升教师的个人素质，更是为了提升整个学校的教学水平。国际化教育观念的培养有助于教师开阔眼界、拓展知识面，从而更好地适应全球化背景下的教育需求。

全球化时代，信息技术的飞速发展使得世界各地的教育资源和教育理念得以快速传播。高职院校教师应当积极汲取国际先进教育理念和教学方法，这样不仅可以丰富自己的教学手段，还可以为学生提供更具国际视野的教育体验。通过参加国际学术会议、进修海外高校等途径，教师们可以与国际同行进行深入交流，了解最新的教育动态和研究成果。

面对国际化的教育需求，高职院校应当制订系统的教师培训计划。通过国际交流项目，教师可以亲身体验国外的教育环境，了解不同文化背景下的教学方法。这种沉浸式的学习体验，不仅可以提升教师的专业水平，还可以帮助他们更好地理解和尊重多元文化，从而在教学中更好地培养学生的国际化视野。

教师的国际化教育观念不仅体现在教学方法上，还体现在教学内容的选择上。为了使学生更好地适应国际化的就业市场，教师应当在课程设置中融入更多的国际元素。例如，增加国际贸易、跨文化交流等课程，或者在现有课程中引入国际案例和国际标准。这些措施有助于学生在学习过程中逐步建立国际化的思维方式和工作方法。

除了课程设置，高职院校还应当注重语言能力的培养。英语作为国际通用语言，其重要性不言而喻。教师应当具备较高的英语水平，这不仅是为了方便与国际同行交流，更是为了在教学中能够使用英文教材和国际化的教学资源。高职院校可以通过开设英语培训课程、鼓励教师参加英语水平考试等方式，提升教师的英语能力。

在实际教学中，教师应当鼓励学生积极参与国际交流项目。通过与国外院校的合作，组织学生参加国际竞赛、实习等活动，可以让学生在实际操作中感受国际化教育的优势。教师也可以从这些活动中获得宝贵的教学经验，进一步提升自己的教学水平。

教师的国际化教育观念不仅仅局限于学术交流，还包括对多元文化的理解和尊重。在全球化的背景下，学生未来的工作环境可能是一个多元文化交织的环境。因此，教师应当在教学中融入多元文化教育，培养学生的跨文化交流能力。通过开展多元文化主题的课堂讨论、组织文化交流活动等方式，可以让学生更好地理解和尊重不同文化。

为了提升教师的国际化教育观念，高职院校应当加强与国际知名院校的合作。通过建立长期的合作关系，双方可以在教学、科研等方面进行深度合作。高职院校可以派遣教师赴海外交流学习，邀请国外专家来校讲学，开展联合科研项目等。这些合作不仅可以提升教师的学术水平，还可以为学校引入更多的国际化资源。

高职院校还应当注重教师的国际化职业发展。通过制定完善的职业发展规划，帮助教师明确自己的职业目标，并为他们提供相应的支持和资源。例如，为教师提供国际学术交流的机会、资助他们参加国际学术会议等。这样不仅可以提升教师的国际化教育观念，还可以激励他们不断提升自己的专业水平。

教师的国际化教育观念培养需要一个长期的过程。在这个过程中，高

第九章　高职院校师资队伍建设的国际合作

职院校应当建立一套科学的评估体系，对教师的国际化教育观念进行定期评估。通过评估，可以了解教师在国际化教育观念方面的进展，并及时发现存在的问题，制定相应的改进措施。评估结果还可以作为教师职业发展的参考依据，激励教师不断提升自己的国际化教育水平。

高职院校在推动教师国际化教育观念培养的过程中，还应当注重教师的心理建设。面对国际化的教育环境，教师可能会感到压力和不适应。因此，学校应当为教师提供必要的心理支持，帮助他们克服困难，顺利适应国际化的教育环境。通过开设心理辅导课程、提供心理咨询服务等方式，可以帮助教师缓解压力，提升他们的心理素质。

在推动教师国际化教育观念培养的过程中，高职院校还应当注重实践教学。理论与实践相结合，是提升教师国际化教育观念的有效途径。通过组织教师参加企业实习、开展项目合作等方式，可以让教师在实际工作中体会到国际化教育观念的重要性。这些实践活动还可以为教师提供宝贵的教学素材，提升他们的教学效果。

教师的国际化教育观念培养离不开学校的支持和鼓励。高职院校应当建立完善的激励机制，鼓励教师积极参与国际化教育活动。例如，可以设立国际化教学奖项，对在国际化教育方面表现突出的教师进行表彰和奖励。通过这些激励措施，可以调动教师的积极性，推动学校整体的国际化进程。

信息技术的发展为教育的国际化提供了强有力的支持。高职院校应当积极引进和利用先进的教育技术，为教师提供丰富的国际化教学资源。例如，通过建立在线学习平台、引入国际化的教学软件等方式，可以让教师方便地获取最新的国际教育资源，提升他们的国际化教育水平。

家长作为学生教育的重要参与者，其教育观念对学生的影响也不容忽视。高职院校应当通过家校合作，向家长宣传国际化教育的重要性，争取家长对国际化教育的支持和理解。例如，通过召开家长会、组织家长参与国际化教育活动等方式，可以让家长更好地了解和支持学校的国际化教育工作。

为了提升教师的国际化教育观念，高职院校还应当注重学生的反馈。学生作为教育的直接受益者，其反馈意见对教师的教学改进具有重要参考价值。通过定期开展学生问卷调查、组织学生座谈会等方式，可以了解学生对国际化教育的需求和期望，从而帮助教师更好地改进教学方法，提升国际化教育水平。

推动教师的国际化教育观念培养，需要学校各部门的协同配合。教学、科研、行政等各部门应当共同努力，为教师的国际化教育观念培养提供全方位的支持。例如，教学部门可以制订国际化教学计划，科研部门可以提供国际合作的科研项目，行政部门可以提供后勤保障等。通过各部门的协同配合，可以为教师的国际化教育观念培养创造良好的环境和条件。

教师的国际化教育观念培养还应当注重校企合作。企业作为教育的重要合作伙伴，其国际化经验和资源对教师的培养具有重要参考价值。高职院校应当积极与国际化企业合作，组织教师到企业参观学习，了解企业的国际化运营模式和管理经验。这些实践活动不仅可以丰富教师的教学内容，还可以提升他们的国际化教育观念。

二、高职院校师资队伍国际化发展的路径与策略

（一）国际化发展路径探索

随着全球化进程的加快，高职院校的师资队伍建设面临前所未有的机遇与挑战。要提升高职院校的国际竞争力，关键在于寻找一条可以培养教师国际化视野和能力的路径。

高职院校可以通过加强教师外语能力培养来促进师资队伍的国际化。语言是沟通的桥梁，也是获取国际先进教育资源的关键。院校可以通过开设外语培训课程、鼓励教师参加国际语言考试、提供外语学习的资源和环

境等方式，提升教师的外语水平。通过这种方式，教师不仅能够阅读和了解最新的国际学术成果，还能在国际会议和交流中自如地表达自己的观点。

积极引进海外高水平师资是高职院校提升师资队伍国际化水平的有效途径之一。通过聘请海外知名学者、专家来校讲学、任教，可以直接引入国际先进的教学理念和方法，促进校内师资队伍的整体提升。外籍教师的加入还能够丰富校园文化，增强学生的国际理解力和跨文化沟通能力。

同时，支持和鼓励教师参加国际学术交流和合作也是推动师资队伍国际化的重要手段。通过参加国际会议、学术研讨会、学术访问等活动，教师可以了解学科领域的最新发展动态，拓宽学术视野，建立国际学术合作网络。高职院校应为教师参加这些活动提供资金和政策支持，确保更多的教师能够走出去，与国际同行进行深入交流与合作。

除了对外交流，高职院校也需要注重培养教师的国际化教学能力。院校可以通过举办国际化教学工作坊、培训班等方式，帮助教师掌握国际通用的教学方法和工具，提高其国际化教学水平。例如，如何设计和实施双语课程、如何在课堂中引入国际化案例和资源等，都是教师需要学习和掌握的内容。

在推动师资队伍国际化的过程中，高职院校还应加强与国际知名高校和教育机构的合作。通过建立合作办学、联合培养、学分互认等机制，可以为教师提供更多的国际化学习和交流机会。例如，院校可以选派优秀教师到国外知名高校进修或访学，学习先进的教育理念和教学方法，提升自身的专业素质和国际化水平。

教师的职业发展规划同样是高职院校需要关注的重要方面。院校应为教师提供明确的职业发展路径，并通过各种途径支持教师的职业成长。例如，可以制订教师国际化发展计划，鼓励和支持教师参与国际化项目、进修学习、科研合作等，帮助教师不断提升自身的国际化能力。

高职院校还可以通过引入国际化的考核和评价机制，促进教师的国际化发展。院校可以将教师的国际化能力作为考核和晋升的重要指标，例如外语水平、国际学术交流情况、国际化教学能力等，通过科学合理的考核机制，激励教师不断提升自身的国际化素质。

在信息技术快速发展的今天，高职院校还可以借助现代化的信息技术手段，推动师资队伍的国际化发展。例如，通过在线教育平台和虚拟学习社区，教师可以方便地参与国际学术交流和在线培训，获取最新的国际学术资源和教育信息。院校还可以利用大数据技术，分析和评估教师的国际化发展情况，为教师提供个性化的国际化发展建议和支持。

营造良好的国际化校园文化氛围也是促进师资队伍国际化的重要环节。高职院校可以通过举办国际化主题活动、设立国际化课程和项目、鼓励师生参与国际交流等方式，营造浓厚的国际化氛围，提升全校师生的国际化意识和素养。在这样的环境中，教师会更加主动地提升自身的国际化能力，积极参与国际化活动和项目。

政府和教育主管部门的支持也是高职院校推动师资队伍国际化的重要保障。政府可以通过制定相关政策、提供资金支持等方式，鼓励和支持高职院校开展师资队伍国际化建设。例如，可以设立专项基金，支持教师的国际学术交流和合作，推动高职院校与国际知名高校和教育机构的合作项目等。

（二）国际化发展策略制定

为了高职院校师资队伍的国际化发展制定有效策略，需要从多方面着手，确保教师能够适应并胜任国际化教育的需求。高职院校应明确国际化发展的目标和方向，制定切实可行的规划。这包括设定具体的师资培训目标，明确需要提升的语言能力和文化素养，从而有针对性地开展相关工作。

高职院校可以通过建立国际合作机制来促进师资队伍的国际化发展。与国外院校建立合作关系，开展教师互访、学术交流和联合科研等活动，不仅能够开阔教师的国际视野，还能帮助他们掌握先进的教学理念和方法。

通过这样的合作，教师可以在实际教学中借鉴国外的成功经验，提高教学效果。

提供丰富的培训机会也是高职院校师资队伍国际化发展的重要策略之一。学校应定期组织教师参加国际会议、研讨会和培训班，鼓励他们不断学习和提升自己的专业能力和语言水平。可以邀请国外专家来校讲学，通过讲座和研讨会等形式，帮助教师更好地了解国际教育动态和前沿技术。

开展跨文化培训是提升教师文化素养的有效途径。高职院校应定期举办跨文化交流活动，帮助教师了解不同国家和地区的文化背景和价值观念。通过参与这些活动，教师可以提升自己的跨文化交际能力，更好地应对国际化教学中的各种文化挑战。还可以组织教师参加国际文化交流项目，让他们有机会亲身体验和学习不同的文化。

为了提高教师的语言能力，高职院校可以开设专门的语言培训课程。根据教师的实际需求，提供包括英语在内的多种语言培训，帮助他们在教学和科研中更自如地使用外语。可以利用现代信息技术，提供在线语言学习平台，让教师可以灵活安排时间进行学习。

学校还可以鼓励教师申请国际学术奖学金和科研项目资助。这不仅能够提供资金支持，还能为教师提供更多的国际交流机会。通过参加国际科研项目，教师可以与国际同行进行深入的学术交流和合作，从而提升自己的科研能力和国际影响力。

建立健全激励机制是促进师资队伍国际化发展的重要手段。高职院校应制定相关政策，对在国际化工作中表现突出的教师给予表彰和奖励。这不仅能够激发教师参与国际化工作的积极性，还能营造良好的国际化氛围，推动整个师资队伍的国际化发展。

信息技术的广泛应用为高职院校师资队伍的国际化发展提供了新的契机。通过建立国际化教育平台，教师可以方便地获取全球最新的教育资源，参与在线课程和学术交流。学校应积极利用现代信息技术，为教师提供更多的在线学习和交流机会，提升他们的国际化水平。

在制定师资队伍国际化发展策略时，还需注重教师的职业发展和心理健康。国际化进程中的压力和挑战不可避免地会对教师的工作和生活产生影响。学校应关注教师的心理健康，提供必要的支持和帮助，帮助他们应对国际化带来的各种压力和挑战。通过营造良好的工作环境和提供职业发展机会，学校可以帮助教师更好地适应国际化进程，不断提升他们的职业素养和工作积极性。

为了确保国际化发展策略的有效实施，高职院校需要建立健全管理和监督机制。定期对师资队伍国际化发展的情况进行评估，总结经验和教训，及时调整和完善相关策略。通过科学的管理和监督，确保各项措施能够落到实处，取得实效。

教师的国际化素质不仅对高职院校的发展有着重要影响，也对整个教育体系和社会的发展起着关键作用。高职院校应高度重视师资队伍的国际化建设，通过多种途径不断提升教师的语言和文化素养，为培养具有国际竞争力的技术型人才奠定坚实的基础。制定科学有效的国际化发展策略，是提升师资队伍国际化水平的关键。

在国际化背景下，高职院校还需注重引进国外优秀人才。通过引进具有丰富国际化教学经验的国外教师，学校可以借鉴他们的教学方法和理念，提升自身的教学质量和水平。这些国外教师的加入也可以促进本校教师的国际化发展，为师资队伍注入新的活力。

学校应注重营造良好的国际化氛围。通过举办国际文化节、开展国际交流活动等方式，激发师生的国际化兴趣和热情。良好的国际化氛围不仅能够提升教师的国际化素质，还能促进学生的国际化发展，为学校整体国际化水平的提升提供有力支持。

在制定国际化发展策略时，还应关注教师的科研能力提升。高职院校应鼓励和支持教师参与国际科研合作，提升他们的科研水平和国际影响力。

通过参与国际科研项目，教师可以了解和掌握最新的科研动态和前沿技术，不断提升自己的专业能力。

实施灵活多样的国际化教育模式，是高职院校师资队伍国际化发展的有效途径。学校可以根据实际情况，采取多种形式的国际化教育模式，如国际联合培养、双学位项目、学生交换等。通过这些多样化的教育模式，教师可以在实际教学中积累更多的国际化经验，提升自己的教学水平。

1. 制定国际化人才引进政策

高职院校师资队伍的国际化发展离不开合理的人才引进政策。通过制定国际化的人才引进政策，高职院校可以吸纳全球优秀的教育人才，提升师资队伍的整体水平，进而推动学校的国际化进程。国际化人才引进政策的制定需要考虑多方面因素，包括政策支持、引进渠道、待遇保障等。

政策支持是国际化人才引进的基础。高职院校应当积极争取政府和教育主管部门的支持，制定适合学校实际情况的国际化人才引进政策。政府和教育主管部门可以通过设立专项基金、提供政策优惠等方式，为高职院校引进国际化人才提供必要的支持。例如，设立国际化人才专项补贴，减免引进人才的个人所得税等。

通过建立完善的引进渠道，高职院校可以有效吸纳国际化人才。建立全球人才网络是吸引国际优秀教育人才的重要途径。高职院校可以通过与国外高校、科研机构建立合作关系，参加国际人才交流会等方式，拓展引进国际化人才的渠道。还可以通过国际知名的招聘网站、专业猎头公司等途径，广泛发布招聘信息，吸引国际化人才的关注。

待遇保障是吸引和留住国际化人才的重要因素。高职院校应当为引进的国际化人才提供具有竞争力的薪酬待遇和良好的工作环境。例如，提供优厚的薪资、完善的福利保障、舒适的工作和生活条件等。还应当为引进的人才提供职业发展规划，帮助他们在职业生涯中不断提升自己的专业水平和学术地位。

提供多样化的工作机会是吸引国际化人才的重要手段。高职院校可以根据引进人才的专业背景和研究方向，为他们提供教学、科研、管理等多方面的工作机会。例如，可以邀请他们担任客座教授、研究项目负责人等，充分发挥他们的专业特长和学术优势。还可以鼓励他们参与学校的管理工作，为学校的发展提出宝贵的意见和建议。

为了吸引国际化人才，高职院校应当注重营造良好的学术氛围。学术氛围的好坏直接影响到人才的工作积极性和创造力。高职院校应当通过举办学术讲座、组织学术研讨会、开展学术交流等活动，营造积极向上的学术氛围。还应当鼓励引进的国际化人才积极参与学术活动，与校内外的学术同行进行交流和合作。

家庭因素在国际化人才引进中也起着重要作用。高职院校在引进国际化人才时，应当考虑到他们的家庭需求。提供适合国际化人才家庭的生活和教育条件，例如，为他们的子女提供优质的教育资源，为其配偶提供就业机会等，可以有效吸引和留住国际化人才。还可以为他们提供语言培训、文化适应等服务，帮助他们更好地融入当地社会。

引进国际化人才不仅仅是一个简单的招聘过程，还需要进行科学的评估和选拔。高职院校应当建立科学的人才评估体系，严格筛选符合学校发展需求的国际化人才。例如，通过学术成果评估、专业技能测试、面试等多种方式，全面评估候选人的综合素质和适应能力。还可以邀请校内外专家组成评审委员会，对候选人进行综合评审，确保引进的人才具有较高的学术水平和职业素质。

引进国际化人才需要全校上下的共同努力。学校各部门应当协同合作，为国际化人才的引进提供全方位的支持。例如，教学部门可以制订适合国际化人才的教学计划，科研部门可以提供丰富的科研资源，行政部门可以提供完善的后勤保障等。通过各部门的协同合作，可以为国际化人才的引进创造良好的条件和环境。

通过引进国际化人才，高职院校可以有效提升教学和科研水平。国际化人才通常具备丰富的国际教学经验和先进的科研方法，他们的加入可以为学校带来新的教学理念和科研思路。例如，他们可以在教学中引入国际化的教学方法，开展前沿科研项目，提升学校的教学和科研水平。他们的加入还可以为学校的学生提供更多的国际化学习和交流机会，开阔学生的国际视野，提升他们的竞争力。

高职院校通过引进国际知名的教育和科研人才，可以提升学校的国际知名度和学术地位。例如，他们可以在国际学术期刊上发表高水平的科研论文，参加国际学术会议，推广学校的学术成果和教育理念。他们还可以通过与国际知名高校和科研机构的合作，为学校建立更多的国际合作渠道，提升学校的国际影响力。

引进人才后，学校应当为他们提供丰富的职业发展机会和支持。例如，制定完善的职业发展规划，为他们提供学术进修、科研资助等机会，帮助他们在职业生涯中不断提升自己的专业水平和学术地位。还应当为他们提供必要的心理支持，帮助他们克服工作和生活中的困难，顺利适应新的工作环境。

引进国际化人才需要学校领导的高度重视和支持。学校领导应当积极倡导国际化人才引进政策，制定相应的政策和措施，为国际化人才的引进提供有力保障。例如，设立国际化人才引进专项基金，制定国际化人才引进激励政策等。通过领导的重视和支持，可以为国际化人才的引进创造良好的政策环境和条件。

多样化的人才结构可以为学校带来丰富的学术和文化资源，提升学校的创新能力和综合竞争力。例如，可以引进不同国家和地区的教育和科研人才，丰富学校的国际化教育和科研资源。还应当注重引进不同学科和领域的人才，促进学科交叉和融合，提升学校的整体学术水平。

为了提升国际化人才引进的效果，高职院校应当建立科学的人才引进评估体系。通过定期对引进的人才进行评估，可以了解他们在教学、科研、管理等方面的表现，及时发现存在的问题，制定相应的改进措施。例如，可以通过教师评价、学生反馈、科研成果等多种方式，对引进的人才进行综合评估。通过这些评估，可以不断优化国际化人才引进政策，提升引进效果。

引进国际化人才还需要注重文化的融合和适应。国际化人才通常来自不同的文化背景，他们的文化适应能力直接影响到工作效率和工作质量。高职院校应当通过开展多种文化交流活动，帮助国际化人才更好地适应新的文化环境。例如，组织文化交流会、开展文化适应培训等。通过这些活动，可以提升国际化人才的文化适应能力，促进他们更好地融入学校和社会。

国际化人才的引进不仅仅是引进人才，还需要通过引进人才推动学校的创新和改革。例如，通过引进国际化人才，推动教学模式、科研方法、管理机制等方面的创新和改革，提升学校的整体水平和竞争力。还应当鼓励引进的人才积极参与学校的创新和改革，为学校的发展提出宝贵的意见和建议。

国际化人才的引进需要学校各方面的资源支持。高职院校应当通过整合校内外的资源，为国际化人才的引进提供有力保障。例如，与国外高校和科研机构合作，建立国际化的教学和科研平台；与国际化企业合作，提供丰富的实习和就业机会等。通过这些资源整合，可以为国际化人才的引进创造良好的条件和环境。

引进国际化人才还需要注重社会的支持和参与。高职院校应当积极争取社会各界的支持，为国际化人才的引进创造良好的社会环境。例如，通过与地方政府、企业、社区等建立合作关系，共同为国际化人才提供工作和生活上的支持。通过社会的广泛参与，可以提升国际化人才的工作积极性和生活满意度，促进他们更好地融入学校和社会。

高职院校在引进国际化人才的过程中，还应当注重教育质量的提升。国际化人才的引进不仅仅是提升师资队伍的整体水平，更重要的是提升学校的教育质量。例如，通过引进国际化人才，引入国际化的教学方法和课程设置，提升教学水平和教学效果；通过引进国际化人才，开展前沿科研项目，提升科研水平和科研成果质量。通过这些措施，可以有效提升学校的教育质量，推动学校的国际化发展。

2. 设立国际化教育专业培训机构

设立国际化教育专业培训机构，成为推动高职院校师资队伍国际化发展的有效途径。

在全球化的背景下，教育资源的跨国流动和知识的共享日益频繁，高职院校必须应对这一挑战。教师作为教育的核心力量，其国际化水平直接影响到学生的国际视野和职业竞争力。通过设立国际化教育专业培训机构，可以为教师提供系统的国际化培训，提升其跨文化教学能力和国际化教育水平。这些培训机构不仅可以引进国际先进教育理念和教学方法，还能为教师搭建国际交流的平台，促进跨国合作与交流。

培训机构可以通过组织教师参加国际学术交流和合作项目，提升其国际化实践能力。教师可以通过参与国际学术会议、访问学者项目和国际合作研究等活动，了解国际前沿的教育研究成果和教学实践经验。这不仅有助于教师开阔视野，增强国际学术交流能力，还能促进其将国际先进的教学理念和方法应用到本土教育实践中，推动教学改革和创新。

培训机构可以通过与国际知名教育机构合作，开展联合培训项目，提高教师的跨文化教学能力。通过与国际知名大学和教育机构合作，培训机构可以邀请国际教育专家为教师提供专业指导和培训。这不仅可以帮助教师了解不同文化背景下的学生需求和教学方法，还能提高其跨文化沟通和合作能力，增强其在国际教育环境中的适应力和竞争力。

培养教师的国际化教育能力，还需要注重语言能力的提升。设立国际化教育专业培训机构，可以为教师提供专业的外语培训，提高其外语交流能力。通过系统的外语培训，教师可以熟练掌握国际通用的教学语言，增强其在国际学术交流和合作中的沟通能力。外语能力的提升也有助于教师更好地了解和学习国外先进的教育理念和教学方法，提高其教学水平和科研能力。

在设立国际化教育专业培训机构的过程中，还需要注重课程设置的科学性和实用性。培训机构可以根据教师的实际需求，设置多样化的培训课程，包括国际教育理论、跨文化交流、国际学术交流、外语培训等。通过科学合理的课程设置，培训机构可以为教师提供系统的国际化教育培训，提升其综合素质和专业能力。

同时，培训机构还可以通过开展实践教学和实习项目，增强教师的实践能力。通过组织教师到国际知名教育机构进行实习和交流，培训机构可以帮助教师了解国际先进的教学模式和教育管理经验，提升其实际教学能力和教育管理水平。这不仅有助于教师将国际先进的教育理念和方法应用到本土教育实践中，还能促进其教学能力和教育管理水平的全面提升。

培训机构还可以通过建立国际化教育资源库，为教师提供丰富的国际教育资源和学习资料。通过建立国际化教育资源库，培训机构可以收集和整理全球最新的教育研究成果、教学案例和教育资源，为教师提供丰富的学习和参考资料。这不仅有助于教师了解和学习国际先进的教育理念和教学方法，还能为其教学研究和教育实践提供有力支持。

第三节　高职院校师资队伍建设的国际化发展展望

一、推动学校国际化发展战略的实施

（一）国际化师资队伍对高职院校国际化发展战略的支持

在当今全球化的背景下，高职院校面临着激烈的国际竞争。国际化师资队伍的建设对于高职院校的国际化发展战略具有至关重要的支持作用。

通过引入和培养具有国际视野和能力的教师队伍，高职院校可以更有效地推进其国际化进程，提升自身的国际竞争力和影响力。

高职院校国际化师资队伍的建设有助于提升教学质量。具有国际背景的教师不仅带来先进的教学理念和方法，还能将国际前沿知识和技能融入课堂教学。通过引进这些教师，高职院校的课程设置和教学内容将更加丰富和多样，学生能够接触到最新的国际动态，开阔视野，提升综合素质。这对于培养具有国际竞争力的高素质人才至关重要。

国际化师资队伍能够促进高职院校的科研水平提升。具有国际学术背景的教师通常具有丰富的科研经验和广泛的学术交流网络。通过他们的引领和带动，高职院校可以更多地参与国际科研合作项目，提升科研水平和影响力。这不仅有助于提升院校的学术地位，还能够为学生提供更多的科研机会和资源，培养学生的科研能力和创新精神。

国际化师资队伍还可以加强高职院校与国际高校和企业的合作。国际化教师在国际学术界和产业界通常拥有广泛的人脉和合作网络，通过他们的引荐和联系，高职院校可以更容易地建立和拓展与国外高校和企业的合作关系。这些合作关系可以包括联合办学、学术交流、科研合作、实习就业等多个方面，为院校的发展带来更多的资源和机会。

高职院校的国际化师资队伍还可以有效推动学生的国际化发展。国际化教师能够为学生提供更多的国际化学习和交流机会，例如推荐和指导学生参加国际交流项目、申请国际奖学金、参加国际学术会议等。通过这些途径，学生可以在国际舞台上展示自己，提升自身的国际竞争力和影响力。国际化教师的言传身教还能够增强学生的跨文化理解力和沟通能力，培养学生的全球化思维。

高职院校的国际化师资队伍也有助于提升学校的国际声誉和影响力。具有国际背景的教师通常在国际学术界和行业界享有一定的知名度和声誉，通过他们的加入，高职院校可以提升自身在国际上的知名度和影响力。这不仅有助于吸引更多的国际学生来校学习，还能够吸引更多的国际学术和产业资源，为学校的发展带来更多的支持和帮助。

　　国际化师资队伍的建设还可以促进高职院校管理水平的提升。具有国际背景的教师通常具有丰富的管理经验和国际化视野，通过他们的参与和建议，学校可以引入和借鉴国际先进的管理理念和方法，提升自身的管理水平。例如，在课程设置、教学管理、学生服务、科研管理等方面，国际化教师可以提供宝贵的经验和建议，帮助学校实现管理的现代化和国际化。

　　为了实现这些目标，高职院校需要制定科学合理的国际化师资队伍建设规划。需要明确国际化师资队伍的建设目标和任务，制订具体的实施计划和措施。例如，可以通过引进高水平的国际化教师、选派本校教师出国进修和访学、开展国际化培训和交流等方式，逐步提升师资队伍的国际化水平。

　　高职院校需要为国际化师资队伍建设提供必要的支持和保障。这包括资金支持、政策支持、管理支持等多个方面。院校应设立专项资金，用于支持教师的国际化发展，如资助教师参加国际会议、进行国际合作研究、开展国际化培训等。院校还应制定相关政策，鼓励和支持教师的国际化发展，如提供海外进修机会、设立国际化教学和科研奖励等。

　　在实施过程中，高职院校还需要注重教师的个性化发展。每位教师的背景和需求不同，院校应根据教师的实际情况，提供个性化的支持和服务。例如，对于有意愿和潜力进行国际化发展的教师，院校应重点培养和支持，提供更多的国际化学习和交流机会；对于已经具有一定国际化背景的教师，院校应充分发挥其优势，鼓励其在国际合作和交流中发挥更大的作用。

（二）国际化师资队伍对高职院校国际合作项目的推动

　　国际化师资队伍对高职院校国际合作项目的推动作用不容忽视。教师队伍的国际化水平直接影响着学校国际合作项目的成效。拥有国际化素质的教师，不仅能够提升项目的整体质量，还能为项目注入新的活力和创新

第九章　高职院校师资队伍建设的国际合作

思维。

当高职院校的师资队伍具备较强的国际化能力时,他们在与国外院校合作中表现得更加自信和专业。国际化师资在沟通和交流中能够更好地理解和尊重不同文化背景下的合作伙伴,减少因文化差异导致的误解和冲突,从而推动项目的顺利进行。语言能力的提升也是国际化师资的一个重要方面,这使得他们在国际合作中能够更流利地使用外语进行交流和谈判,提高合作效率。

国际化师资的科研能力和学术水平对于高职院校国际合作项目的推动也有着重要作用。具有国际科研经验的教师,能够将国际先进的科研理念和方法引入项目中,提升项目的学术水平和研究质量。通过参与国际科研合作,教师可以与国际同行进行深入的学术交流,拓宽学术视野,推动项目的创新和发展。

具备国际化素质的教师还能够更好地设计和实施国际合作项目。由于他们对国际教育动态和前沿技术有较深入的了解,能够在项目策划和实施过程中运用这些知识,确保项目的前瞻性和实效性。国际化师资在项目管理和组织协调方面也有着丰富的经验,能够有效地协调各方资源,推动项目的顺利开展。

在国际合作项目中,师资队伍的国际化素质还体现在他们的跨文化沟通能力上。国际化师资能够敏锐地察觉并理解不同文化背景下的合作伙伴的需求和期望,从而制定出更为有效的合作策略。通过跨文化沟通,教师能够在项目中建立起信任和理解的桥梁,推动各方在合作中实现共赢。

不仅如此,国际化师资还能够为高职院校的国际合作项目带来更多的国际资源和机会。通过他们在国际学术界的影响力和人脉关系,能够吸引更多的国际合作伙伴和资金支持,拓展合作的深度和广度。这为学校国际合作项目的可持续发展提供了坚实的保障。

高职院校在推进国际合作项目时,也应注重培养和提升师资队伍的国际化素质。通过定期组织教师参加国际学术会议、研讨会和培训班，鼓励他们不断学习和提升自己的国际化能力。学校还可以与国外院校建立合作关系，开展教师互访、学术交流和联合科研等活动，促进师资队伍的国际化发展。

学校还可以通过提供国际化发展平台，激励教师积极参与国际合作项目。例如，设立国际合作项目专项资金，对在国际合作中表现突出的教师给予奖励和支持。这不仅能够激发教师参与国际合作项目的积极性，还能提升他们的国际化素质和科研能力。

信息技术的发展为高职院校师资队伍的国际化提供了新的途径。通过在线教育平台，教师可以方便地参与国际学术交流和合作，获取全球最新的教育资源和科研动态。学校应积极利用现代信息技术，为教师提供更多的在线学习和交流机会，提升他们的国际化水平。

国际化师资队伍还可以在高职院校的国际化课程建设中发挥重要作用。通过引进国外先进的课程体系和教学方法，教师能够在教学中融入国际化元素，提升课程的质量和水平。这不仅有助于提高学生的国际化素养，还能增强学校的国际竞争力和影响力。

在实际教学中，国际化师资的作用也不可忽视。他们能够将国际化理念和方法融入课堂教学，培养学生的国际化思维和跨文化交际能力。通过与国际合作项目的结合，教师可以为学生提供更多的国际化学习机会，提升他们的综合素质和就业竞争力。

在国际合作项目的实施过程中，国际化师资还能够发挥桥梁作用。通过他们的跨文化沟通能力和国际化视野，教师能够在项目中有效地协调各方关系，解决合作中出现的各种问题，推动项目的顺利进行。国际化师资的专业素养和经验，也为项目的成功实施提供了有力的保障。

高职院校还应注重营造良好的国际化氛围，激发师生的国际化兴趣和热情。通过举办国际文化节、开展国际交流活动等方式，营造浓厚的国际化氛围，不仅能够提升教师的国际化素质，还能促进学生的国际化发展，为学校整体国际化水平的提升提供有力支持。

国际化师资队伍对于高职院校国际合作项目的推动具有重要意义。他们的语言能力、跨文化沟通能力和国际科研经验，能够有效提升项目的质量和水平，推动项目的顺利开展。高职院校应通过多种途径提升师资队伍的国际化素质，为国际合作项目的成功实施提供坚实保障。

二、高职院校师资队伍国际化发展前景展望

（一）国际化师资队伍在全球化背景下的发展趋势

随着全球化的加速推进，国际化高职院校师资队伍的发展正逐步成为教育领域的重要趋势。在这一全球化的背景下，高职院校师资队伍的国际化发展呈现出多种新的趋势和特点。了解和把握这些趋势，对于高职院校进一步推动国际化教育具有重要意义。

国际化高职院校师资队伍的发展趋势之一是师资队伍结构的多元化。随着全球化进程的深入，高职院校将更加注重引进来自不同国家和地区、具有丰富国际经验和背景的教育人才。这种多元化的师资队伍结构有利于学校的国际化发展，可以为学生提供更广阔的国际视野和跨文化交流的机会。

随着信息技术的迅猛发展，教育技术在教学、科研和管理等方面的应用已经成为国际化高职院校师资队伍发展的重要趋势。高职院校将更加注重引进掌握先进教育技术的国际化人才，推动教育教学模式的创新和转型，提升教育质量和教学效果。

随着各个学科领域的交叉和融合，高职院校将更加注重引进具有跨学科背景和研究经验的国际化人才，促进学科之间的交流与合作，推动学科创新和发展。高职院校还将积极开展与产业界、社会组织等跨界合作，培

养适应全球化需求的复合型人才。

高职院校将更加注重提升师资队伍的国际化水平，培养具有全球视野和跨文化沟通能力的教育人才。这不仅包括引进国际化背景的教育人才，还包括加强教师的国际交流与合作，推动教育国际化水平的不断提升。

全球化的发展，高职院校将更加积极地利用全球范围内的教育资源，吸引国际化背景的教育人才，开展跨国合作与交流，共享优质教育资源。这有助于提升高职院校的教育质量和国际竞争力，推动学校的国际化发展。

随着全球化进程的不断深入，高职院校将更加积极地开展国际化教育交流与合作，拓展国际合作渠道，加强与国外高校、科研机构等的合作与交流，共同推动教育国际化的进程。这有助于促进高职院校的教育发展，提升学校的国际影响力和竞争力。

（二）国际化师资队伍对高职院校未来发展的影响

国际化师资队伍对高职院校未来发展的影响将是深远而持久的。在当今全球化的时代背景下，高职院校迎来了前所未有的发展机遇与挑战。国际化师资队伍的建设不仅能够提升高职院校的国际影响力和竞争力，还能够促进教育教学水平的提高，推动学校的创新发展。

国际化师资队伍的建设将为高职院校带来更广阔的国际视野。随着全球化进程的不断加深，各国之间的教育交流与合作日益密切。拥有国际化的师资队伍意味着高职院校能够更好地融入国际教育体系，参与到国际化教育大潮中。国际化的师资队伍将为高职院校带来不同文化、不同教育理念的碰撞和交流，激发学校教育教学改革的活力，促进高职院校的全面发展。

拥有国际化的师资队伍将成为高职院校与国际知名院校、跨国企业、国际组织等进行合作交流的桥梁和纽带。通过与国际合作伙伴共同开展教育科研项目、联合办学项目、师生交流项目等，高职院校能够借鉴国际先进的教育理念和管理经验，提升学校的教育教学质量和国际竞争力。

国际化的师资队伍将有助于引进国外先进的教育教学资源和优质的教学团队，为高职院校的教学改革和科研创新提供有力支持。通过引进国外优秀的教师和教育资源，高职院校能够不断提升自身的教育教学水平和科研实力，为培养高素质应用型人才提供更加优质的教育资源和学习环境。

拥有国际化的师资队伍将有助于高职院校与国际教育组织、国际学术机构、国际企业等开展广泛深入的合作交流。通过与国际合作伙伴共同举办国际性的学术会议、教育研讨会、职业培训项目等，高职院校能够扩大自身的国际影响力和知名度，提升学校的国际竞争力和地位。

拥有国际化的师资队伍将有助于高职院校培养具有国际视野和跨文化交流能力的高素质应用型人才。通过国际化的教育教学模式和资源，高职院校能够为学生提供更加全面和多元化的学习体验，培养学生的国际竞争力和全球胜任力，为他们的职业发展和国际交流打下坚实的基础。

拥有国际化的师资队伍将有助于高职院校吸收国际先进的教育理念和管理经验，促进学校的教育教学改革和管理创新。通过引进国外优秀的教师和教育资源，高职院校能够拓展自身的办学思路和发展路径，不断提升学校的核心竞争力和可持续发展能力。

第十章　高职院校师资队伍建设的未来发展

第一节　高职院校师资队伍建设的未来趋势

一、高职院校师资队伍结构与素质的优化

（一）教学科研创新

高职院校师资队伍在教学科研创新方面正面临新的挑战与机遇。随着社会经济的迅速发展和科技的不断进步，高职教育的目标已不仅仅是培养技能型人才，更要培养具备创新能力的综合型人才。因此，教师在教学科研创新中的作用显得尤为重要。

教师的专业素质直接影响着教学质量和科研水平。高职院校应注重教师的专业培训和继续教育，通过组织各种形式的学习和培训活动，提高教师的专业知识水平和教学能力。例如，定期开展专业技能竞赛、学术交流会议以及外出考察等活动，帮助教师了解行业最新动态和技术发展趋势，从而在教学中融入最新的知识和技术。

高职院校应鼓励教师积极参与科研工作。科研不仅是提升教师学术水平的重要途径，也是推动教学内容更新和教学方法创新的关键因素。高职院校可以通过设立科研基金、提供科研项目支持等方式，激励教师开展科

研活动。还应建立健全科研评价机制，鼓励教师在高质量科研成果的基础上进行教学实践，将科研成果转化为教学资源，丰富课堂内容，提高教学效果。

同时，师资队伍的建设离不开合理的人才引进与管理机制。高职院校应制定科学合理的人才引进政策，吸引高水平的专业人才和学术骨干加入。要建立完善的人才培养体系，为新入职教师提供系统的岗前培训和在职培训，帮助他们尽快适应教学和科研工作。应注重师资队伍的梯队建设，通过合理的晋升机制和激励措施，保持教师队伍的稳定性和持续发展。

进一步讲，教学科研创新离不开团队合作与跨学科交流。高职院校应鼓励教师之间、教师与企业之间的合作，建立跨学科、跨专业的教学科研团队，推动教学科研资源的共享与协同创新。例如，可以与行业企业联合建立实验室和研发中心，开展产学研合作项目，使教师能够在实际生产和科研中不断提升自己的实践能力和创新能力，从而更好地服务于教学。

信息技术的广泛应用为高职院校的教学科研创新提供了新的机遇。高职院校应积极探索信息化教学模式，利用现代信息技术手段提升教学科研水平。例如，通过在线教学平台、虚拟仿真实验室等技术手段，打破时间和空间的限制，实现优质教育资源的共享。教师可以利用这些平台进行在线授课、科研合作和学术交流，从而提升教学质量和科研效率。

高职院校应重视教学科研成果的推广与应用。教师在教学科研过程中取得的创新成果，应通过多种渠道进行推广和应用。例如，可以通过学术论文发表、专利申请、技术转让等方式，使科研成果得到广泛传播和应用。应鼓励教师参与各种学术会议和行业展览，展示和推广自己的科研成果，扩大高职院校的社会影响力。

高职院校的领导层应在教学科研创新中发挥引导和支持作用。学校领导应积极制定和落实有利于教学科研创新的政策和措施，提供必要的经费支持和资源保障。应定期组织教学科研成果的评审和表彰活动，激发教师的创新热情和科研动力。学校领导还应加强对外合作，与国内外高校和科研机构建立紧密的合作关系，拓宽教师的学术视野和科研合作渠道。

学校应制定科学合理的管理制度，规范教师的教学科研行为，提供公平公正的评价和奖励机制。应营造一种鼓励创新、宽容失败的文化氛围，让教师在创新过程中能够大胆探索，勇于尝试。只有在这样一个充满活力和创造力的环境中，教师才能充分发挥其潜力，不断推动高职教育的教学科研创新发展。

（二）多元化师资队伍建设

高职院校在当前教育体系中扮演着重要的角色，其师资队伍的建设是保障教育质量的关键因素之一。随着社会经济的迅速发展，教育需求日益多样化和复杂化，对师资队伍的素质和能力也提出了更高的要求。在此背景下，高职院校必须不断优化和多元化师资队伍，以适应新形势下的教育需求。

多元化师资队伍建设有助于提升教育教学质量。教师队伍的多元化不仅指教师的性别、年龄和专业背景的多样性，更强调教学理念、教育方法和实践经验的多样性。通过引入来自不同行业、不同背景的教师，可以丰富教学内容和形式，满足不同学生的学习需求，提高教育教学的效果。

国际化是高职院校师资队伍多元化的重要方面。随着全球化进程的加快，教育的国际化成为不可逆转的趋势。高职院校应积极引进国际化师资，促进中外教育资源的交流与融合。可以聘请具有国际背景的教师，开阔学生的国际视野；另外，鼓励本土教师赴海外进修，学习先进的教育理念和方法，提升自身的教学水平。

产教融合是高职院校师资队伍多元化的另一重要途径。高职教育的一个显著特点是强调实践性和应用性，产教融合能够有效提升教学质量和学生的就业竞争力。高职院校应加强与企业的合作，聘请行业专家和企业技术骨干作为兼职教师，将最新的行业动态和技术成果带入课堂。鼓励教师深入企业进行实践锻炼，了解行业需求，不断更新知识储备和技能。

多元化的师资队伍还包括引入多样化的教学方法和手段。传统的讲授式教学方式已经不能完全满足现代教育的需求，现代信息技术的发展为教育教学提供了新的可能性。高职院校应积极探索和应用信息化手段，如在线课程、虚拟现实和混合式教学等，不断创新教学模式，提高教学效果。这就需要教师具备较强的信息技术应用能力和创新意识。

在师资培养方面，高职院校也应注重多元化发展。除了常规的教师培训和进修，高职院校还应根据教师个人的专业背景和发展需求，提供个性化的职业发展路径。可以通过校内外交流、国内外研修、专题讲座和工作坊等多种形式，丰富教师的知识和技能，激发其教学和科研的积极性。建立健全教师评价和激励机制，鼓励教师在教学、科研和社会服务等方面不断进步。

高职院校师资队伍建设还需重视师德师风建设。师德师风是教师职业素养的重要体现，直接影响着学生的成长和教育质量。高职院校应通过多种途径，加强师德师风教育，提升教师的职业道德水平。可以通过专题培训、典型案例分析和先进事迹宣传等方式，引导教师树立正确的职业观念，增强责任感和使命感。

多元化师资队伍建设需要高校管理层的大力支持和科学规划。高职院校管理者应当具有前瞻性和创新思维，能够制定切实可行的师资队伍建设规划，并在政策、资金和资源上给予充分支持。建立健全管理制度和运行机制，确保师资队伍建设的各项措施能够落到实处，取得实效。

对于学生而言，多元化师资队伍的建设能够提供更加丰富的学习资源和多样的成长路径。在多元化师资队伍的引导下，学生不仅可以学到专业知识和技能，还可以开阔视野，培养创新思维和实践能力。这将极大地提升学生的综合素质和就业竞争力，为其未来的发展奠定坚实的基础。

在具体实施过程中，高职院校应充分发挥各类师资的优势和特长，形成优势互补、协同发展的良好局面。例如，在教学团队中，可以通过"传帮带"的方式，让经验丰富的老教师与年轻教师结对，帮助后者快速成长；也可以通过跨学科、跨专业的团队合作，促进不同专业背景教师之间的交流和合作，共同提升教学和科研水平。

　　社会各界的广泛参与和支持对于高职院校师资队伍的多元化建设也至关重要。政府、企业和社会组织等各方应当共同努力，为高职院校提供政策、资金和技术等多方面的支持。政府可以通过制定相关政策，鼓励和支持高职院校引进和培养多元化师资；企业可以通过校企合作，提供实践平台和资源支持；社会组织可以通过各类公益项目和活动，促进教育资源的共享和流动。

　　1.培养本土化师资

　　高职院校的师资队伍培养问题引起了广泛关注。随着职业教育的不断发展，师资队伍的本土化成为提升教学质量和学生就业能力的关键。如何在本土化的基础上培养一支高素质的师资队伍，是摆在我们面前的一项重要任务。

　　本土化师资的培养需要从政策层面给予支持和引导。政府和教育部门应制定相关政策，鼓励高职院校加大本土教师的引进和培养力度。应在政策上给予经济和资源上的支持，为本土化师资的培养创造良好的外部环境。例如，可以通过设立专项基金、提供科研经费等方式，激励本土教师不断提升自身业务水平。

　　高职院校应积极开展本土化师资培训项目。可以通过举办各类培训班、研讨会、交流会等活动，提升本土教师的教学能力和专业素养。这些培训项目应注重实效性和针对性，根据本土教师的实际需求，制订相应的培训计划，确保培训效果。例如，可以邀请行业专家和企业代表参与培训，共同探讨最新的行业动态和技术发展，帮助本土教师掌握前沿知识和技能。

　　校企合作不仅可以为学校提供实习和就业机会，还可以为本土教师提

第十章　高职院校师资队伍建设的未来发展

供丰富的实践教学资源。通过与企业的紧密合作，教师可以深入了解行业的最新需求和发展趋势，进而在教学中更好地融入实践内容，提升教学的针对性和实效性。例如，学校可以定期组织教师到企业进行实践交流，了解企业生产流程和技术应用，将这些经验带回课堂，提升教学效果。

学校应为本土教师提供良好的职业发展平台，帮助他们不断提升自身业务能力和职业素养。例如，可以通过设立教师晋升通道、提供继续教育机会等方式，激励本土教师不断追求专业发展。同时学校还应关注本土教师的生活和工作环境，提供必要的支持和保障，帮助他们解决实际困难，提升工作满意度和归属感。

学校应根据自身办学特色和实际需求，科学合理地配置师资力量，确保各学科和专业的师资配备均衡。应注重师资队伍的多样性和专业性，吸纳不同领域和背景的教师，共同提升教学质量。例如，可以引进具有丰富实践经验的企业专家和技术人才，担任兼职教师，丰富师资队伍的结构和层次，提升教学效果。

科研是教师提升自身素养和业务水平的重要途径，学校应为本土教师提供良好的科研环境和条件，鼓励他们积极参与科研活动。例如，可以通过设立科研项目、提供科研经费等方式，激励本土教师开展科研工作，提升科研能力和水平。学校还应加强与其他高校和科研机构的合作，拓宽本土教师的科研视野和合作渠道。

虽然本土化师资主要服务于本地学生和企业，但在全球化背景下，教师也需要具备国际化的视野和能力。学校可以通过组织教师出国研修、参加国际学术会议等方式，提升本土教师的国际化水平。例如，可以选派优秀教师到国外知名院校进行交流学习，了解国际先进的教学理念和方法，提升自身的教学水平。

在实际操作中，高职院校还应注重本土化师资培养的系统性和长效性。培养一支高素质的本土化师资队伍不是一朝一夕的事情，需要长期的努力和持续的投入。学校应制定科学合理的师资培养规划，明确培养目标和措施，确保培养工作的有序推进。例如，可以通过建立师资培养档案，跟踪本土教师的成长和发展情况，及时调整培养计划，确保培养效果。

从长远来看，本土化师资的培养不仅仅是提高教学质量的重要途径，也是提升学校办学水平和竞争力的重要保障。通过不断加强本土化师资的培养，高职院校可以更好地服务于本地经济和社会发展，培养出更多高素质的技术技能型人才。因此，高职院校应高度重视本土化师资的培养，采取有效措施，不断提升师资队伍的整体水平。

政府、企业、学校和社会各界应形成合力，共同推动本土化师资的培养和发展。例如，政府应加大对高职院校的支持力度，企业应积极参与校企合作，学校应不断创新培养模式，社会各界应营造良好的舆论氛围，共同促进本土化师资的成长和发展。

2. 发展专业化师资

加强高职院校师资队伍的专业化建设，不仅是提升教育质量的必要手段，也是推动职业教育改革与发展的重要措施。

高职院校应注重师资的学历和专业背景。在招聘教师时，应该优先考虑那些具备高学历和相关专业背景的人员。这不仅可以确保教师具备扎实的理论基础，还能为学生提供更为专业的指导。通过引进具有硕士及以上学历的教师，可以有效提升学校的教学水平和科研能力。

职业教育教师的实践经验同样至关重要。相比于普通高校，高职院校更加注重实践教学和技能培训。因此，教师不仅需要具备扎实的理论知识，还需具备丰富的实践经验。高职院校应鼓励教师参与企业实践，积累实际工作经验，以便更好地将理论知识与实践技能相结合，培养出符合社会需求的高素质技能人才。

教师的教学能力和方法也是影响教育质量的重要因素。高职院校应积极开展教学方法培训，帮助教师掌握现代教育技术和教学方法。通过举办教学研讨会、工作坊等形式，促进教师之间的交流与合作，提升他们的教学水平。学校还可以引入外部专家进行指导，借鉴国内外先进的教育理念和教学方法，不断改进和创新教学模式。

高职院校还应重视教师的科研能力培养。科研能力不仅是衡量教师专业水平的重要指标，也是推动学科建设和教育改革的重要动力。高职院校可以通过设立科研基金、提供科研项目支持等方式，鼓励教师积极参与科研工作。学校还可以与企业合作，开展应用研究，推动科研成果转化为实际生产力，进一步提升学校的影响力和竞争力。

高职院校应加强教师的职业道德教育，培养他们的敬业精神和责任感。通过制定教师职业道德规范，开展职业道德培训，树立教师的良好形象，营造良好的教学氛围。学校还应建立健全教师评价体系，定期对教师的教学态度、教学效果等方面进行考核，激励教师不断提升自身素质。

通过邀请国外专家来校讲学、选派教师出国进修等方式，开阔教师的国际视野，吸收国际先进的教育理念和教学方法。同时，学校还可以积极参加国际职业教育组织，参与国际职业教育标准的制定与推广，提升自身的国际影响力。

学校可以利用现代信息技术，建立教师信息化管理平台，实现教师信息的动态管理和资源共享。通过在线培训和远程教育，教师可以随时随地获取最新的教育资源和教学方法，提升自身的专业水平。学校还可以利用大数据技术，对教师的教学效果进行分析和评价，为教师的职业发展提供科学依据。

不仅如此，高职院校还应加强与企业的合作，建立"双师型"教师队伍。所谓"双师型"教师，既具备教师资格，又具备企业工作经验和职业资格证书。这类教师不仅能够教授学生理论知识，还能进行实际操作指导。通过与企业合作，学校可以定期派遣教师到企业进行实习和培训，增强他们的实践能力和行业知识，培养出更多的"双师型"教师，提升教学质量。

同时，职业教育的快速发展对教师提出了更高的要求。高职院校应制定长远的人才培养规划，明确教师职业发展的目标和路径。通过制定教师职业发展规划，明确不同阶段的培养重点和任务，有针对性地开展教师培训和能力提升工作。学校还可以为教师提供职业发展的多种渠道和机会，如职称评定、职务晋升、学术交流等，激励教师不断追求卓越。

青年教师是师资队伍的未来和希望，他们的成长关系到学校的发展和教育质量的提升。学校可以通过建立导师制，为青年教师配备经验丰富的导师，提供教学指导和职业发展建议。还可以为青年教师创造更多的教学实践机会和科研平台，帮助他们尽快成长为教学骨干和学术带头人。

二、技术与信息化支持下的高职院校师资队伍发展

（一）教育技术与在线教育的融合

随着科技的迅猛发展，教育技术与在线教育的融合已成为高职院校师资队伍发展的重要方向。教育信息化的发展极大地推动了教学方式的变革，使得传统的课堂教学模式得到了延伸和补充。高职院校应积极探索和利用教育技术，将其与在线教育有机结合，打造高效、灵活的师资队伍，提升教育质量和教学效果。

教育技术的应用可以显著提升教师的教学能力和效率。通过各种信息化工具和平台，教师可以方便地获取最新的教育资源和教学案例，从而丰富课堂内容，激发学生的学习兴趣。例如，借助多媒体教学设备，教师可以将复杂的理论知识通过图像、视频等直观的形式展现出来，使学生更容易理解和掌握。教师还可以利用教学管理系统进行课程安排、作业布置和成绩管理，提高教学管理的效率和准确性。

传统的面对面教学虽然具有互动性强、即时反馈等优势，但也存在时间和空间的限制。在线教育则突破了这些限制，教师可以通过网络平台开

展直播课程、录播课程和讨论班等多种形式的教学活动，使学生可以根据自己的学习节奏进行学习。这样不仅提升了教学的灵活性和自主性，也能够更好地满足不同学生的个性化学习需求。

在信息化时代，教师不仅是知识的传播者，更是终身学习者。通过在线学习平台，教师可以随时随地参加各种培训和进修课程，学习最新的教育理念和教学方法，不断提升自身的专业素养和教学能力。在线教育还为教师提供了丰富的交流与合作机会，教师可以通过网络平台与同行进行经验分享和教学研讨，共同探讨教育教学中的问题和挑战。

在教学实践中，高职院校应充分利用教育技术和在线教育手段，开展多样化的教学活动。比如，可以利用虚拟现实技术和增强现实技术进行模拟实训，使学生在虚拟环境中进行操作练习，增强实践能力。还可以通过在线讨论区和学习社区，促进师生之间、学生之间的互动交流，形成良好的学习氛围和合作精神。

在传统教学模式下，优质教学资源往往局限于某一特定院校或班级，而通过在线教育平台，这些资源可以实现广泛共享。高职院校可以将优秀教师的课程录制成视频并上传至网络平台，使更多学生受益。校际还可以进行资源互换和共享，促进教育资源的优化配置和利用。

教育技术的应用需要教师具备一定的信息化素养和技术技能，高职院校应为教师提供系统的培训和技术支持，帮助其掌握和应用各种信息化工具和平台。还应鼓励教师积极参与教育技术的创新和实践，形成良好的技术应用氛围和创新文化。

在教育技术与在线教育的融合过程中，数据驱动的教学评价和反馈机制也显得尤为重要。通过信息技术，教师可以实时获取学生的学习数据和行为轨迹，了解其学习进度和掌握情况，进行精准的教学评价和个性化辅导。这样不仅可以提高教学的针对性和有效性，也能够及时发现和解决教学中的问题，优化教学设计和策略。

为了更好地推进教育技术与在线教育的融合,高职院校还应加强与企业和科研机构的合作。企业和科研机构在教育技术和在线教育方面具有丰富的实践经验和技术优势,通过校企合作和产学研结合,可以为高职院校提供先进的技术支持和优质的教育资源。教师还可以通过参与企业项目和科研课题,了解行业前沿动态和技术发展趋势,不断提升自身的专业水平和科研能力。

进一步来说,教育技术与在线教育的融合不仅改变了教师的教学方式,也对学生的学习方式产生了深远影响。学生可以通过在线平台进行自主学习和探究性学习,培养其独立思考和解决问题的能力。通过参与在线讨论和团队协作,学生还可以提高沟通能力和团队合作精神,为未来的职业发展奠定良好的基础。

在具体实施过程中,高职院校应注重教育技术与在线教育的有机结合和统筹规划。教育技术和在线教育的应用不是孤立的,而是要融入整个教学体系中,与课程设计、教学内容、教学方法和评价体系等相互协调和配合。只有这样,才能充分发挥教育技术和在线教育的优势,真正提高教育教学的质量和效果。

高职院校在设计和实施教育技术和在线教育项目时,应充分考虑学生的兴趣、能力和学习习惯,提供个性化、差异化的教学服务。可以通过问卷调查、学习分析等方法,了解学生的学习需求和反馈,不断改进和优化教学设计和实施方案。

(二)数据驱动的教学与管理模式

数据驱动的教学与管理模式在高职院校师资队伍发展中正发挥着越来越重要的作用。随着大数据和人工智能技术的快速发展,高职院校可以通过数据分析和挖掘,为教师的教学和管理提供科学的决策依据,从而提升教育质量和管理水平。

数据驱动的教学模式有助于精准化教学。高职院校可以利用学生在学习过程中的各类数据，如课堂表现、作业成绩、考试结果等，分析学生的学习状况和学习需求。通过大数据分析，教师可以了解学生的个体差异，发现普遍存在的学习问题，从而有针对性地调整教学内容和教学方法，实施个性化教学，提高教学效果。例如，针对学习成绩偏低的学生，教师可以提供额外的辅导和帮助；对于表现突出的学生，可以设置更高难度的学习任务，激发他们的潜力。

传统的教学评价方式往往依赖于期末考试成绩，难以全面反映学生的学习情况。而通过数据驱动的方式，教师可以综合考虑学生在整个学期中的学习过程和表现，对其进行多维度的评价。这样的评价不仅包括学业成绩，还包括学生的学习态度、参与度和创新能力等，从而更加客观、公正地反映学生的综合素质和发展潜力。这样一来，教师可以更好地了解学生的成长轨迹，及时发现和解决教学中存在的问题。

数据驱动的管理模式在教师的专业发展中也起到重要作用。高职院校可以通过数据分析，了解教师的教学能力、科研水平和职业发展需求，从而为教师提供更加精准的职业发展支持。例如，通过对教师授课情况、学生反馈、科研成果等数据的分析，学校可以识别出教学效果突出的教师，并给予表彰和奖励；对于教学上存在困难的教师，可以提供针对性的培训和指导，帮助他们提升教学水平和科研能力。

高职院校可以通过数据分析，了解各个专业、各个课程的教师配置情况，合理分配教学资源，避免师资力量的浪费和不均衡。例如，通过分析教师的教学任务和科研任务，学校可以合理安排教师的工作量，确保每位教师都能在自己的岗位上充分发挥作用。学校还可以通过数据分析，预测未来的教师需求，提前做好师资储备和培养工作，为学校的长远发展奠定基础。

可以通过建立教师教学科研数据平台，整合各类教学科研资源，为教师提供便捷的资源共享和信息交流渠道。例如，教师可以通过平台查阅最新的学术文献、共享教学课件、参与在线学术讨论等，从而不断更新自己的知识体系，提高教学科研水平。这样的平台还可以提供科研项目的进展情况、经费使用情况等信息，帮助教师合理安排科研计划，提高科研效率。

高职院校应积极引入和应用先进的信息技术手段，如大数据分析平台、人工智能辅助系统等，提升数据处理和分析能力。例如，通过构建智能化的教育管理系统，学校可以实现对教学过程的全面监控和实时分析，及时发现和解决教学管理中存在的问题。通过智能化系统的应用，学校可以实现对教师和学生的全方位服务，提高管理效率和服务质量。

应制定相关的规章制度，规范数据的采集、存储、分析和使用，确保数据的准确性、完整性和安全性。例如，学校应明确数据的采集范围和方法，确保数据来源的合法性和真实性；制定数据使用的权限和流程，确保数据的使用符合相关法律法规和伦理规范。学校还应加强对数据管理人员的培训，提高其数据处理和分析能力，为数据驱动的教学与管理提供人才保障。

高职院校应通过多种途径，宣传和普及数据驱动的理念和方法，让师生了解数据驱动的重要性和益处。例如，学校可以通过专题讲座、培训班、宣传资料等方式，向师生介绍数据驱动的教学与管理模式的基本概念、实施步骤和实际案例，提高师生的认知和接受度。学校还应鼓励师生积极参与数据驱动的实践活动，让他们在实际操作中体验数据驱动的优势和效果，从而形成良好的数据文化氛围。

1. 教学数据分析与个性化教学

在现代教育体系中，数据分析已成为提升教学质量的重要手段。高职院校作为培养技术技能型人才的重要基地，通过教学数据分析，可以精准了解学生的学习状况和需求，从而制定个性化的教学策略，提升教学效果。

高职院校应充分利用现有的教学数据，进行全面、系统的分析。教学数据包括学生的出勤率、考试成绩、作业完成情况、课堂表现等，这些数据可以帮助教师了解学生的学习进度和掌握情况。通过分析这些数据，教师可以发现学生在学习过程中存在的问题，及时调整教学计划。例如，通过分析学生的考试成绩，教师可以发现某些知识点的掌握情况较差，进而在后续教学中重点讲解和复习这些知识点。

教学数据分析还可以帮助高职院校识别学生的个性化学习需求。每个学生的学习能力和学习方式各不相同，通过数据分析，可以了解不同学生的学习特点和需求，进而制定个性化的教学方案。例如，对于基础较差的学生，可以安排额外的辅导和补习；对于学习能力较强的学生，可以提供更具挑战性的学习任务和资源，激发他们的学习兴趣和潜力。

高职院校应建立完善的教学数据管理系统。一个高效的教学数据管理系统，不仅可以收集和存储大量的教学数据，还可以进行数据的整理、分析和可视化展示。通过建立这样的系统，教师可以方便地获取和使用教学数据，提高教学决策的科学性和准确性。例如，学校可以开发或引入一套智能教学管理平台，实时监控和分析学生的学习数据，生成各类数据报告，帮助教师及时了解和调整教学情况。

同时，高职院校应加强教师在数据分析和应用方面的培训。数据分析是一项专业性较强的工作，需要教师具备一定的数据分析技能和工具使用能力。学校应组织相关培训，提升教师的数据分析能力，使其能够有效利用数据来改进教学。例如，可以邀请数据分析专家开展专题培训，介绍数据分析的基本方法和工具，分享实际案例和经验，帮助教师掌握数据分析的技巧和应用。

个性化教学是提升教学效果的重要途径。通过个性化教学，教师可以根据学生的实际情况，制定有针对性的教学方案，满足不同学生的学习需求。例如，可以采用分层教学的方式，根据学生的学习水平，将学生分成不同的学习小组，分别制订相应的教学计划和目标。对于学习困难的学生，可以提供更多的帮助和支持；对于学习能力较强的学生，可以提供更多的自主学习和探究机会，提升他们的学习兴趣和动力。

高职院校还可以通过信息化手段，推进个性化教学的发展。现代信息技术的发展，为个性化教学提供了丰富的资源和工具。通过在线教学平台、智能学习系统等，可以为学生提供个性化的学习资源和学习路径，满足不同学生的学习需求。例如，可以通过在线教学平台，提供丰富的课程资源和学习资料，学生可以根据自己的学习进度和兴趣，选择适合自己的学习内容和方式，进行自主学习和探究。

高职院校应加强与企业的合作，推进个性化教学的实施。校企合作不仅可以为学校提供丰富的教学资源和实践机会，还可以为学生提供个性化的职业指导和发展路径。通过与企业的紧密合作，学校可以了解行业的最新需求和发展趋势，为学生提供更具针对性的教学内容和实践机会，提升学生的职业素养和就业能力。例如，可以邀请企业专家参与教学设计，共同制定课程标准和教学计划，为学生提供真实的工作场景和案例，帮助学生掌握实际操作技能和职业素养。

高职院校还应注重学生的综合素质培养。个性化教学不仅要关注学生的学业成绩，还要注重学生的综合素质和全面发展。例如，可以通过开设各种选修课和课外活动，培养学生的兴趣爱好和特长，提升他们的综合能力和素质。学校还可以通过职业规划和就业指导，帮助学生明确职业目标和发展路径，提升他们的职业竞争力和就业能力。

从长远来看，教学数据分析与个性化教学的结合，是提升高职院校教学质量和学生综合素质的重要途径。通过科学的数据分析，了解学生的学习需求和特点，制定有针对性的教学方案，可以更好地满足学生的个性化学习需求，提升教学效果。同时，通过信息化手段和校企合作，推进个性化教学的发展，可以为学生提供丰富的学习资源和实践机会，提升他们的职业素养和综合素质。因此，高职院校应高度重视教学数据分析与个性化教学的结合，采取有效措施，不断提升教学水平和学生综合素质。

高职院校应加强教学数据分析与个性化教学的研究与探索。通过不断总结和推广教学数据分析与个性化教学的经验和成果，推动教学改革和创新。例如，可以开展相关课题研究，探索教学数据分析与个性化教学的理论和实践，形成一套科学有效的教学模式和方法，推广应用到实际教学中，提升教学效果和质量。

2. 教师管理与教学质量评估的数据支持

在高职院校的发展过程中，教师管理与教学质量评估是提高教育水平的重要环节。数据支持在这一过程中发挥了关键作用，能够为管理决策提供科学依据，帮助学校全面提升教育质量。

高职院校应建立完善的教师管理信息系统。通过现代信息技术手段，将教师的个人信息、学历背景、教学经历、科研成果等数据进行系统化管理。这不仅便于学校全面了解教师的基本情况，也为教师的发展提供了数据支持。比如，通过分析教师的学历和教学经历数据，可以合理安排教学任务，提高资源配置效率。

教学质量评估是确保高职教育质量的重要手段。学校可以利用大数据技术，建立全面的教学质量评估体系。通过对课堂教学、学生反馈、考试成绩等多维度数据的分析，评估教师的教学效果，找出教学中存在的问题，并及时进行改进。例如，学生的评价和考试成绩可以作为教学效果的重要参考，帮助学校了解教师的教学水平和学生的学习状况。

分析教师在不同培训项目中的表现数据，学校可以了解哪些培训项目对教师的提升效果最显著，从而有针对性地开展培训。比如，某些教师在专业技能培训后教学效果显著提高，那么学校可以在未来的培训计划中增加类似的培训内容，以全面提升教师的专业水平。

建立完善的绩效考核体系，收集教师的教学质量、科研成果、学生反馈等多方面的数据，进行综合评价。这样不仅能够公平公正地评估教师的工作表现，还能激励教师不断提高自己的教学水平和科研能力。例如，某教师的课堂教学效果突出，学生反馈良好，绩效考核数据可以反映出其优秀的教学能力，并给予相应的奖励和认可。

对课堂教学过程中的实时数据进行监控和分析，可以及时发现并解决教学中出现的问题。比如，利用智能教室系统，实时收集课堂上学生的参与情况、互动情况等数据，帮助教师了解学生的学习状态，并及时调整教学策略，提高课堂教学效果。

数据支持在教师的职业发展规划中也起到重要作用。高职院校可以通过数据分析，制定科学的教师职业发展规划，明确教师的职业发展路径和目标。例如，通过分析教师的教学数据和科研数据，确定其在教学和科研方面的优势和不足，帮助教师制订个人发展计划，提高职业发展水平。

数据支持还可以帮助高职院校优化课程设置和教学内容。通过对学生成绩、就业数据、市场需求等数据的分析，可以合理调整课程设置和教学内容，使其更加符合社会需求。例如，通过分析毕业生的就业数据，可以了解哪些专业和课程更受市场欢迎，从而在教学计划中增加相关内容，提高学生的就业竞争力。

通过建立教学质量监控系统，实时收集和分析课堂教学数据、学生反馈数据等，及时发现教学中的问题，并进行反馈和改进。例如，学生在课堂上对某些知识点的理解存在困难，教学质量监控系统可以及时反映这一问题，教师可以根据反馈数据调整教学内容和方法，提高教学效果。

科研能力是衡量教师专业水平的重要指标，学校可以通过对教师科研数据的分析，了解教师在科研方面的表现，并给予相应的支持和鼓励。例如，通过分析教师的科研项目数据、论文发表数据等，可以了解教师的科研水平和研究方向，针对性地提供科研经费和资源支持，促进教师科研能力的提升。

数据支持还可以帮助高职院校提高教学资源的利用效率。通过对教学资源使用情况的数据分析，合理分配教学资源，提高资源利用效率。例如，通过分析教室使用数据,可以了解教室的使用频率和使用情况,合理安排教室的使用时间,提高教室的利用率。

通过对教师的教学数据、科研数据、学生反馈数据等进行综合分析,公平公正地评选出优秀教师,并给予表彰和奖励。例如,通过分析教师的课堂教学效果数据和学生反馈数据,可以评选出教学效果突出的优秀教师,激励教师不断提高教学水平。

同时,数据支持在教师的职业发展评估中也具有重要作用。高职院校可以通过数据分析,全面评估教师的职业发展情况,了解教师的职业发展需求,制定相应的支持政策。例如,通过分析教师的职业发展数据,可以了解教师在不同阶段的职业发展需求,提供有针对性的职业发展支持,帮助教师实现职业发展目标。

第二节　高职院校师资队伍建设的挑战与机遇

一、高职院校师资队伍建设的挑战

(一)缺乏行业实践经验

高职院校在师资队伍建设中面临诸多挑战,其中缺乏行业实践经验是一个显著的问题。随着社会和经济的快速发展,职业教育对接市场需求和实际应用的要求越来越高,高职院校的教师不仅需要具备扎实的理论知识,还需要有丰富的行业实践经验。当前许多高职院校的教师在实际教学中往往缺乏足够的行业实践背景,导致教学内容与实际需求脱节。

职业教育的一个重要特点是其应用性和实践性,这要求教师不仅要讲授理论知识,还要能够通过实际案例和操作演示来帮助学生理解和掌握这些知识。没有行业实践经验的教师在讲授过程中,往往只能依赖书本和理论，无法提供生动的行业案例和操作指导，导致学生在实际操作中难以应用所学知识。

教师缺乏行业实践经验影响了课程的更新和发展。行业技术和市场需求不断变化，高职院校的课程内容也需要及时调整和更新，以保持与行业的同步。没有行业背景的教师难以及时获取最新的行业动态和技术发展信息，导致课程内容陈旧，无法满足学生和企业的需求。长此以往，这不仅影响了学生的就业竞争力，也降低了学校的教育质量和声誉。

高职教育强调校企合作和产教融合，旨在通过与企业的紧密合作，为学生提供更多的实习和就业机会。没有行业经验的教师在与企业沟通和合作时，往往难以理解企业的需求和实际操作流程，导致合作效果不理想。企业也可能对缺乏行业背景的教师提供的教学指导和技术支持产生怀疑，影响合作的积极性和持续性。

（二）缺乏高水平专业人才

在高职院校的师资队伍建设中，缺乏高水平专业人才是一个亟待解决的重要问题。随着社会对高技能人才需求的不断增加，高职教育的质量和水平也受到越来越多的关注。目前许多高职院校在师资队伍建设中面临着高水平专业人才短缺的问题，这直接影响了教学质量和学校的发展。

尽管高职教育在经济社会发展中扮演着重要角色，但其教师的薪酬待遇普遍低于普通高校。这使得许多有志于从事职业教育的高水平人才选择了薪酬更高、福利更好的普通高校或企业。缺乏明确的职业发展路径和晋升空间也使得高水平人才对高职院校缺乏吸引力。因此，提高薪酬待遇和完善职业发展体系是吸引高水平专业人才的关键。

高职院校的教学科研条件相对落后，无法满足高水平专业人才的需求。高水平专业人才往往需要先进的教学科研设备和良好的科研环境来支持他们的教学和科研工作。许多高职院校在这方面的投入不足，导致教学科研条件无法满足高水平人才的需求。例如，实验室设备陈旧、科研经费紧张等问题在高职院校中普遍存在。这些问题严重制约了高水平专业人才的引进和留任。因此，加强教学科研条件的建设是高职院校提升师资队伍水平的重要措施。

高水平专业人才通常具有较强的自主性和创造力，他们希望在一个宽松、自由的环境中开展教学和科研工作。许多高职院校的管理机制过于僵化，缺乏灵活性和创新性。例如，过于严格的考勤制度、繁琐的行政审批流程等都让高水平专业人才感到束缚。因此，改革管理机制，建立灵活高效的管理体系，是高职院校吸引和留住高水平专业人才的重要途径。

高水平专业人才不仅需要较高的薪酬待遇和良好的科研条件，还需要不断提升自己的专业素质和教学能力。许多高职院校在师资培训方面投入不足，缺乏系统的培训体系和有效的培训措施。例如，教师培训内容单一、培训方式陈旧等问题在高职院校中普遍存在。这些问题使得高水平专业人才在高职院校难以获得职业发展的机会。因此，建立完善的师资培训体系，提供丰富多样的培训内容和灵活多样的培训方式，是提升师资队伍水平的重要手段。

进一步来说，高职院校的社会认可度较低，难以吸引高水平专业人才。尽管高职教育在培养技能型人才方面发挥着重要作用，但社会对高职教育的认可度普遍较低，这也影响了高水平专业人才对高职院校的选择。例如，许多人认为高职教育水平低、教学质量差，这种观念使得许多优秀人才不愿意选择高职院校作为自己的职业发展平台。因此，提高高职教育的社会认可度，提升高职院校的社会形象，是吸引高水平专业人才的重要途径。

许多高职院校在这方面的资源相对有限，科研平台建设滞后，学术交流渠道不畅。例如，科研经费不足、科研合作机会少等问题在高职院校中普遍存在。这些问题严重影响了高水平专业人才的科研积极性和科研能力。因此，加强科研平台和资源建设，拓宽学术交流渠道，是提升师资队伍水平的重要措施。

高水平专业人才在选择工作单位时，不仅关注薪酬待遇和科研条件，还非常重视政策支持力度。例如，住房政策、科研经费政策、人才引进政策等都是他们考虑的重要因素。许多高职院校在这些方面的政策支持力度不够，难以提供高水平专业人才所需的政策保障。这些问题使得高职院校在吸引高水平专业人才方面处于劣势。因此，加强政策支持力度，提供全面的政策保障，是吸引和留住高水平专业人才的重要途径。

高职教育的一个重要特点是强调校企合作，通过校企合作，学生可以获得更多的实践机会，教师可以了解行业前沿技术，提升教学和科研水平。许多高职院校在校企合作方面存在诸多问题，例如合作企业数量少、合作形式单一、合作效果不佳等。这些问题使得高水平专业人才无法充分发挥其作用，影响了他们的职业发展积极性。因此，建立健全校企合作机制，拓展校企合作的深度和广度，是提升师资队伍水平的重要措施。

（三）学科交叉性要求增加

在高职院校师资队伍建设中，面临着诸多挑战，其中学科交叉性要求的增加是一项重要的考验。随着社会的发展和科技的进步，各行各业的交叉融合日益加深，对师资队伍的学科交叉能力提出了新的要求。

传统的学科分类已经不能完全满足现代职业教育的需求。过去，学科之间往往界限分明，各自发展。但随着社会的进步，许多新兴行业和职业涌现，这些职业往往具有明显的跨学科特点，需要教师具备跨学科的知识和能力。例如，数字化时代的到来使得信息技术与各行各业深度融合，要求教师不仅具备专业的技术知识，还需要了解相关行业的背景和需求，能够将技术知识应用到实际工作中。

学科教育往往注重学科知识的传授和技能的培养，但随着学科交叉的增加，教师需要具备更广泛的知识储备和跨学科的思维能力。例如，一个计算机专业的教师可能需要了解工程学、医学、金融等领域的知识，以便将计算机技术应用到不同领域的解决方案中。这就对教师的综合素质和能力提出了更高的要求，需要他们不断学习和提升自己的跨学科能力。

传统的学科教育往往按照学科划分设置课程和教学内容，但随着学科交叉的增加，需要重新思考课程设置和教学模式。例如，可以开设跨学科的课程或项目，让学生在跨学科的实践中学习知识和技能，培养他们的跨学科思维和能力。这就对学校的教学资源和师资队伍提出了更高的要求，需要学校加大投入，提升教学水平和质量。

同时，学科交叉性要求的增加还对高职院校的师资队伍建设提出了新的挑战。传统的师资队伍往往以学科专业为主，教师的专业背景和能力较为单一。但随着学科交叉的增加，需要教师具备更广泛的学科知识和跨学科的能力，这就对师资队伍的构成和培养提出了新的要求。例如，学校可以通过引进具有跨学科背景和经验的教师，拓宽师资队伍的学科覆盖范围，提升教学的多样性和质量。还可以加强师资队伍的培训和发展，提升教师的跨学科能力和综合素质。

二、高职院校师资队伍建设的机遇

（一）产业对高素质技术人才的需求

高职院校师资队伍建设面临着诸多机遇，其中之一便是来自产业对高素质技术人才的持续需求。随着科技不断进步和产业结构的不断调整，对高素质技术人才的需求呈现出日益增长的趋势。在这一背景下，高职院校作为培养技术人才的重要阵地，正面临着前所未有的发展机遇。

随着新技术的不断涌现，产业对高素质技术人才的需求呈现出多样化和个性化的特点。高职院校作为培养技术人才的主要渠道，应该根据产业的需求，调整和优化教学内容和课程设置，培养学生掌握最新的技术和技能。例如，人工智能、物联网、大数据等新兴产业对人才的需求日益增长，高职院校可以增设相关专业，培养符合市场需求的高素质技术人才。

产业结构的调整和升级为高职院校师资队伍建设提供了新的机遇。随着经济结构的不断调整和产业的升级转型，对高素质技术人才的需求日益凸显。高职院校可以根据产业结构的变化，调整专业设置和教学方向，培养适应产业发展需求的高素质技术人才。例如，传统制造业向智能制造业转型升级，对智能制造技术人才的需求急剧增加，高职院校可以增设智能制造专业，培养相关技术人才。

产业与高职院校的紧密合作为培养高素质技术人才提供了重要支持。产业界了解市场需求和技术发展趋势，高职院校拥有丰富的教学资源和教学经验，双方合作可以实现优势互补，共同培养适应市场需求的高素质技术人才。例如，一些高职院校与知名企业合作开展产学合作项目，将企业的技术和市场需求融入教学中，为学生提供更好的实践学习环境，提高其就业竞争力。

随着全球化进程的加快，越来越多的企业开始走出国门，对国际化人才的需求逐渐增加。高职院校可以利用这一机遇，加强国际交流与合作，引进国外先进的教学理念和技术手段，为学生提供更加国际化的教育培养。例如，开展国际交流项目、招聘外籍教师、开设双语课程等，促进学生的国际视野的开阔和跨文化交流能力的提升，培养适应国际化发展的高素质技术人才。

数字经济的兴起为高职院校培养数字化技术人才提供了机遇。随着信息技术的不断发展和应用，数字经济已成为经济增长的新动力，对数字化技术人才的需求不断增加。高职院校可以加强数字化技术人才的培养，培养学生掌握人工智能、大数据、云计算等数字化技术的应用能力，满足数字经济发展的需求。例如，开设数字经济相关专业，增设数字化技术课程，引进先进的数字化技术教学设备和软件工具，培养符合数字经济发展需求的高素质技术人才。

创新创业的热潮为高职院校培养创新创业人才提供了机遇。随着创新创业的政策支持和市场需求的不断扩大，创新创业人才的需求日益增长。高职院校可以通过课程设置、实践教学和创新创业平台建设等方式，培养学生的创新思维和创业能力，为他们未来的创业就业提供有力支持。例如，开设创新创业相关的课程，组织创业实践活动，建立创新创业孵化基地，为学生提供创业指导和创业资源，培养符合创新创业需求的高素质技术人才。

（二）互联网技术提供的在线教育机会

高职院校师资队伍建设面临着诸多机遇，其中之一便是互联网技术提供的在线教育机会。随着互联网的普及和技术的发展，在线教育已经成为教育领域的一股强大力量，为高职院校师资队伍建设带来了全新的机遇与可能性。在这样的大背景下，高职院校可以通过充分利用在线教育平台和技术手段，实现师资队伍建设的深度融合与升级。

互联网技术提供了丰富多样的在线教育资源，为高职院校教师的专业发展和学生的学习提供了广阔空间。通过各种在线教育平台，教师可以获取到丰富的教学资源、优质的课程内容和实用的教学工具，帮助其提升教学水平和教学效果。学生也可以通过在线教育平台自主选择学习内容和学习时间，实现个性化学习和灵活学习，提高学习的效率和成效。

互联网技术为高职院校师资队伍的专业培训和进修提供了便利条件。传统的师资培训往往需要教师到特定地点参加培训课程，耗费时间和精力。而通过在线教育平台，教师可以随时随地参与各种培训课程和学习活动，不受时间和空间的限制。这样不仅方便了教师的学习，也节省了培训成本，提高了培训的效率和覆盖面。

通过在线教育平台，高职院校可以邀请国内外知名专家和学者进行远程讲座和教学指导，拓展教师的学术视野和研究领域。还可以利用在线教育资源拓展教师的教学方法和教学技能，促进教师的教学创新和实践能力提升。这样的多元化发展有助于提升师资队伍的整体素质和竞争力，推动高职院校教育教学水平的不断提升。

高职院校可以与海外知名院校和教育机构开展远程合作办学项目，共同开设课程、开展科研合作和交流学生。这样的国际化合作不仅可以丰富教学资源，还可以促进师资队伍的国际化视野和跨文化交流能力，提高学校的国际影响力和竞争力。

学校可以实现教学资源的统一管理和共享，提高教学资源的利用效率和教学质量。还可以通过在线教育平台对教学过程进行实时监控和评估，及时了解教学情况和学生反馈，为教学改进和优化提供科学依据。

通过在线教育平台，教师可以开展教学实验和教学研究，探索适合本校特色和学生需求的教学模式和方法。还可以利用在线教育平台进行教学成果展示和交流，促进教师之间的互相学习和共同进步。这样的教学研究和创新有助于提高教学质量和教学效果，推动高职院校教育教学事业的发展。

（三）教育部门政策支持

高职院校师资队伍建设正处于一个充满机遇的时期，其中教育部门的政策支持是至关重要的一环。随着国家对职业教育的高度重视和不断加大对高职院校的支持力度，高职院校在师资队伍建设方面将迎来更多的发展机遇和政策红利。

教育部门出台了一系列政策文件，明确了高职教育的发展方向和目标。《国家中长期教育改革和发展规划纲要（2010—2020年）》等文件将高职教育列为国家战略性发展领域，提出了一系列支持政策和措施，包括加大对高职院校的财政支持、加强高职教育人才队伍建设等。这些政策文件为高职院校师资队伍建设提供了政策保障和政策支持，为高职院校发展提供了有力保障。

参考文献

[1] 黄影秋, 莫凡. 现代职业教育体系下高职师资队伍建设研究[J]. 黑龙江教师发展学院学报, 2024,43(06):31-34.

[2] 张晓霆, 韩成英. 高等院校旅游职业教育师资队伍建设现状与发展对策研究[J]. 武汉职业技术学院学报, 2024,23(02):35-41.

[3] 章玲义, 赵旌宇, 任建平. 产教融合视域下高职院校"双师三能"型师资队伍建设路径研究[J]. 现代职业教育, 2024,(10):41-44.

[4] 张淑贞. 工匠精神视域下高职院校"双师型"教师队伍建设对策研究[J]. 产业与科技论坛, 2024,23(06):249-252.

[5] 杨晨, 许爱华, 刘江, 等. 高职院校智能制造虚拟仿真实训基地师资队伍建设研究[J]. 办公自动化, 2024,29(02):5-7.

[6] 凌启东, 朱涛, 张江伟, 等. 数字化转型背景下高职院校产业学院人才培养模式研究[J]. 湖北开放职业学院学报, 2023,36(24):143-145.

[7] 宋开屏. "双高计划"背景下高职院校师资队伍的国际化建设[J]. 江苏工程职业技术学院学报, 2023,23(04):65-68.

[8] 仲尚伟. "双高计划"背景下高职院校师资队伍建设的价值遵循与实践路径[J]. 江苏航运职业技术学院学报, 2023,22(04):48-52.

[9] 许志跃. 高职院校教师科研创新团队建设的研究与实践: 以漳州职

业技术学院为例[J].浙江工商职业技术学院学报,2023,22(04):56-59.

[10] 胡湘梅.新时代高职院校廉洁文化教育师资队伍建设的路径研究[J].现代职业教育,2023,(34):117-120.

[11] 谭见君.高职院校人工智能专业"双师型"师资队伍建设路径选择[J].长沙理工大学学报(社会科学版),2023,38(06):115-120.

[12] 杨璐."双高计划"背景下高职院校师资队伍建设研究[J].广东农工商职业技术学院学报,2023,39(04):81-84.

[13] 黄子豪,刘永明,司马吉凯."双高计划"背景下高职院校师资队伍建设的主要问题与对策研究[J].卫生职业教育,2023,41(22):8-12.

[14] 杨静,张彦文."双高计划"背景下高职院校"双师型"师资队伍的建设与发展[J].科教导刊,2023,(28):83-85.

[15] 刘晓丽.职教改革背景下湖南地方高职院校"双师型"教学团队建设策略[J].科教导刊,2023,(28):89-91.

[16] 田宇飞.高职院校双创师资队伍的专业化建设[J].黎明职业大学学报,2023,(03):53-58.

[17] 邓昊.多措并举,校企共培,打造大工匠精神的"双师型"教师队伍:以天津市高职院校师资队伍建设为例[J].吉林省教育学院学报,2023,39(09):102-106.

[18] 苗睿岚.类型教育背景下高职院校师资队伍建设探究[J].西部素质教育,2023,9(17):129-132.

[19] 陆丽娜.高职院校"工匠型"师资队伍共享建设研究[J].船舶职业教育,2023,11(04):25-27.

[20] 赵雪萍.高职院校"双创"师资队伍建设组织支持的意义、问题与出路[J].高等职业教育探索,2023,22(04):31-35.